MEIN WEG
zum
Jenseitsmedium

Von der Trauer zur Medialität

Desirée Reiter

Desirée Reiter

MEIN WEG zum Jenseitsmedium
Von der Trauer zur Medialität

Bibliografische Information der Deutschen Nationalbibliothek:
Die Deutsche Nationalbibliothek verzeichnet diese Publikation in der Deutschen Nationalbibliografie; detaillierte bibliografische Daten sind im Internet über www.dnb.de abrufbar.

ISBN: 978-3-7597-8376-9
© 2024

VERLAG-IDEENMANUFAKTUR
www.werbetherapeut.com

Konzept und Inhalte: Desirée Reiter
Buchmanuskript - Covergestaltung: Alois Gmeiner, info@werbetherapeut.com
Coverfotos von Desirée: Daniela Matejscheck Photography,
info@danielamatejscheck.com
Gesamtlayout, Grafik, KI-Fotos: Alois Gmeiner
StockFotos: Freepik
Fotos: Desirée Reiter

Verlag: BoD · Books on Demand GmbH, In de Tarpen 42, 22848 Norderstedt
Druck: Libri Plureos GmbH, Friedensallee 273, 22763 Hamburg

DANKSAGUNG

In lieber Erinnerung und Dankbarkeit an meinen Vater Erich!

Ebenso ein Danke an die „Geistige Welt"!
Ohne euch wäre dieses Buch nie entstanden.

Mein geliebter Vater und ich

„Nur wenige Menschen sind wirklich lebendig,
und die, die es sind, sterben nie.
Es zählt nicht, dass sie nicht mehr da sind.
Niemand, den man wirklich liebt, ist jemals tot."

(Ernest Hemingway)

Liebe und Energie endet nie.
Eure Desirée

Vorwort

Dieses Buch soll ein Anstoß sein!

Ein Anstoß, sich in jene Gefilde zu wagen, die der nüchterne menschliche Verstand meist ausblendet. Abtut als: „gibt's nicht" – „alles Quatsch" und „Hokuspokus". Tja, so einfach ist es leider nicht. Denn eines habe ich in den letzten Jahren für mich festgestellt:

Es gibt etwas zwischen Himmel und Erde!

Ich würde es so erklären, dass Medialität, Hellsichtigkeit, Hellsinne, oder zumindest Intuition jeder Mensch in sich hat! Und zwar hundertprozentig. Egal, ob bewusst oder unbewusst. Dieses Wissen ist tief in uns verankert, wird aber im modernen Alltag nicht mehr sehr oft genutzt. Oder aber, dass Menschen es gar nicht mehr bemerken – oder gar nicht bemerken wollen, wie sehr Hellsinne bereits seit jeher Teil ihres Alltages sind. Dass man also zum Beispiel etwas schon im Vorhinein weiß oder erahnt, bevor es dann wirklich eintrifft und Realität wird. Oder, dass der heutige Tag vielleicht etwas anders wird oder etwas passieren könnte und dass dann genau das Unsagbare und am Morgen nach dem Aufstehen nur Erahnte dann auch tatsächlich eintrifft – all das ist eigentlich schon Medialität und Hellsichtigkeit.

Ich bin fest überzeugt, Intuition ist der erste Schritt in die Medialität.

In diesem Sinne möchte ich Sie einladen, auf eine Reise zu gehen – eine Reise in sich selbst und in die Welt der Medialität und der Jenseitserfahrungen. Es ist eine Entdeckungsreise, auf der Sie lernen werden, auf Ihre innere Stimme zu hören und die subtilen Hinweise unserer „Gegangenen" zu erkennen. Hinweise, die man meist selbst spürt, sie aber nicht deuten kann oder nicht zu deuten wagt.

Die Spreu vom Weizen trennen!

Dieses Buch ist Ihr Wegweiser, der Ihnen zeigt, wie Sie Ihre eigenen medialen Fähigkeiten erkennen und weiterentwickeln können, aber auch, wie Sie, als jemand der Kontakt zur jenseitigen Welt sucht, Scharlatane von echten Medien unterscheiden können.

Es ist ein Pfad der Selbstentdeckung, des Selbsterfühlens, des Erkennens und Einordnens von bereits erlebtem Übersinnlichen. Es erfordert auch Mut und den Willen, über den Tellerrand hinauszuschauen. Aber es ist auch ein Weg voller Wunder und tiefer Einsichten.

Ich lade Sie herzlich ein, diesen Schritt zu wagen und sich auf das Abenteuer einzulassen. Lassen Sie uns gemeinsam die Türen öffnen, die zu lange verschlossen waren, und das volle Potenzial unseres Diesseits und des Jenseits zu entfalten.

Mit diesem Buch in der Hand sind Sie nicht allein. Sie haben einen Begleiter, der Sie unterstützt und anleitet. Schritt für Schritt werden wir die Schleier lüften und das Licht in das Dunkel bringen. Es ist Zeit, die Gabe der Medialität als das zu erkennen und zu nutzen, was sie wirklich ist: Ein Geschenk des Lebens.

Ich freue mich darauf, Sie auf diesem Weg zu begleiten.

Mit herzlichen Grüßen,
Ihre Desirée Reiter

www.desiree-reiter.at

Kapitel 1:
Entdeckung meiner Gabe

Wer bin ich, woher komme ich

Geboren in St. Veit an der Glan im schönen Kärnten im Jahr 1985 und aufgewachsen in der beschaulichen Stadt Villach, der zweitgrößten Stadt in Kärnten mit nur 60.000 Einwohnern. Als einziges Kind meiner Eltern war meine Kindheit geprägt von der Freiheit und der Ruhe, die so eine Kleinstadt mit sich bringt. Noch dazu war meine Persönlichkeit schon früh geprägt auf – das Alleinsein. Und das ist ganz und gar nicht negativ gemeint.

Schon früh zeigte sich mein unabhängiger Geist in Verbindung mit einem „Insichgekehrtsein". Als Kind war ich still und zurückgezogen, ein Beobachter der Welt um mich herum. Tiere und nicht Menschen waren meine Gefährten! Bei ihnen fühlte ich mich wohler als unter Menschen. In der Natur fand ich meinen Frieden, dort konnte ich meine Sensibilität frei entfalten.

Und ja, schon damals spürte ich, dass ich anders war ... eine Ahnung, die sich durch intensive und lebhafte Selbstgespräche manifestierte; Gespräche, die meine Mutter wohl als Zeichen meiner besonderen Wahrnehmung deutete, denn sie unterband meine Zwiegespräche mit virtuellen Freunden nicht.

Frühe erste Anzeichen meiner Medialität

Es gibt ein Video aus meiner Kindheit, das mich zeigt, wie ich als „klanes Karntner Dirndale" (= kleines Kärntner Mädel ;-) Hochdeutsch spreche und in einem Buch 'lese', obwohl ich zu jenem Zeitpunkt noch gar nicht lesen konnte. Ein mysteriöses Dokument meiner frühen Jahre, festgehalten auf einer alten VHS-Kassette – ein Relikt einer Zeit, die längst vergangen ist und doch auch so prägend für den Weg, den ich heute gehe.

Die meisten bekannten Jenseitsmedien haben bereits seit ihrer frühsten Kindheit bewussten oder unbewussten Kontakt zu der sogenannten „Geistigen Welt". Schon als Kleinkinder sprechen sie mit unsichtbaren Freunden oder erleben Dinge, die von anderen nicht wahrgenommen werden. Oft werden solche Erlebnisse belächelt und nicht ernst genommen – vermutlich kann jeder von uns eine ähnliche Geschichte erzählen. Die kindliche Vorstellungskraft wird als Fantasie abgetan und im Laufe des Heranwachsens nehmen diese spirituellen Erlebnisse und Kontakte ab, wir werden „nüchterner" und unsere natürliche Intuition geht verloren, während unser Bewusstsein sich mehr dem materiellen, „seriösen" und von allen „akzeptierten" Weltbild anpasst.

Nur wenige Kinder oder Jugendliche entwickeln diese Fähigkeit weiter, sodass nur wenige Menschen ihre mediale Begabung kontinuierlich ausgebaut und weiterentwickelt haben. Entweder durch persönliches Wachstum oder durch die Unterstützung spirituellen Wissens seitens ihrer Umgebung.

Natürlich gibt es auch Eltern, die aus Unwissenheit oder aus Angst diese „außergewöhnlichen" Fähigkeiten unterdrücken oder verbieten. Egal, ob aus religiösen oder aus praktischen Überlegungen. Daher ist es nur ein sehr kleiner Prozentsatz von Menschen, die sich durch keinerlei Widrigkeiten davon abbringen lassen und weitersuchen, forschen und sich auch bei anderen hellsichtigen Menschen Rat holen, um weiterhin unterstützt zu werden und um weiterhin zu lernen ihre Fähigkeiten zu optimieren, sodass sie heute erfolgreich als Medium tätig sein können. Denn auch im Erwachsenenalter können sich diese Fähigkeiten weiterentwickeln und gedeihen. Allerdings nur, wenn sie gefördert und sukzessive ausgebaut werden.

Andere Länder sind schon deutlich weiter in der Anerkennung von Spiritualität

Die steigende Anerkennung des Wissens und der Präsenz von medial begabten Menschen ist mittlerweile weltweit zu spüren, wobei in England der „Spiritualismus" sogar als anerkannte Religion gilt.

Ich werde in diesem Buch noch ausführlich über meine „Lehrzeit" an einem der bedeutendsten Orte für die Erforschung der Medialität berichten – über das Arthur Findlay College in Stansted. Es wurde bereits 1871 erbaut und beschäftigt sich seit 1964 ausschließlich mit der Weiterentwicklung und systematischen Erforschung und der Lehre von spirituellen Fähigkeiten.

Wobei anzumerken ist, dass es Unterschiede zwischen Spiritismus und Spiritualismus gibt (das wird in diesem Buch an mehreren Stellen detailliert erklärt).

Das Arthur Findlay College ist dem Spiritualismus zugetan und vertritt die Lehren sehr konsequent. Hier haben Schüler aus verschiedenen Ländern die Möglichkeit, die Vielfalt der Medialität zu studieren und die Kommunikation mit der Geistigen Welt zu erlernen sowie ihre Fähigkeiten zu entwickeln. Die erfahrensten Tutoren unterrichten seit Jahrzehnten die Studierenden und fördern deren mediale Gaben auf höchstem Niveau. Ein Besuch an diesem Ort erscheint mir persönlich als unabdingbar für jeden, der sich mit dem Spiritualismus beschäftigt.

Gründe für die Entwicklung von „besonderen" Fähigkeiten

Bei einigen Menschen manifestiert sich die Verbindung zur Geistigen Welt durch tragische Verluste, Nahtoderfahrungen oder andere individuelle Begebenheiten. Oft sind die Gründe, warum der Kontakt zur Geistigen Welt ermöglicht wird, genauso vielfältig wie die Menschen selbst. Medialität und Jenseitskontakte reichen tief in die Geschichte der Menschheit zurück und sind in zahlreichen Kulturen fest verankert, so wie bei den alten Ägyptern, bei denen das Jenseits nie in Frage gestellt wurde, sondern stattdessen die Fragen nach dem genauen Ort und dem Aufbau des Lebens nach dem Tod im Vordergrund standen.

Auch die moderne „klassische" Wissenschaft in Europa und natürlich auch weltweit beschäftigt sich intensiv mit der Frage, ob das Bewusstsein oder die Seele den irdischen Tod überdauert. Diese Forschung wird speziell durch Nahtoderlebnisse, die detaillierte

Berichte über Ereignisse während medizinischer Notfälle enthalten, vorangetrieben. Die genauen und präzisen Beschreibungen von Patienten über Geschehnisse im Operationsraum oder an Unfallorten sind oft unerklärlich und werfen die Frage auf, wie Menschen solche Details wiedergeben können, die sie eigentlich nicht hätten wissen dürfen. Mittlerweile beschäftigen sich zahlreiche Wissenschaftler weltweit mit Nahtoderlebnissen, da sie nicht mehr einfach als Fantasie abgetan werden können.

Die Angst vor dem Outing wird weniger – die Skepsis bleibt!

Es war früher ungemein schwierig und auch mit Angst und Unsicherheit belastet, über seine außersinnlichen Erfahrungen zu sprechen. Es war noch extrem mit Tabus belastet. Man galt als Eso-Spinner oder Geistergläubig. Doch die Zeiten ändern sich und heutzutage ist es einfacher, sich über diese Themen auszutauschen, auch mit Fremden. Die Akzeptanz und das Bewusstsein zum Thema Sterben und Tod haben sich verändert und viele Menschen berichten heute von Phänomenen, die sie entweder selbst erlebt haben oder von anderen erfahren haben. Diese persönlichen Geschichten werden weiterhin das Interesse der Menschen auf der ganzen Welt wecken. Wobei natürlich – und das verstehe ich durchaus – die Skepsis bestehen bleibt.

Nicht jeder möchte sich mit dem Thema des Jenseits beschäftigen – es erfordert ein offenes Interesse für die spirituelle Welt und die Bereitschaft, die eigenen Sinne zu schärfen, um diese speziellen Kontakte dann auch tatsächlich herzustellen.

Ich sage es ganz offen: Medialität ist keineswegs ein Privileg, das nur einigen Menschen vorbehalten ist, sondern wie ein Muskel, der durch regelmäßiges Training gestärkt werden kann.

In diesem Buch möchte ich meinen Fokus auf Jenseitskontakte legen und meinen ganz persönlichen Weg teilen. Ich möchte auch aufzeigen, wie sich die Geistige Welt in meinem Leben manifestiert hat und wie diese Kommunikation meinen ganzen Lebensweg beeinflusst hat. Es ist eine Reise – meine Reise – die niemals endet, sondern auf der ich mich stetig weiterentwickele, um neue Erkenntnisse und Erfahrungen zu erleben.

Meine aktuelle Lebensphase ist eine Zweiteilung – in reale und jenseitige Welt

Mehr gibt es über mich gar nicht zu erzählen, außer dass ich den Beruf der Einzelhandelskauffrau erlernte und bald darauf, mit gerade einmal 18 Jahren, das Abenteuer suchte und in ferne Länder zog. Das unterscheidet mich vielleicht von den meisten Gleichaltrigen. Es waren die Türkei, Griechenland und Tunesien, die zu den Stationen meiner späteren Jugend wurden.

Meinen Lebensunterhalt verdiente ich als Animateurin in großen Hotelketten in diesen Ländern. Auch hier zeigt sich vielleicht das Einfühlungsvermögen, das Zugehen auf andere und die Empathiefähigkeit, denn ich war – das darf ich durchaus mit Stolz sagen – verdammt gut in meiner Arbeit. Die Touristen und auch meine Mitanimateure mochten mich. So arbeitete ich also fern der Heimat und erkundete die Welt jenseits der österreichischen Grenzen.

Tja, halten konnte mich die Ferne dann doch nicht. Trotz der Weite des Horizonts, des glasklaren Wassers und der netten Menschen zog es mich zurück in „mei Hamatlond" (= mein Heimatland ;-), wo ich schließlich in der High-Tech Halbleiterindustrie Fuß fasste. Ganz was anderes als meine bisherigen Tätigkeiten und eine Branche, die mit ihrer technischen Komplexität einen reizvollen Kontrast zu meinen sich langsam entwickelnden übersinnlichen Talenten bildet, die so gar nichts mit der sterilen Arbeit an Halbleitern zu tun hat.

Krankheit und Tod des Vaters als Auslöser

Ich erinnere mich noch genau an den Tag, als ich zum ersten Mal spürte, dass etwas mit meinem Vater nicht stimmte. Es war Ende März, und obwohl er äußerlich gesund wirkte, fühlte sich seine Aura, sein Energiefeld, anders an. Ich sprach ihn darauf an, und er gab zu,

Schmerzen zu haben, obwohl er sie vorher nicht erwähnt hatte. Meine Mutter hatte nichts bemerkt, aber ich wusste, dass etwas nicht stimmte. Es gab in mir klare Signale, die ich damals aber noch nicht klar deuten konnte. Mich überkam ein tiefes Gefühl von bevorstehendem Verlust. Es war, als ob eine innere Stimme mich darauf vorbereitete, mich langsam von meinem geliebten Vater zu verabschieden.

Trotz, oder ich möchte sogar sagen, gerade wegen meiner tiefen Trauer wurden meine Empfindungen von einigen Freunden, Familienmitgliedern und gutmeinenden Kollegen, mit denen ich zusammenarbeitete, als Blödsinn und Schwarzsehen abgetan. Es ist die typische Reaktion von Menschen, wenn sie von einer Krankheit erfahren. „Das gibt's ja nicht", „Der schafft das schon", „Dein Vater war doch immer pumperlg'sund", „wird nicht so schlimm werden, wirst schon sehen" …

Ihr Unglaube und ihre Skepsis spiegelten sich in ihren Reaktionen wider, sie hielten meine Vorahnungen wahrscheinlich für übertrieben oder durch Angst motiviert. In mir wuchs aber eine dunkle Gewissheit, die letztendlich durch die erschütternde Diagnose meines Vaters bestätigt wurde. Heute weiß ich, es handelte sich bei diesen Vorahnungen um eine Form von Hellwissen – einen der wichtigsten Hellsinne.

Die Diagnose kam später: Darmkrebs mit Metastasen in der Leber. Die Ärzte wollten schnell handeln und eine Operation und Biopsie durchführen, um zu erkennen welcher Tumor es war. Aber schon zu diesem Zeitpunkt spürte ich, dass die Zeit nur noch knapp bemessen war. Die Ärzte gaben zwar keine Auskünfte über die noch verbleibende Zeit. Für sie war wichtig: Mal aufschneiden und schauen, was es ist. Über die Chancen einer Heilung sprach niemand.

Als ich die Diagnose meines Vaters hörte, wusste ich tief in mir, dass die Ärzte mir nicht die ganze Wahrheit zumuten wollten. Sie sprachen vage von einem Jahr, das sie ihm noch geben wollten, aber ich spürte, dass es nicht so lange dauern würde. Ich spürte intuitiv, es gab keine Hoffnung auf Heilung; das bestätigte auch der Onkologe. Ich bekam den Impuls, dass alles viel schneller verlaufen würde, als die Ärzte annahmen. Die Familie entschied sich einstimmig gegen die OP, denn einfach aufschneiden und schauen was da drin wütet, das wollten wir meinem Vater nicht antun und er wollte dies auch nicht. Wir sagten den OP-Termin ab, und mein Vater war erleichtert.

Die Ärzte hatten Hoffnung – ich/wir – nicht

Der zuständige Arzt in diesem Kärntner Krankenhaus war allerdings sehr verärgert, als ich den OP-Termin absagte, ich aber wusste, es war die richtige Entscheidung. Ganz klar, dem lieben Herrn Doktor entgingen damit einige Tausend Euro OP-Honorar. Sorry, nicht mit meinem Vater. Auch mein Vater war erleichtert; er wollte diese Operation einfach nicht. Mit der endgültigen Diagnose, die die schwerwiegende Bedrohung für meinen Vater aufzeigte, wurde meine innere Führung durch diese intuitive Wahrnehmung gestärkt. Der behandelnde Arzt bestätigte, dass die Schwere der Erkrankung zuvor nicht erkennbar war und berührte mich persönlich durch seine empathische Bestätigung meiner Empfindungen. Trotz der anfänglichen Skepsis und der Zweifel von außen lernte ich, auf mein emotionales und intuitives Gefühl zu vertrauen, das mich durch die schwierige Zeit der Diagnose führte.

In den turbulenten 14 Tagen, die von der Diagnose bis zum Übergang meines Vaters in die Geistige Welt vergingen, haben wir uns intensiv mit dem Thema Leben, Tod und dem Jenseits auseinandergesetzt. Unsere enge Bindung ermöglichte es uns, offene Gespräche zu führen und wichtige Aspekte wie Finanzen und rechtliche Angelegenheiten zu klären. Letztlich konnte ich meinem Vater versichern, dass Mama und ich gut aufgehoben sind, während er seinen Weg in eine andere Dimension antrat.

Obwohl mein Vater zuvor davon überzeugt war, dass nach dem Tod nichts existiere, änderte sich diese Überzeugung im Verlauf unserer Gespräche. Sein Blick und unsere gemeinsamen Emotionen ließen keine Zweifel daran, dass es nach dem Leben auf Erden einen weiteren Ort des Seins geben muss. Mit seinem letzten Atemzug, als er uns mit letzter Kraft ins Krankenhaus begleitete, gab er mir seine Goldkette, eine Geste tiefer Verbundenheit. Ich trage diese Kette noch immer. Die Worte, die bei unseren Gesprächen nicht ausgesprochen wurden, waren dennoch tief in unseren Herzen verankert und machten uns allen zu schaffen. Sie begleiteten uns jeden Tag, jede Stunde, jede Minute auf seinem letzten Weg.

Schon beim Tod meiner Omas hatte ich – Eingebungen

Bevor mein Vater verstorben ist, hatte ich bereits meine zwei Großmütter beim Sterben begleitet. Auch da hatte ich schon eigenartige Wahrnehmungen, aber mir war noch nicht bewusst, dass meine Hellsinne so stark ausgeprägt sind. Ich war häufig am Sterbebett bei ihnen, deutlich öfter als meine Eltern und Verwandten, mehr als alle anderen. Und da habe ich mit ihnen viel gesprochen und hatte auch nach ihrem Ableben eigenartige Gefühle von Nähe zu ihnen, aber ich habe nicht gewusst, wie das möglich ist. Ich war darauf noch nicht vorbereitet.

Mein Vater will aus dem Jenseits über mich wachen ...

Wir hatten viele Gespräche über das Leben und den Tod. Mein Vater glaubte, dass nach dem Tod nichts mehr kommt – nur Dunkelheit. Mein Vater war ein typischer österreichischer Feiertags-Christ, also durchaus gläubig, aber kein Kirchengeher. Aber das nahe Ende verändert Menschen. Eines Tages im Garten fragte ich ihn, ob er Angst habe. Er konnte es noch nicht fassen, was geschah, aber er wusste, dass er sterben würde. Unter Tränen versprach er mir, auf mich aufzupassen – von drüben. Ich war tief gerührt, aber auch bis ins Mark erschrocken über dieses Versprechen. Denn es zeigt mir wieder deutlicher, dass meine eigenen inneren Gefühle in Bezug auf das jenseitige Dasein und in Bezug auf meinen Gottglauben nicht ganz aus der Luft gegriffen waren.

Nach seinem Tod und dem Verlust meiner Großmütter wurde mir klar, wie stark meine mediale Gabe ausgeprägt ist. Ich hatte immer eine besondere Verbindung zu ihnen am Sterbebett gespürt. Heute fokussiere ich mich in meiner Arbeit auf Jenseitskontakte und Trauerbegleitung. Es geht darum, den Menschen die Angst zu nehmen und sie zu unterstützen – zu zeigen, dass vielleicht doch etwas nach dem Tod kommt.

In den letzten Tagen seines Lebens schlief mein Vater sehr oft, weil er schon schwach war. Aber wir sprachen auch offen über alles – über seine Sorgen, ob meine Mutter mit der Pension zurechtkommen würde, ja, sogar über die Verabschiedung und damit sein eigenes Begräbnis. Es waren intensive Gespräche; wir wussten beide, dass dies unsere letzten Tage zusammen waren.

Zu Hause habe ich während der letzten gemeinsamen Tage mit meinem Vater immer Schach gespielt, bis zu dem Tag, als er ins Krankenhaus verlegt werden musste. Er hat damals tatsächlich jede Schachpartie gewonnen, auch unser allerletztes Spiel – das letzte seines Lebens, wie sich herausstellen sollte! Er hat mir das Schachspielen in jungen Jahren beigebracht und seit dieser Zeit haben wir unsere gemeinsamen Partien immer genossen. Bis zu seinem Tod.

Ein letzter Dienst an uns

Kaum zu glauben, aber mein Vater hat noch mit letzter Kraft die Sommerreifen an unserem Autor gewechselt. Ich werde es nie vergessen! Dieses Bild wird mir für immer im Gedächtnis bleiben – ein letzter Akt der Fürsorglichkeit, den er uns schenkte, obwohl er bereits am Ende seiner Kräfte war. Er begann auch, seine Unterlagen zu sortieren, als wolle er sicherstellen, dass alles an seinem Platz war, selbst wenn er es bald nicht mehr sein würde. Diese kleine Ordnung inmitten des Chaos schien ihm wichtig.

In dieser schwierigen Zeit bereitete er meiner Mutter jeden Morgen noch den Kaffee und brachte ihn ihr ans Bett. Diese kleinen Gesten des Alltags, die uns so vertraut waren, blieben bis zum letzten Tag ein Teil seines Wesens, auch wenn seine Stimme im Verlauf dieser Tage immer leiser und schwächer wurde. Er sprach nicht mehr viel; die Worte schienen ihm zunehmend zu entgleiten, und ich konnte sehen, wie ihm die Kraft fehlte. Jene Kraft, die diesem Mann immer so selbstverständlich zur Verfügung gestanden hatte.

Die letzten Tage zuhause waren geprägt von einer bedrückenden Stille. Mein Vater schlief immer mehr. Für meine Mutter war es eine äußerst belastende Zeit. Es war schmerzhaft zu beobachten, wie er, der einst so lebendige Mensch, nun einem rasanten Abbau unterworfen war, während sie gleichzeitig nach Möglichkeiten suchte, ihm noch hilfreich zur Seite zu stehen. Mein Vater indes bereitete sich in bemerkenswerter Klarheit und Ruhe auf den Abschied vor. Dieses bewusste Auseinandersetzen mit dem Unvermeidlichen war von einer tiefen, inneren Stärke geprägt, die ich nie vergessen werde.

Mein Vater hat sich sehr bewusst auf den Tod vorbereitet

Ich habe meinen Vater gefragt, ob ihm klar war, dass er wohl nie 70 werden würde. Seine Antwort war: Nicht jeder hat das Privileg, 70 zu werden. Diese Worte werde ich nie vergessen!

Ich persönlich und auch unser Hausarzt glauben, dass mein Vater die Geschwindigkeit des „Heimgehens" nach der Diagnose mental selbst bestimmt hat. Er hat es angenommen, keine Angst gezeigt – er war ruhig und stark, wie immer. So wie wir ihn kannten – ein Mann wie ein Baum – er hat sich mit dem Tod arrangiert. Nie gejammert, nie geweint – bis zum Ende ruhig und stark geblieben.

Die letzten Tage zu Hause – ein Abschied auf Raten

Ich erinnere mich noch genau an den Moment, als wir meinen Vater nach Hause brachten. Es war allen klar, dass er sterben würde. Die Atmosphäre war ruhig und friedlich, als ob sich das Haus auf seinen Abschied vorbereitete. Meine Mutter hielt seine Hand und flüsterte ihm liebevolle Worte zu, während ich den Hund streichelte, der treu an seiner Seite blieb.

Plötzlich schien es, als ob ein sanfter Wind durch das Zimmer strich und eine wohlige Wärme mit sich brachte. Mein Vater lächelte und schloss die Augen. Es war ein Moment voller Harmonie und Liebe, in dem wir spürten, dass sein Abschied nahte. Ich bin dankbar für diese kostbaren Momente, die uns gezeigt haben, dass der Tod nicht das Ende ist, sondern ein Übergang in eine andere Form des Seins.

Das finale Ende im Krankenhaus – mit Kind und Hund

Mein Vater wurde zwei Tage vor seinem Tod von meiner Mutter und mir ins Krankenhaus gebracht, wo er auf der Onkologie ein Einzelzimmer bekam. Mein Vater war dann genau zwei Nächte im Krankenhaus, bevor er starb. Zum Glück nur zwei Nächte! Er war in seinem Leben noch nie vorher im Krankenhaus. Hatte dort nie zuvor übernachtet.

Es war am Todestag meines Vaters, als ich einen starken Impuls in meinem Inneren verspürt habe. Ein klarer Impuls, dass er seinen Hund, unseren Familienhund, noch einmal sehen möchte. Er hatte viel Zeit mit seiner Hündin Pippi verbracht, war viel spazieren und in unserem Schrebergarten mit ihr. Tiere haben mich von Kind an begleitet – es war wie ein Impuls des „letzten Willens" meines Vaters: „Bring ihm seinen Hund ins Krankenhaus."

Tiere sind im Krankenhaus strikt verboten – außer es gibt menschliche Krankenschwestern

Jeder weiß, dass Tiere im Krankenhaus verboten sind. Aber es war der letzte Wunsch meines Vaters. Also nahm ich allen Mut zusammen, ging ganz schüchtern zu den Krankenschwestern und habe gefragt, ob es möglich wäre, dass mein todkranker Vater nochmal seinen Hund sehen könnte. Er war ja ans Bett gefesselt und hätte nicht vor das Krankenhaus kommen können. Was soll ich sagen, die netten Damen haben mir ohne lange Diskussion die Möglichkeit gegeben, den Hund kurz mit ins Krankenzimmer mitzunehmen. Wir haben den Hund im wahrsten Sinn des Wortes dort reingeschmuggelt.

Mein Vater war da schon in der Sterbephase, er lag nur noch im Bett, hat vor sich hingedämmert und viel geschlafen. Medizinisches Personal kennt diese letzte Phase, die oft auch Tage andauern kann und in der es wichtig ist, dem Betroffenen einen friedvollen Übergang zu ermöglichen. Die typischen Symptome in dieser finalen Zeit des Übertretens sind Müdigkeit, Teilnahmslosigkeit, Schläfrigkeit, Appetitlosigkeit sowie fehlendes Hunger- und Durstgefühl. Genau das war bei meinem Vater der Fall. Er bewegte sich kaum noch und flüsterte, anstatt zu sprechen.

Welches Wunder aber, als ich mit dem Hund an der Leine ins Zimmer eintrat. Er hat sofort reagiert und zu mir und dem Hund geblickt. Ich werde seine Augen in diesem Moment nie vergessen. Dieses kurze Aufleuchten, die Freude im Blick. Seine Begeisterung unseren – seinen – Hund nochmals zu sehen war von Tränen begleitet. Es war das letzte Geschenk, das ich ihm noch machen konnte. Was ich nie vergessen werde, war die Reaktion dieses bereits so geschundenen und geschwächten Körpers. Er, der sich in den letzten Tagen kaum mehr selbst bewegen konnte, spannte plötzlich die Muskeln an und saß mit dem kompletten Oberkörper aufrecht im Bett und hat mich mit dem Hund umarmt.

Ein unauslöschlicher Moment. Er war glücklich vor Freude, dass ich das für ihn möglich gemacht habe. Ich bin heute noch froh darüber, denn es war jener Tag, an dem er dann auch verstorben ist. All das hatte ich der Empathie dieser Krankenschwestern zu verdanken. Ich danke ihnen noch heute dafür!

Man kann es nicht oft genug betonen. Eine einfühlsame Krankenschwester und mitfühlendes medizinisches Personal, egal in welcher Position, sind in solchen Momenten sehr wichtig. Leider ist das nicht die Regel. Es gibt auch Menschen, egal ob Ärzte, Ärztinnen oder Pflegepersonal, die sich ganz und gar unangemessen, kalt und empathielos verhalten. Sensibilität ist entscheidend, um angemessen in diesem Beruf zu arbeiten, zu handeln und zu behandeln.

Keiner sollte beim Sterben dabei sein – das war sein Wille

Nach diesem für meinen Vater (und auch mich) so wichtigen Besuch nahm ich den Hund und verließ sein Zimmer. Vor dem Krankenzimmer, kurz bevor wir aus der Abteilung rausgegangen sind, hat eine dieser Krankenschwestern gefragt, ob jemand von unserer Familie heute noch hier bei ihm schlafen möchte, denn es könnte sein, dass er heute verstirbt. Diese Profis haben die Signale des Körpers ihres Patienten genau richtig gedeutet. Für mich war diese Nachricht zwar ein Schock (man denkt letztlich nie an ein tatsächliches und endgültiges Ende), aber ich habe sofort zugestimmt. Meine Mutter allerdings wollte es auf keinen Fall. Das hatte sie mir im Krankenhaus klar gemacht. Ihre Angst von dem Tod ist seit jeher sehr groß. Daraus mache ich ihr aber keinen Vorwurf. Jeder sollte das tun, wozu er in einer solchen Grenzsituation in der Lage ist. Denn das spürt auch der Sterbende.

Ich bin nochmal ins Zimmer zu meinem Vater gegangen und habe ihn gefragt: „Papa, willst du, dass ich heute hier schlafe?" Ich vergesse nie, wie sich langsam seine Hand vom Bett hebt und er mit dem Zeigefinger zittrig schwach, aber sehr klar – NEIN – signalisiert. Er war voll im Bewusstsein und wollte mit sich und dem Sterben alleine sein. Ich habe das danach von Angehörigen immer wieder gehört, nachdem ich mich intensiver mit dem Tod und dem Sterben befasst habe. Viele Sterbende sind in den letzten Tagen umgeben von Familie und Freunden, wollen dann aber in den letzten Stunden alleine sein. Alleine mit sich und dem kommenden Übertritt in die Geistige Welt.

Danach bin ich schnell mit dem Auto zu meiner Mutter in die Wohnung gefahren. Ich bin kaum bei der Haustüre rein, als mein Handy geklingelt hat. Es war die nette Krankenschwester! Als ich ran ging, sprach zuerst niemand der Krankenschwestern mit mir – ich hörte aber, wie sie sich im Hintergrund unterhalten und auf mein Abheben des Telefons gewartet haben. Ich hörte, wie die eine zur anderen leise flüsterte: „Ja ganz sicher, den Hund wollte er noch einmal sehen, das hat ihm das GEHEN garantiert leichter gemacht – das hat er noch gebraucht. Dann hat er sie für sein Sterben nach

Hause geschickt." Mein Herz klopfte wie verrückt und die Tränen schossen in Bächen über mein Gesicht. Sie sprachen kurz mit mir, wollten nur eine Formalität abklären, dann legte ich auf. Ich werde ihre Worte am Telefon nie vergessen.

Heute weiß ich, und bin mir absolut sicher, dass ich dieses Gespräch mitbekommen sollte – dass es ein DANKE von meinem Vater aus der Geistigen Welt war, speziell für mich. Ein Danke, dass er den geliebten Hund nochmals kurz sehen durfte. Ein Danke, dass wir ihn besucht hatten, ein Danke, dass wir ihn im intimen Moment des Sterbens mit sich selbst gelassen hatten. Letztlich war das alles kein Zufall, denn auch für mich war es der Beginn einer Reise – meiner persönlichen Reise in die Geistige Welt.

Meinen Vater vermisse ich jeden Tag – der Kontakt mit ihm besteht immer noch und er ist ein wichtiger positiver Begleiter für meine Mutter und mich. Was kann man über einen Gegangenen Schöneres sagen!

Am Friedhof die „Berührung" aus dem Jenseits

Nicht nur mir, auch in der Familie gab es nach dem Tod meines Vaters immer wieder übersinnliche Begebenheiten, die mir zugetragen wurden. Meine Mutter erlebte am Friedhof eine unerklärliche sanfte und doch eindringliche Berührung, obwohl niemand in der Nähe war. Sie spürte deutlich die Anwesenheit meines Vaters. Sie ist es, die normalerweise skeptisch ist, aber in diesem Moment fühlte sie seine Präsenz sehr deutlich.

Es ging sooooo schnell … und ist immer noch unbeschreiblich!

Ich bin immer noch schockiert über die Schnelligkeit, mit der der Tod einen Menschen heimsuchen kann, der zuvor ganz und gar gesund schien. Im Falle meines Vaters hatte er am 11. April noch Tennis gespielt, als er die ersten eindeutigen Symptome der Krankheit verspürte. Schon da habe ich einen Impuls erhalten – eine Vorahnung seines nahenden Todes.

Am 25. April feierten wir seinen 69. Geburtstag. Diesen Geburtstag haben wir eher still gefeiert. Wen wundert das? Ich habe ihm einen Engel geschenkt, dieser stand dann auch im Krankenhaus auf seinem Nachtkästchen. Feiern kann man das nicht nennen. Vor allem, wenn man weiß, was einen und uns alle bald erwartet.

Mein Vater starb still und friedlich am 29. April. Es war eine brutal kurze und unbeschreiblich intensive Zeit für die ganze Familie. Aber all diese Erfahrungen bestätigten mich in der intuitiven Verbindung, die ich zu meinem Vater hatte. Letztlich bestätigte sich dadurch für mich auch meine außerordentliche Gabe der Medialität und auch meine Hinwendung zum Spiritualismus.

In den folgenden Tagen nach dem Tod meines Vaters spürte ich eine tiefe Leere in mir. Es war, als ob ein Teil von mir fehlte, als ob ein wichtiger Anker in meinem Leben plötzlich fehlte.

Meine Mutter und ich fanden Trost im gemeinsamen Erinnern an die schönen Momente mit meinem Vater. Es war ein langer Prozess der Trauerbewältigung, aber wir schafften es gemeinsam, uns gegenseitig Halt zu geben. Die Erinnerung an den Frieden und die Liebe, die wir in den letzten Momenten mit meinem Vater erfahren hatten, half uns dabei, mit seinem Verlust umzugehen. Es waren die kleinen Zeichen und Berührungen aus dem Jenseits, die uns zeigten, dass der Tod nicht das Ende ist, sondern ein neuer Anfang. Unsere Verbindung zu meinem Vater war und ist unzerbrechlich, auch über den Tod hinaus.

Das war für mich der Beginn meines Interesses am Jenseits und seinen Geheimnissen!

Das Jenseits und seine Geheimnisse erforschen

Nachdem wir meinen Vater auf seinem gesamten letzten Weg begleitet und uns von ihm verabschiedet hatten, breitete sich die Realität der Trauer in unserer Familie aus. Für meine Mutter und mich war es kaum zu fassen, wie schnell sich unser Leben innerhalb weniger Tage verändert hatte. Die plötzliche Leere und der Verlust waren überwältigend, und jeder, der einen geliebten Menschen verloren hat, kennt die unbeschreibliche Leere und den Schmerz, der damit einhergeht. Die Welt schien für uns stillzustehen, und die Trauer lastete schwer auf uns – ein Gefühl, das uns tief in der Seele erschütterte.

Jeder Mensch findet seinen eigenen Weg, mit tiefem Verlust umzugehen. Ich begann mich mit Artikeln und Büchern über das Leben nach dem Tod zu beschäftigen und stellte mir Fragen über die Existenz von Jenseitsmedien und die Authentizität ihrer Verbindungen zur Geistigen Welt. Ich durchforstete Bücher, schaute Dokumentarfilme und las alles, was ich zu diesem Thema finden konnte, um besser zu verstehen, was hinter den Schleiern des Lebens liegt. Meine katholische Erziehung ließ mich glauben, dass es ein Leben nach dem Tod geben müsste, und so lag es nahe, dieses Thema genauer zu erforschen.

Mein Interesse an Interviews mit Wissenschaftlern, die sich mit dem Leben nach dem Tod beschäftigen, war stark ausgeprägt. Wenn Experten auf diesem Gebiet forschen und ihr Wissen teilen, so dachte ich, müsste es eine bedeutungsvolle Auseinandersetzung mit diesem Thema geben. Ich suchte intensiv im Internet nach Informationen und verbrachte Wochen damit, Forschungsergebnisse zu studieren. Schließlich entschloss ich mich dazu, meinen ersten Jenseitskontakt bei einem Medium zu buchen, das nach den Prinzipien des englischen Spiritualismus ausgebildet war.

Der Tod ist eine Illusion

Jetzt, einige Jahre später, nach Entdeckung meiner Gabe und nach intensiver Beschäftigung mit dem Spiritualismus und meiner medialen Weiterbildung in England (wird später im Buch noch genauer beschrieben) sind mir diese ersten wirklich intensiven eigenen Begegnungen mit dem Jenseits immer noch ganz lebendig in Erinnerung. Im Laufe dieser meiner Berufung wurde mir immer deutlicher bewusst, dass der Tod, so wie es der Spiritualismus beschreibt, tatsächlich nur eine Illusion ist. Das bestätigen meine Erfahrungen mit den vielen Menschen, denen ich beim Kontakt mit dem Jenseits bereits Beistand geleistet habe. Sei es bei der Kontaktaufnahme mit geliebten Verstorbenen oder bei der Suche nach Antworten aus dem Jenseits.

Leider wird von den meisten Menschen der Tod als das absolute Ende angesehen, als ein unausweichliches Aus des Lebens. Doch aus meiner Erfahrung heraus kann ich sagen, dass der Tod nur eine Tür ist, die sich öffnet, um den Übergang in eine andere Realität zu ermöglichen. Die Seele bleibt bestehen, das Bewusstsein bleibt erhalten, nur die physische Hülle wird zurückgelassen.

In meinen Sitzungen mit Klienten habe ich immer wieder erlebt, wie die Verstorbenen ihre Botschaften und ihre Liebe durch mich hindurch übermitteln. Es ist eine tiefe Verbindung, die über den Tod hinausgeht, eine Verbindung, die zeigt, dass wir alle Teil eines größeren Ganzen sind. Der Tod trennt uns nicht von denen, die wir lieben, er ist nur eine Veränderung des physischen in einen geistigen Zustand.

Die Medialität und vor allem der Spiritualismus ermöglichen es uns, diese Verbindung zu spüren und zu verstehen. Zu verstehen, dass der Tod nur eine Illusion ist. Wir sind nicht allein, wir sind umgeben von den Energien derer, die vorangegangen sind. Ihre Präsenz ist jederzeit spürbar, ihre Liebe ist immer greifbar, sie sind dauerhaft bei uns, zwar auf einer anderen Ebene, die für uns meist nicht sichtbar ist. Aber sie sind bei uns und mit uns!

Die Angst vor dem Tod überwinden

Ich bin der festen Überzeugung, wenn wir den Tod nur als Illusion betrachten, können wir auch unsere Angst davor überwinden. Wir können lernen, loszulassen und zu vertrauen, dass der Übergang in eine andere Realität nur der Anfang eines weiteren Abenteuers unserer Existenz ist. Die Seelen der Verstorbenen sind frei und wir können ihre Liebe und ihre Botschaften empfangen, wenn wir offen dafür sind. (Lesen Sie dazu „Die sieben Prinzipien des Spiritualismus" in diesem Buch.)

Der Übergang ist die Möglichkeit, die uns gegeben wird, um über unseren physischen Körper hinaus zu sehen und zu erkennen, was wir in unserem Leben spirituell erreicht haben. Egal ob König oder Bettler, im Jenseits sind alle gleich. Unser eigener Übergang erinnert uns daran, dass das Leben im Grunde unendlich ist und nur seine Dimension und Energieform ändert, und dass die Liebe die einzige wahre Konstante ist. In der Physik gibt es einen unumstößlichen Grundsatz: Energie geht niemals verloren!

Als Medium bin ich dankbar, dass ich diese Erkenntnis teilen und Menschen auf ihrem Weg zur Heilung und zum Verständnis begleiten kann – auch durch dieses Buch. Denn am Ende ist der Tod nur eine Illusion, die uns daran erinnert, dass wir alle eins mit der uns umgebenden Welt, Materie und Energie sind.

Meine daraus resultierende spirituelle Erweckung

Kontakte mit Verstorbenen passieren mir immer wieder, auch während meiner Arbeit mit Klienten. Es ist erstaunlich, wie diese Verbindungen entstehen können, sogar über Elektrogeräte. Manchmal geschieht es einfach. Obwohl es sicher nicht der Verstorbene ist, der zum Bespiel das Radio einschaltet.

Interessanterweise höre ich selbst nur selten Radio, auch während Autofahrten. Doch dann überkommt mich plötzlich der Impuls, das Radio einzuschalten, und oft läuft genau in diesem Moment das gemeinsame Lieblingslied von mir und meinem Vater. Ein Lied von Hubert von Goisern. Es ist dann wie eine Botschaft von meinem Vater, mit dem ich dieses Lied verbinde. Solche Momente sind für mich wirklich besonders, und es zeigt mir, dass die Verbindung über den Tod hinaus bestehen bleibt. Und das ist auch das, was ich meinen Klienten oder Schülern weitergebe ...

Medialität beginnt immer mit Intuition!

Wenn man sich für Medialität interessiert, ist es ganz natürlich sich auch der Intuition des menschlichen Körpers und des menschlichen

Geistes zu öffnen und zu versuchen, das, was man spürt und fühlt, auch in Verbindung mit dem Jenseits zu sehen.

Wir müssen als Menschen unser Bauchgefühl wieder stärken, um die feinen Begebenheiten der nichtstofflichen Welt rund um uns zu bemerken. Daran hapert es leider allzu oft. Auch weil viele Menschen es gar nicht wahrhaben wollen, wenn so etwas passiert, und es nicht nur einfach abtun und zur Seite schieben, sondern auch aktiv unterdrücken. Dadurch verlernt man Hellfühligkeit und man wird mit der Zeit unempfänglicher und abgestumpfter.

Manchmal erhalte ich auch Traumimpulse aus dem Jenseits, insbesondere wenn ich um Hilfe bitte. Diese Impulse sind intuitiv und stammen nicht von mir selbst. Es ist faszinierend zu sehen, wie sich die Geistige Welt auf diese Weise mitteilt und sich bei uns bemerkbar macht, um uns zu leiten.

Ein besonders beeindruckendes Erlebnis waren zwei sehr realistische Träume, die ich hatte. In einem Traum übergab mir mein Vater ein Kuvert mit den Firmenfarben meines jetzigen Arbeitgebers, bei dem ich aber damals erst zur Probe tätig war. Mein Vater betonte zu seinen Lebzeiten immer, wie wichtig es für mich wäre, eine Festanstellung zu bekommen. Wenige Tage später erhielt ich tatsächlich die Zusage für eine feste Anstellung. Mein Vater hatte mir also im Traum signalisiert, dass ich diese Anstellung wirklich erhalten würde. Es war für mich eine sehr starke und fast realistische Traumerfahrung. Und ja, ich bin bis heute in diesem High-Tech-Unternehmen beschäftigt.

Die Verbindung bleibt

Der Tod meines Vaters liegt erst zwei Jahre zurück. Natürlich ist es bei vielen anderen bereits viel länger her, dass sie den Tod eines Angehörigen erlebt haben. Oft werde ich gefragt, ob sich die Seelen mit der Zeit entfernen, wenn man weniger an sie denkt. Meine Antwort darauf ist, dass die Seelen immer präsent sind, unabhängig davon, wie viel Zeit seit ihrem Tod vergangen ist. Es ist meist nur die Trauer, die sich bei uns verändert.

Die Zeit heilt alle Wunden, ist ein gängiges Sprichwort. Ich bin zwar nicht ganz dieser Meinung, aber es hat dennoch durchaus etwas für sich. Die Zeit lindert die schlimmsten Schmerzen, so würde ich den Satz umformulieren. Wenn zu Beginn die kleinste Erinnerung an einen lieben Menschen immer und unausweichlich in einem Weinanfall geendet ist, dann wird das mit der Zeit seltener und hört schließlich ganz auf. Das ist von der Natur auch sehr gut eingerichtet, denn sonst könnte niemand nach Tod oder Verlust weiterleben. Anfangs ist der Schmerz unerträglich, doch im Laufe der Zeit lernt man, besser damit umzugehen.

Die Seelen sind jedoch immer in der Nähe, bereit, sich zu zeigen, bereit für uns Partei zu ergreifen, wenn wir an sie denken oder wenn wir sie benötigen. Es ist eine beruhigende Gewissheit, dass die Verbindung über den Tod hinaus bestehen bleibt. (Im Kapitel über das Arthur Findlay College gibt es noch eine genauere Betrachtung über die Thesen des englischen Spiritiualismus zum Thema „Allgegenwart der Seelen" in unserem Leben).

Die Verstorbenen sind immer an unserer Seite – egal wie lange sie schon gegangen sind!

Die Jenseitskontakte, die ich für meine Klienten herstelle, dienen oft dazu, den trauernden Menschen Trost zu spenden und sie zu beruhigen. Es beantwortet viele Frage schon bei der ersten Sitzung.

Es sind immer ähnliche Fragen, die Angehörige wissen wollen, wenn sie sich zu einer Kontakt-Sitzung entscheiden.

Die häufigsten Themen, zu denen Angehörige Fragen haben

Aufenthalt und Ort: die Frage nach dem „wo bist du" zählt zu den wichtigsten für die Angehörigen. Das spiegelt die Unsicherheit wider, wenn es um die Geistige Welt geht und den Ort, an den wir alle nach unserem Ableben wechseln.

Zustand und Wohlbefinden: Viele Menschen fragen nach dem Zustand des Verstorbenen in der Geistigen Welt. Sie möchten wissen, ob es ihnen gut geht, ob sie Schmerzen haben oder ob sie Frieden gefunden haben.

Botschaften und Ratschläge: Angehörige fragen oft nach Botschaften oder Ratschlägen von den Verstorbenen. Sie möchten wissen, ob es etwas gibt, das sie wissen sollten oder ob der Verstorbene ihnen etwas mitteilen möchte.

Lebens-Kontroversen und Schuld: Unausgesprochenes, Beleidigendes, Streit, Hass – nichts ist der menschlichen Seele fremd. Und darum bitten viele Angehörige um Verzeihung. Oder wollen eine Schuld begleichen oder einen Streit beenden.

Lebensrückblick: Manchmal möchten Menschen wissen, ob der Verstorbene auf sein Leben zurückblickt und ob er bestimmte Ereignisse oder Entscheidungen bereut.

Verbindung und Liebe: Fragen nach der Herzensverbindung zwischen den Lebenden und den Verstorbenen sind ebenfalls häufig. Menschen möchten wissen, ob ihre Liebe und Erinnerungen weiterhin eine Bedeutung für den Toten haben.

WICHTIG!
Ich gebe keine direkten Ratschläge, wie mit der Trauer umzugehen ist, aber ich zeige auf, dass die Verbindung zu den Verstorbenen be-

stehen bleibt und dass sie immer da sind, um uns zu unterstützen und zu trösten. Es ist ein Trost für uns zu wissen, dass der Tod nur eine Illusion ist und die Liebe unter uns Menschen unsterblich ist.

Ich will mehr wissen, will kommunizieren – will mit Toten sprechen!

Wer mit Toten kommunizieren will, braucht neben Intuition auch Wissen. Wissen um die Wege, mit denen man mit den Gegangenen in Kontakt treten kann. Das kann, wie schon erwähnt, auf die unterschiedlichsten Arten passieren.

Ein Beispiel, das ich gerne teile, ist meine hellfühlige Begegnung mit einem ehemaligen Arbeitskollegen. Er war begeisterter Hobbytaucher und kehrte gerade von einer Reise zurück, als er mir begeistert seine Tauchbilder zeigte. Ich fragte ihn, ob er keine Angst habe, weil ja etwas passieren könnte beim Tauchen. Mich persönlich würde das Wasser buchstäblich erdrücken. Ich würde daher nie tauchen. Er antwortete, dass er keinerlei Ängste verspüre. Zwei Tage später verstarb dieser Arbeitskollege bei einem Tauchunfall im Millstätter See.

Was war meine Erkenntnis daraus? Man könnte sagen, dass ich alleine durch meine Fragestellung den Hinweis aus dem Jenseits erhalten habe: „Achtung – er sollte aufpassen, es könnte etwas Schlimmes geschehen." Ich machte mir große Vorwürfe, dass ich ihm damals nichts von meiner dunklen Ahnung mitgeteilt hatte. Ich war noch zu unerfahren und mir meiner Begabung in keinster Weise bewusst. Gemeinsam mit seiner Frau, die sich nach seinem Tod an mich wandte, blieb ich mit ihm in Kontakt. Zu jener Zeit arbeitete ich noch nicht als Medium. Es war unmittelbar nach dem Tod meines Vaters im April, als der Unfall meines Arbeitskollegen im Juni geschah. Ich war daher auch von diesem Ereignis sehr mitgenommen. Die Kontakte mit ihm zeigten mir aber, er hatte keinen Groll gegen mich. Tauchen war seine Leidenschaft. Er hätte sich auch durch meine Warnungen nicht davon abbringen lassen.

Daher beantworte ich, wenn ich Kontakt mit Verstorbenen herstelle, oft auch Fragen. Sowohl von den Angehörigen als auch von den Verstorbenen. Die versuche ich dann zu beantworten, wenn ich die entsprechenden Signale bekomme. Dabei spreche ich immer aus meiner eigenen Erfahrung, denn selbstverständlich habe auch ich schwere Zeiten der Trauer durchlebt. Und war auf der Suche nach Antworten.

Trauer vergeht – die Erinnerung niemals

Ich kann daher jedem verzweifelten Menschen nur versichern, dass die Trauer mit der Zeit leichter wird. Diese Art von Aufarbeitung ist oft Teil meiner Jenseitskontakte, denn ich spüre beispielsweise auch, ob ein Angehöriger beim Sterbevorgang vielleicht nicht anwesend war. Und sich daher schlimme Vorwürfe macht. Dies beschäftigt viele Menschen, da sie das Gefühl haben, ihrer geliebten Person nicht in den letzten Momenten beigestanden zu haben. Es ist für sie eine große Belastung.

Ich erkläre ihnen, dass es die tiefste und persönlichste Sache jedes Menschenlebens ist, wie jemand stirbt. Die Verstorbenen wollen uns oft ganz bewusst nicht mit diesem Anblick belasten, daher suchen sie oft den Moment aus, in dem wir gerade nicht anwesend sind, um auf die andere Seite zu wechseln. Dies kommt häufig in meinen Kontakten zum Ausdruck, wenn ich die Verstorbenen dazu befrage. Ich habe es ja auch bei meinem Vater erlebt, der wusste, dass sein Ende nahte und es weder mich noch meine Mutter miterleben lassen wollte.

Beim Sterben werden wir von unseren Ahnen abgeholt

Die unterschiedlichsten Arten von Nachrichten aus dem Jenseits bringen den Hinterbliebenen oft Heilung oder ermöglichen es, unausgesprochene Dinge anzusprechen. Beim Übertritt in die Geistige Welt hat eine Person nicht mehr das menschliche Ego, wie wir es jetzt haben. Es ist vollständig verschwunden, ob es sich dabei um einen Mörder oder einen Heiligen handelt. Oft kommen Verstorbene selbst mit Entschuldigungen oder bitten um Vergebung für ihre Taten zu Lebenszeiten. Insbesondere Kinder oder Jugendliche, die beispielsweise an einer Überdosis gestorben sind oder bei einem Auto- oder Sportunfall. Häufig entschuldigen sie sich dafür bei ihren Müttern oder Vätern. Dies ist ein wiederkehrendes Muster in meinen Kontakten. Aber diese Muster und Kennzeichen musste ich erst lernen zu erkennen. Beim Sterben werden wir daher von unseren Ahnen abgeholt – diese Energie kann man im Raum des Sterbenden bewusst spüren.

Die Frage aller Fragen: Geht es den Verstorbenen gut?

Medialität ist ein faszinierendes Phänomen, das es ermöglicht, eine Verbindung zur spirituellen Welt herzustellen. In diesem Sachbuch möchte ich mich auch mit der Frage auseinandersetzen, ob es den Verstorbenen im Jenseits gut geht. Kein Wunder, ist es doch die meistgestellte Frage bei den Sitzungen. Dabei werde ich besonders auf die Erkenntnisse der englischen Schule der Jenseitsforschung eingehen, die seit Jahrhunderten die Kommunikation mit Verstorbenen erforscht und so präzise als möglich dokumentiert.

Die englische Schule der Jenseitsforschung legt großen Wert auf die Beweisführung und die Suche nach Evidenz für die Existenz einer spirituellen Welt. In ihren Studien und Experimenten konnte man nachweisen, dass die Verstorbenen im Jenseits sich in einem Zustand des YinYang befinden. Es gibt kein Plus kein Minus, kein Heiß kein Kalt, es gibt nur die pure energetische Existenz. Dieser Zustand entspricht jedoch nicht unbedingt unseren menschlichen Vorstellungen von Glück und Zufriedenheit.

Es gibt keine Angst, keinen Hass im Jenseits. Die Verstorbenen befinden sich in einem Zustand der Ruhe und des Friedens, fernab von den irdischen Sorgen und Konflikten. Sie sind von einem Gefühl von Ewigkeit umgeben und erfahren eine Art spirituelle Entwicklung und Weiterentwicklung.

Es ist wichtig zu verstehen, dass das Wohlbefinden der Verstorbenen im Jenseits nicht an materielle Bedürfnisse gebunden ist. Ihre Existenz ist geprägt von spiritueller Erfüllung und einem tieferen Verständnis für die Zusammenhänge des Universums. Sie haben die Möglichkeit, sich auf ihre spirituelle Entwicklung zu konzentrieren und sich in Harmonie mit dem sogenannten Göttlichen zu befinden. Obwohl wir uns darunter nicht die berühmten christlichen Wölkchen vorstellen dürfen, auf denen die Englein in kleinen weißen Hemdchen tanzen. Aber glücklicherweise auch nicht die höllischen Feuersbrünste, in die die Seelen geworfen werden.

Die Verstorbenen existieren im Jenseits vielmehr in einem Zustand, der jenseits unserer menschlichen Vorstellungskraft liegt, sie leben in einem 0-Zustand. Ja, ich habe für mich den Begriff „0-Zustand" gewählt, oder wie ich es im Englischen formulieren würde „out-of-body state".

Wichtig ist zu verstehen, dass ihre Seelen gänzlich frei sind von den Einschränkungen unseres physischen Körpers. Sie existieren in einer Art spiritueller feinstofflicher Freiheit, die ihnen aber jederzeit erlaubt, in Kontakt mit ihren Angehörigen auf der Erde zu treten.

Durch die Erkenntnisse der englischen Schule der Jenseitsforschung können wir ein tieferes Verständnis für die Natur des Lebens nach dem Tod gewinnen. Es ist ein Trost zu wissen, dass die Verstorbenen in einer Welt des Lichts und der Liebe existieren und dass ihr Geist weiterlebt, auch wenn ihr Körper uns verlassen hat.

Alle Menschen haben ein Leben nach dem Tod und warten auf Erlösung

Na gut, alle die „brav" sind haben im Jenseits also nichts zu befürchten. Sie leben im 0-Zustand. Aber man fragt mich natürlich auch öfter: „Hast du schon mit jemandem im Jenseits gesprochen, der – um es vorsichtig auszudrücken – ein böser Mensch war?" Was ist mit denen? Gibt es eine Art christliche Hölle oder zumindest eine dunkle Abstellkammer für schlimme Seelen? Meine Antwort dazu – Nein!

Dazu kann man jetzt stehen, wie man will, aber es passt zum 0-Zustand. Ich hatte bisher noch nie selbst mit so einer Seele zu tun, die als Erdenmensch eine wirklich böse Person gewesen war, aber ich habe natürlich in meiner Ausbildung und auch persönlich von vielen Medien gehört, die solche Erfahrungen gemacht haben. Nur einmal hatte ich eine Sitzung quasi in umgekehrter Anordnung. Mit einem Großvater, der seine verstorbene Enkeltochter missbraucht hatte. In dieser Sitzung kam er mit einer Art Entschuldigung für das, was er ihr zu Lebzeiten angetan hatte. Ein Befreiungsschlag für beide – sowohl für die Enkelin als auch den Großvater.

Sowas gibt es eben auch: Nicht nur, dass sich Lebende bei Verstorbenen für etwas entschuldigen wollen, sondern auch dass sich Verstorbene bei den Lebenden entschuldigen, für das was sie gemacht haben. Sich also dafür entschuldigen, was passiert ist. Natürlich ziemlich eigennützig, um sich selbst von einer großen Last zu befreien. Das sind schon Sitzungen, die man nicht so leicht vergisst.

Es suchen daher sowohl wir Lebenden als auch die Seelen im Jenseits nach Heilung und Vergebung und nach einem Abschluss!

Bei einem medialen Übungsworkshop habe ich das einmal miterlebt. Da war eine Frau, deren Eltern aus der Geistigen Welt durchgekommen sind. Ich war schockiert, denn beide Elternteile haben diese Frau in ihrer ganzen Jugend missbraucht, schon von Kind auf, das war ganz schwierig, da sind auch die Signale und der Kontakt selbst sehr schwerfällig und nur stockend in Gang gekommen. Interessant ist aber Folgendes. Auch wenn solche „schwierigen" Kontakte zustandekommen, dann sind diese Seelen nicht auf Rache oder auf Weiterführung ihrer schlimmen Taten aus, sondern sie sind immer auf der Suche nach Vergebung und kommen, um für ihre bösen Taten als Lebende um Entschuldigung zu bitten.

Wobei Heilung und Entschuldigung ohnehin immer zentrale Themen in fast allen Befragungen sind. Ich habe es auch bei verschiedenen Workshops erlebt, bei denen Menschen ihre Verstorbenen ansprechen. Manchmal sind es schwierige Fälle, wie der des Großvaters, der die eigene Enkelin missbraucht hatte. Die Bitte um

Entschuldigung und die Suche nach Vergebung und Heilung sind immer präsent – in jeder Sitzung. Egal ob auf der jenseitigen oder auf der weltlichen Seite.

Keine Angst!

Es muss sich also niemand vor dem Kontakt mit dem Jenseits fürchten. Nicht einmal, wenn die Personen, die in der Geistigen Welt erscheinen und Signale geben, im realen Leben nicht wirklich gute Menschen waren und massive Schuld auf sich geladen haben. Das Jenseits ist neutral!

Der Moment der Gewissheit – ich will Medialität studieren!

Mein Wow-Moment, also, wo ich bemerkt habe, ich habe diese Gabe, die kam nach dem Tod von meinem Vater. Wo ich ja dachte, die Medialitätserfahrungen mit meinem Vater haben einfach mit der Familiennähe, mit unserer Blutsverwandtschaft zu tun. Die erste fremde Seele, bei der ich eine Jenseits-Kontaktaufnahme gemacht habe, auf Bitte von jemandem, die war schon eine ganz besondere Sache. Wo ich mir danach gesagt habe, Donnerwetter da könnte ich mich weiterentwickeln, da könnte ich mich reinsteigern, das könnte ich auch beruflich machen. Nach diesem Erlebnis war es dann so, dass mich das Thema Medialität einfach gefesselt hat, dieses Wunder des Kontaktes mit dem Jenseits. Wo man sich fragt: Wie ist das möglich? Ja, diesen Moment gab es. Bei einem Kollegen – und während der Nachtschicht auf meinem Arbeitsplatz. Tja, die geistigen Wesen kennen keine Uhrzeit!

Aber zuvor gab es nach dem Tod meines Vaters natürlich auch meine eigene Skepsis, die es galt zu befriedigen – oder zum Stillstand zu bringen. Ganz wie man will. Also habe ich zuerst selbst versucht ein Medium zu finden. Ich wollte wissen, ob da mehr möglich ist als nur eigenartige hellfühlige Momente. Ich wollte über eine andere Person einen Kontakt zu meinem Vater herstellen oder herausfinden, ob das nur Lug und Trug ist, was da gemacht und erzählt wird, oder ob da was dran ist.

Also habe ich lange nach einem Medium gesucht. Auf einschlägigen Plattformen im Internet, aber auch über Empfehlungen von Freunden und Bekannten. Da bemerkt man dann auch, wie viele Menschen sich eigentlich mit diesem Themengebiet befassen und wie viele tatsächlich schon einen Wahrsager, einen Astrologen oder eben ein Medium aufgesucht haben. Ich war jedenfalls wirklich erstaunt. Auch, weil es Menschen waren, von denen ich es vorher niemals auch nur eine Sekunde angenommen hätte.

Meine Suche hat eine gewisse Zeit gebraucht, denn ich wollte methodisch vorgehen, um die Spreu vom Weizen zu trennen. Wollte wissen, ob es tatsächlich möglich ist und ob es funktioniert, oder nicht. Daher war mir auch die „Geld-zurück-Garantie" des Mediums wichtig. Wie ich heute weiß, ist es meist ein untrügliches Zeichen für ein „seriöses" Angebot, in diesem leider oft sehr undurchsichtigen und unseriösen Gewerbe. Apropos: Ich werde in diesem Buch noch ausführlich beschreiben, wie man Quacksalber von echten medial begabten Personen unterscheiden kann.

Meine erste Online-Sitzung bei einem Medium – mit Geld-zurück-Garantie!

Ich habe dann bei einem Medium in Deutschland eine Sitzung gebucht, die nach dem englischen Spiritualismus ausgebildet ist. Da gibt es immer diesen Hang zur Beweisführung, das war mir wichtig. Mir war daher auch die Geld-zurück-Garantie wichtig, damit ich gleich nach ein paar Minuten einen Schlussstrich ziehen hätte können, wenn mir die Situation oder die Methode suspekt gewesen wäre.

Was soll ich sagen, von Beginn an war ich perplex. Ich habe im Vorfeld so gut wie nichts preisgegeben. Weder über mich noch über meinen Vater, mit dem ich ja Kontakt aufnehmen wollte. Die Beweisführung war einfach die Tatsache, dass sie Daten, Fakten und Begebenheiten von meinem Vater gewusst hat, die sie nicht hat wissen können, und auch Dinge über mein Leben. Das Ergebnis und sicher auch ein entscheidender Grund, warum ich mich dem Thema dann in den nächsten Jahren so intensiv gewidmet habe: Es hat funktioniert – es gab über sie Kontakt zu meinem Vater, mit vielen sehr konkreten Aussagen und Nachrichten von ihm.

Kontakt mit meinem Vater über ein deutsches Medium

Meine Mutter befand sich bei dieser Online-Sitzung ebenfalls im Raum, ich war voller Vorfreude und hoffte von Herzen, dass mein Vater sich melden wird. Mein Herz raste, ich lief im Wohnzimmer aufgeregt hin und her und spürte eine eigenartige positive Energie. Wobei auch meine Mutter, diese rationale Frau, die fest davon überzeugt ist, nur an das zu glauben, was sie mit eigenen Augen zu sehen bekommt, bei dieser Sitzung eines Besseren belehrt wurde.

Fakt ist, der Kontaktaufbau zu meinem Vater über dieses Medium verlief reibungslos. Die Dame offenbarte Informationen, die unmöglich aus dem Internet oder anderweitigen Quellen stammen konnten. Auch wir hatten nur die rudimentärsten Angaben zur Kontaktperson gemacht. Es war wirklich faszinierend. Zu dieser Zeit steckte ich mitten im Stress eines Umzugs, und wir hatten erst vor Kurzem eine neue Küche bestellt. Das Medium wusste sogar Details wie die Farbe der neuen Küche und andere persönliche Aspekte aus dem Leben meines Vaters – Informationen, die allein meiner Mutter, meinem Mann und mir bekannt waren.

Dieses Erlebnis war für mich ein entscheidender Wendepunkt, der mich dazu brachte, endgültig an ein Leben nach dem Tod zu glauben. Meine Mutter war sprachlos, da sie mit ihren eigenen Augen sah und erfuhr, dass es jenseits unserer physischen Realität noch etwas geben musste. Irritiert begann sie dann doch langsam an ihrer bisherigen Theorie zu zweifeln, dass das, was der Mensch mit seinen irdischen Sinnen erfassen kann, nicht alles ist, was existiert.

Nach dieser ersten Verbindung zur Geistigen Welt entschied ich mich, noch zwei weitere Jenseitskontakte bei unterschiedlichen Medien zu buchen. Und ja, jedes Mal meldete sich mein Vater mit spezifischen Informationen und persönlichen Details, die nur er kennen konnte. Man kann wirklich sagen, ich hatte Glück, bei meinen ersten Versuchen nicht an eine Betrügerin oder an einen Scharlatan geraten zu sein. Sonst hätte mein weiterer Lebensweg sicher anders ausgehen. Wie auch immer. Diese Bestätigungen von meinem Vater über seine weitere Präsenz in der Jenseitigen Welt und die Gewissheit, dass es ihm gut geht und er über uns wacht, halfen mir durch die Phase der Trauer. Sie ermöglichten mir, allmählich zurück in meinen Alltag zu finden und wieder ein Lächeln auf mein Gesicht zu zaubern.

Diese Bewusstwerdung seines fortwährenden Daseins und seiner positiven Präsenz war ein Wendepunkt für mich. Die Erlebnisse haben in mir den Wunsch geweckt, mich selbst intensiver mit der spirituellen Welt und den Jenseitskontakten zu beschäftigen. Und vor allem auch anderen Menschen in ihrer Trauer zu helfen.

Meine Neugier war endgültig geweckt. Der Gedanke, dass dieses Medium jederzeit eine Verbindung zu einem Menschen im Jenseits herstellen konnte, faszinierte mich. Ich wollte wissen, ob es auch mir möglich sein könnte, die Grenzen zwischen den Welten zu überwinden, wann immer ich wollte. Ich begann mich intensiv mit der Geschichte der Medialität zu beschäftigen und erkannte, dass Menschen diese Fähigkeiten schon seit Jahrtausenden besitzen.

Die Neugier steigt – das Feuer ist entfacht!

Nach diesem Jenseitskontakt gab es kein Halten mehr. Ich wurde noch viel neugieriger. Ich wollte das unbedingt auch können – besser können als bisher. Es begann die Zeit des Bücherverschlingens. Es hat mich einfach fasziniert, ich habe viel gelesen und mich mit dem Phänomen befasst. Auch mit der Geschichte der Medialität. Was sind die Ursprünge, woher kommt diese sehr methodische und auf Beweisführung aufgebaute Jenseits-Schule eigentlich? Ich entdeckte für mich die aus Amerika stammenden „Fox Schwestern" (Infos in diesem Buch), die die ersten waren, die diese Phänomene festgestellt und konsequent aufgezeichnet und analysiert haben. Aber ich war noch nicht so weit, mehr zu wagen. Dazu bedurfte es einer nächtlichen Offenbarung.

Bilder erreichen mich in meiner Nachtschicht – ein Arbeitskollege ist mein erster Klient

Es war während meiner Nachtschicht, als sich etwas Außergewöhnliches ereignete. Es begann mit dem Empfang von Bildern in meinem Bewusstsein, Bilder, die ich nicht erklären konnte. Ich spürte, dass sie eine Bedeutung hatten, dass sie zu jemandem gehörten, den ich kannte.

Es war mitten in der Nacht, die Stille des Reinraums nur durch das leise Summen der Maschinen unterbrochen. Es blitzte plötzlich eine Welle von Bildern durch mein Gehirn. Ich konnte fast plastisch sehen, als wären sie vor meinen Augen aufgetaucht. Es waren Bilder einer älteren Frau, einer Frau mit einem liebevollen Lächeln und freundlichen Augen. Es dauerte eine Weile, während ich etwas unkonzentriert weiterarbeitete.

Und plötzlich war es mir ganz klar – ja, dieser Jemand, zu dem die Bilder gehörten, war mein Kollege. Ein Schauer lief mir über den Rücken, während ich versuchte, das Ausmaß dieser Erscheinung einzuordnen und zu begreifen. Es war das erste Mal, dass ich – seit dem Tod meines Vaters vor einigen Monaten – so eine Verbindung zum Jenseits herstellte, und es war tatsächlich überwältigend. Doch ich konnte nicht anders, ich musste meinem Kollegen von dem Erlebnis erzählen. Es drängte mich ihn anzusprechen.

Ein Kontakt und die tränenreichen Folgen

Ich wartete ungeduldig auf die nächste Pause, als mein Kollege und ich endlich einen Moment Zeit hatten. Ich trat schüchtern an seine Seite. Ich konnte die Aufregung kaum unterdrücken, als ich ihn fragte: „Äh, kannst du mit dieser Person etwas anfangen? Ich habe Bilder von einer alten Dame gesehen. Irgendwie stehen die mit dir in Verbindung." Ich erzählte ihm die Details, die mir übermittelt worden sind.

Seine Reaktion war eindeutig. Seine Augen weiteten sich vor Überraschung, während er mich skeptisch betrachtete. „Woher weißt du das um Himmels Willen?", fragte er mit zitternder Stimme. Ich atmete tief ein und begann ihm dann weiter zu erzählen, was ich vor meinem geistigen Auge gesehen hatte. Ich beschrieb die ältere Dame mit ihrem liebevollen Lächeln, ihren freundlichen Augen und dem leichten Grau in ihrem Haar. Ich erzählte von den Erinnerungen, die sie mir offenbart hatte - von den Apfelbäumen, die er – mein Kollege - in seiner Schulzeit geschnitten hatte, und von den Momenten, in denen er als kleiner Junge zusammen mit der Oma Fußball gespielt hatte. Und dann erwähnte ich noch einen Hund, den ich ebenfalls auf den Bildern gesehen hatte. Einen Hund, der sehr einem Schäferhund ähnelte.

Was dann passierte werde ich nie vergessen, denn es war für uns beide extrem intensiv. Mein Kollege war sprachlos. Tränen traten in seine Augen. Tränen rannen ihm über den Mundschutz, den wir während unserer Arbeiten tragen mussten. Er stand nervös auf, und lief heulend aus dem Pausenraum. Als er nach einiger Zeit wiederkam, waren seine Augen noch immer nass und tief gerötet, während er versuchte, seine Stimme wiederzufinden. „Das kann nicht sein, wer hat dir das alles gesagt", flüsterte er mit zitternder Stimme. „Meine Großmutter ist vor kurzem verstorben." Es fühlte sich fast unwirklich an, als ich ihm weiter von der Verbindung erzählte, die ich zu ihr im Jenseits hergestellt hatte und alle Informationen von ihr übermittelt bekommen habe. Obwohl es auch mir unheimlich erschien, wusste ich tief in mir, dass diese Erfahrung real war.

Es war meine erste hellsichtige Kontaktaufnahme außerhalb meiner Familienmitglieder. Sie stärkte meine Überzeugung, dass „etwas" und das Jenseits existieren. Und, dass ich eine Gabe habe, die es mir ermöglicht, mit Verstorbenen in Verbindung zu treten.

Michael Jackson, Elvis und Napoleon

Apropos, denn diese Frage kommt auch immer wieder: Ich habe noch nie versucht, prominente Personen im Jenseits zu kontaktieren. Für mich ist es wichtig, dass es eine Verbindung durch persönliche Erinnerungen gibt. In der Geistigen Welt arbeitet man mit realen Erinnerungen und konkreten, realen Erfahrungen. Wenn jemand zu mir kommt und sagt: „Ich möchte gerne Kontakt zu Michael Jackson oder Elvis oder Napoleon herstellen", wäre das nur möglich, wenn diese Personen eine gemeinsame Erinnerung teilen würden. Das ist nämlich der Beweis, den ich brauche – konkrete reale Erinnerungen und die Bilder, Gefühle und Symbole, die ich während der Kommunikation erhalte, müssen von meinem Klienten bestätigt werden und im Einklang sein.

In der geistigen Dimension gibt es keinen Platz für willkürliche Begegnungen. Die Verbindungen, die ich aufbaue, basieren auf den Erfahrungen und Emotionen, die die Menschen hier auf Erden gemacht haben. Der Schlüssel zu einer erfolgreichen Kommunikation mit dem Jenseits liegt in diesen greifbaren Erinnerungen. Sie dienen mir als Brücke, um den geistigen Raum zu betreten. Die Bilder, Gefühle und Symbole, die ich während der Sitzung empfange, sind also keine willkürlichen Eindrücke; sie müssen von meinem Klienten bestätigt werden. Nur wenn die empfangenen Signale im Einklang mit den persönlichen Erlebnissen und Erinnerungen des Klienten stehen, fühle ich mich sicher, dass ich tatsächlich mit der gewünschten Energie kommuniziere.

Nur direkter Diesseits-Kontakt bringt auch Jenseits-Kontakte

Mein Glaube ist, dass man bereits einen Kontakt zu einer Person gehabt haben muss, egal ob dieser Kontakt kurz oder lang war. Ein einzelner Konzertbesuch oder die Bewunderung einer Person reichen nicht aus. Es müssen gemeinsame Erlebnisse und Erinnerungen vorhanden sein, damit eine Verbindung mit dem Jenseits hergestellt werden kann.

Ich habe noch nie ein Signal von Promis empfangen und bin auch nicht enttäuscht darüber. Vielleicht sollte ich es einmal versuchen, um zu sehen, ob es möglich ist. Jedoch ist es mir wichtig, seriöse Kontakte herzustellen und meine Prinzipien zu wahren. Bisher habe ich nur Erfahrungen mit anderen Menschen gemacht, bei denen ich eine solide Verbindung zum Jenseits herstellen konnte.

Obwohl ich bisher noch keine Erfahrungen mit der Kontaktaufnahme zu prominenten Personen im Jenseits gemacht habe, bleibt jetzt, da ich diese Zeilen schreibe, die Vorstellung spannend. Wie wäre es wohl, mit jemandem wie Michael Jackson oder Elvis zu kommunizieren? Prominente Persönlichkeiten, die während ihres Lebens Millionen von Menschen beeinflusst hatten.

Dennoch hält mich eine gewisse Skepsis zurück. Selbst wenn es möglich wäre, eine Verbindung zu diesen bekannten und oft verehrten Menschen herzustellen, sehe ich die Gefahr einer Überinterpretation oder eines Wunschdenkens meinerseits, wenn es um die Kommunikation mit solch Ikonen ginge! Vielleicht wäre es an der Zeit, mich dieser Herausforderung zu stellen.

Fakt ist aber, der Schlüssel zu einer erfolgreichen Kontaktaufnahme liegt in den persönlichen gemeinsamen Erinnerungen, die mein Klient mit der kontaktierten Person haben muss. Es sollte auch keine oberflächliche Begegnung sein, sondern eine Verbindung auf einer tieferen Ebene stattfinden – auch wenn es mit dem jenseitigen Leben ist.

Schuster bleib bei deinem Leisten ...

Noch bin ich keine Prominentenseherin – und ehrlich gesagt will ich auch keine werden. Denn die Erfahrung zeigt, solche „Kontakte" werden oft nur wegen PR und Medienpräsenz vorgeschoben und haben keinerlei echte Basis. Meist sind es – man kann sie ruhig so nennen – Scharlatane oder Scharlataninnen (gibt es diese Genderung überhaupt?).

Ich jedenfalls versuche konsequent meine Arbeit als Medium zu vertiefen und durch Studien, Praxis und Erfahrung zu erweitern. Ich stehe weiterhin im Kontakt mit den Verstorbenen und biete Trost und Einsicht. Ich habe auch gelernt, dass es nicht die Prominenten sind, auf die es ankommt. Jeder Mensch und jede Seele haben ihre einzigartige Geschichte und ihre eigene unnachahmliche Bedeutung für das Universum.

So bleibt mir die Erkenntnis, dass jeder Kontakt mit dem Jenseits eine einzigartige und kostbare Erfahrung ist – unabhängig davon, ob es sich um eine berühmte Persönlichkeit handelt oder um jemanden, den wir in unserem alltäglichen Leben gekannt haben. Es gibt keine Unterschiede, wenn es um die Essenz des Menschseins geht und um die Verbindung, die weiterhin besteht, selbst über den Tod hinaus. Egal ob Promi oder Normalo – im Jenseits sind wir alle gleich!

Initialzündung für meine Karriere als Medium

Im Rückblick erkenne ich den Kontakt zur Großmutter meines Arbeitskollegen als Initialzündung für meine „zweite" Karriere als Medium. Jetzt in der Rückschau und bei der Arbeit an diesem Buch ist mir eines vollkommen klar geworden: Diese Erfahrung veränderte tatsächlich mein Leben, und zwar für immer.

Ohne diese Begebenheit mit einem mir zwar bekannten, aber sonst gänzlich fremden Menschen hätte ich wohl nie den Mut gefasst, meine Nachforschungen und Studien über Jenseitskontakte zu vertiefen. Von diesem Moment an wusste ich, dass ich meine Fähigkeiten nicht ignorieren konnte.

Ab diesem Tag traf ich einen weitreichenden Entschluss: Ich entschied mich, meine medialen Fähigkeiten weiterzuentwickeln, um anderen Menschen bei ihrer Trauerbewältigung zu helfen. Mein Kollege war die erste fremde Person, der die Botschaft eines geliebten Menschen aus dem Jenseits durch mich empfangen hatte. Es sollten viele weitere folgen. Das das war damals noch ganz und gar nicht klar.

In jedem Fall war die Nacht in der Reinraumabteilung ein echter und einschneidender Wendepunkt in meinem Leben. Es war der Moment, in dem ich erkannte, dass es mehr zwischen Himmel und Erde gibt, als wir uns vorstellen können. Und dass ich die Fähigkeit hatte, diese unsichtbare Welt zu betreten und eine Brücke zu schlagen zwischen den Lebenden und den Verstorbenen.

Kleine Stolpersteine und das eigene Versagen beim Kontaktaufbau

Es ist wichtig anzuerkennen, dass es keine hundertprozentige Gewissheit gibt, wenn es um die Kommunikation mit dem Jenseits geht. Manchmal erhalten wir als Medium ein klares Nein als Antwort.

Wichtig für alle Angehörigen ist der Umstand, dass es auch Tage gibt, in denen eine Kontaktaufnahme durch irgendwelche Umstände verhindert wird. Darum ist eine Geld-zurück-Garantie so wichtig. Das kann niemand vorhersagen, das kann niemand ausschließen, das muss man dann auch akzeptieren. Nur selten gibt es eine Erklärung, warum ein Kontakt nicht zustande kommt, es kann an den momentanen Umständen im Diesseits oder im Jenseits liegen. Manchmal liegt es auch am Medium, denn: Medien sind auch nur Menschen, und haben ihre schlechten Tage!

In solchen Momenten ist es wichtig, nicht die Schuld bei der Verbindung zum Jenseits zu suchen, sondern sich selbst zu hinterfragen. Haben wir Signale klar erfasst, die Botschaft richtig interpretiert oder gab es Unklarheiten in den Symbolen, die uns gezeigt wurden? Es gilt auch zu überprüfen, ob man als Medium selbst einen Fehler begangen hat: bei der Kontaktaufnahme oder bei der Interpretation der Signale. Sich hin und wieder selbst in Frage zu stellen bedeutet, man muss Stärke und Vertrauen in seine Gabe haben.

Als Medium trage ich eine große Verantwortung, Menschen bei ihrer Suche nach Trost und Heilung zu unterstützen. Deshalb ist es unerlässlich, meine Fähigkeiten stets zu hinterfragen und zu verbessern. Es ist leicht, sich von Fehlern entmutigen zu lassen, aber sie sind vor allem eine Gelegenheit für das eigene Wachstum und um zu lernen.

Das Erfassen und Übertragen von Botschaften aus dem Jenseits ist eine komplexe und subtile Kunst. Manchmal äußert sich die Verbindung oder die empfangenen Signale auf andere Weise, als wir es im Diesseits mit unseren eingeschränkten Sinnen erwarten. Es ist daher auch meine Aufgabe als jemand, der sich intensiv mit

Medialität beschäftigt hat, die Bedeutung hinter den Symbolen zu verstehen. Da gibt es hin und wieder Grenzen.

Je länger die Erfahrung als Medium ist, desto mehr akzeptiert man es auch, dass es nicht immer möglich ist, jede Information genau zu übersetzen, aber das bedeutet nicht, dass die Verbindung oder gar die übermittelten Symbole fehlerhaft sind.

Ich habe dies bei einer Sache erfahren, die mit einem Fußball-symbol zu tun hatte, die ich als feinstoffliches Bild übertragen bekommen habe. Es war die Geschichte von einem enthusiastischen Fußballanhänger, die mich Demut lehrte, aber auch Vertrauen in mein hellsichtiges Können.

Die Sache mit dem Fußball

Das folgende Beispiel aus meiner eigenen Praxis zeigt, dass die Geistige Welt Symbole unabhängig von ihrer Wertigkeit in der Diesseitigen Welt übermittelt.

Seelen hatten einst ein irdisches Leben und da die Kommunikation mit der unsrigen Welt von Erinnerungen, Emotionen und eben auch von Symbolen geprägt ist, kann es zu „Übersetzungsfehlern" kommen.

Einmal hatte ich Bilder von einem Fußball übermittelt bekommen. Es war der Sohn, der Informationen über seinen verstorbenen Vater erhalten wollte. Ganz klar nimmt man dann an, dass der Vater Fußball gespielt hatte, in einem Fußballverein war, oder bei großen Matches mit seinem Sohn war. Falsch! Ganz falsch!

Das große Symbol Fußball entpuppte sich als etwas ganz Kleines, aber doch für beide Personen als extrem wichtiges und emotionales Ding. Aber ganz und gar nicht in Form des großen Spielballes, sondern als kleiner Mini-Fußball-Anhänger, den der Vater an einer Kette um den Hals trug. Und die große emotionale Verbindung war, dass der Vater diesen kleinen Fußball-Anhänger dem Sohn, als er noch Kind war, immer vor dem Einschlafen im Bett zum Spielen gegeben hatte. Nix mit großer Fußballspieler, nix mit Fußball-Match-Besuchen. Einfach eine sehr starke persönliche Verbindung über ein sehr kleines Objekt, das die Form eines Fußballes hatte. Dies zeigt, dass auch Medien nicht unfehlbar in ihrer Interpretation von Bildern sind.

Es ist meine Mission, den Weg wahrhaftig zu gehen

Für mich ist es wichtig, den Klienten gegenüber ehrlich zu sein und auch das Nein zu akzeptieren, oder eine falsche Interpretation zu akzeptieren. Es ist ein Zeichen von Integrität, dass ich nicht versuche, etwas zu erzwingen oder zu manipulieren, sondern die Botschaften aus dem Jenseits mit Respekt und Demut zu empfangen.

Meine Erfahrungen haben mich gelehrt, dass es wichtig ist, die Nuancen und Feinheiten der Verbindung mit dem Jenseits zu verstehen. Jede Begegnung ist einzigartig und kann uns neue Erkenntnisse liefern. Das Geschenk des Kontakts mit der Geistigen Welt ist kostbar, und ich bin demütig vor dieser Aufgabe, Botschaften zu übermitteln und Menschen dabei zu helfen, Antworten und vielleicht auch Trost und Heilung zu finden.

Ja, es gibt Momente, in denen uns die Klienten ganz einfach „Nein, stimmt nicht" sagen bei einer Sitzung. Dann kann es entweder der Klient nicht zuordnen, oder aber – was meistens passiert – es ist mein Fehler, weil ich den Symbolismus der Geistigen Welt nicht richtig interpretiere bzw. „übersetze". Es ist unsere Mission, den Weg wahrhaftig zu gehen, falsche Aussagen zu akzeptieren, um in sich zu gehen und die Botschaften nochmals zu analysieren, um echte und wahre Antworten, Symbole, Zeichen und Botschaften zu erfahren.

Meine lange Suche nach der Wahrheit

Die Welt der Jenseitskontakte ist voller Mystik und Faszination, zieht aber auch viele Skeptiker und Betrüger an. Während meiner jahrelangen Suche nach Wahrheit, Seriosität und authentischen Medien habe ich zahlreiche Erfahrungen gesammelt, die mir helfen, die Merkmale eines seriösen Mediums zu identifizieren. Dabei wird deutlich, dass es trotz der Herausforderungen und Enttäuschungen, auf die ich gestoßen bin, durchaus Medien gibt, die im Einklang mit ethischen Standards arbeiten und echte Verbindungen zum Jenseits herstellen können.

Die für mich 3 wichtigsten Kriterien:

- Nicht zu teuer
- Nicht ohne Geld-zurück-Garantie
- Nicht ohne Beweisführung

Das sind jene Hauptpunkte, an denen ich immer wieder eine unseriöse Vorgangsweise festmachen konnte.

Ein vertrauenswürdiges Medium, das an seine Fähigkeiten glaubt und ethisch agiert, wird bereit sein, sein Honorar zurückzuerstatten, wenn es nicht gelingt, eine Verbindung herzustellen (was immer mal wieder aus den verschiedensten Gründen passieren kann). Ein seriös arbeitendes Medium wird auch nicht exorbitant teuer sein und es kann Beweise für die Kontakte vorweisen. Dies gibt den Klienten Sicherheit und zeigt gleichzeitig, dass das Medium transparent und verantwortungsbewusst handelt.

In meinen eigenen Sitzungen habe ich beispielsweise eine Geld-zurück-Garantie in den ersten zehn Minuten angeboten, was mir nicht nur Vertrauen von meiner Klientel eingebracht hat, sondern mir auch selbst Gewissheit gibt, dass ich authentische Kontakte herstellen kann. Diese transparente Vorgehensweise wird von seriösen Medien oft als Zeichen für Professionalität und Glaubwürdigkeit angesehen.

Skepsis ist angesagt

Bitte lassen Sie sich vom Medium die Infos nicht vor einer Jenseitssitzung aus der Nase ziehen. Diese Informationen werden in der Regel OHNE vorherige „subtile und trickreiche" Befragung des Klienten durch das Medium präsentiert, eigentlich als Beweis für den erfolgten Kontakt.

Und lassen Sie sich auch nicht mit fantasievollen Behauptungen oder vagen Aussagen abspeisen. So etwas sollte immer als Warnsignal gesehen werden. Nach dem Motto: „Dein Vater hat sich immer für Napoleon interessiert jetzt spielt er mit ihm Schach." Alles Quatsch. Echte Medien zeichnen sich durch ihre Fähigkeit aus, präzise Beschreibungen zu geben, die den Hinterbliebenen helfen, den Verstorbenen zu erkennen. Durch das Anbieten konkreter Informationen können authentische Medien von den leider viel zu vielen Betrügern unterschieden werden.

Mein Rat kann also nur sein – Skepsis an den Tag zu legen. Skepsis war eine meiner wertvollsten Lektionen in dieser Suche nach Wahrheit. Es ist wichtig, kritisch zu hinterfragen, was ein Medium präsentiert, und sich nicht von oberflächlichen Behauptungen oder emotional aufgeladenen Aussagen täuschen zu lassen. Jede Sitzung wird von Emotionen begleitet, und obwohl diese tief berührend sein können, ist es wichtig, einen kühlen Kopf zu bewahren.

Ich habe oft erlebt, dass Medien, die sich auf spezifische Details und Erinnerungen konzentrieren, eine echte Verbindung herstellen, während sie bei lockeren und ungenauen Informationen leicht als unseriös entlarvt werden können. Ein wahrhaftiges Medium wird sich um die individuellen Erfahrungen und Erinnerungen der Klienten bemühen und auf deren spezifische Bedürfnisse eingehen, um so authentische Kontakte zu ermöglichen.

Im Kontrast dazu hat man als Medium ein gutes Gespür dafür, wenn man im Publikum auf eine Person stößt, mit der man keinen Kontakt herstellen kann. Hochkarätige Medien berücksichtigen feine Nuancen und Emotionen und sind in der Lage, durch präzise Beweisführungen echte Verbindungen zum Jenseits zu etablieren. Indem ich mich immer wieder auf die spezifischen Erfahrungen und Details konzentrierte, lernte ich, zwischen echtem spirituellem Kontakt und bloßem Betrug zu unterscheiden.

Der Preis ist heiß – oftmals – sehr heiß

Bevor ich die unterschiedlichen Methoden und Schulen für Medialität näher erkläre, noch ein Hinweis für alle, die sich schon mal über die vielen unglaublich unterschiedlichen Angebote auf dem Markt für Jenseitskontakte gewundert haben. Nun, es ist ja eine „Kunst" – und eine Kunst benötigt keinerlei Nachweise, erfordert keine schulische Befähigung, und keine Handwerkskammer überprüft die Fähigkeiten. Jeder – absolut jeder (oder jede) – kann sich Medialist, Medium oder sonst wie nennen.

Astro-TV und Co

Ganz ehrlich! Für mich trennt sich die Spreu vom Weizen vor allem beim Preis. Kaum zu glauben, aber es stimmt tatsächlich. Das habe ich oftmals selbst erlebt und überprüft.

Fakt ist: Illusorisch hochpreisige Angebote locken oft Scharlatane an, die nur auf das schnelle Geld aus sind. Ich persönlich bin gegen überhöhte Preise und sehe sie als Warnsignal.

Leider gibt es auf dem Markt viele fragwürdige Praktiken, wie beispielsweise Workshops, bei denen man zuerst einen Lockpreis zahlt, um dann später, während dem Workshop, viel mehr Geld für angebliche „Zusatzleistungen" entrichten zu müssen. Das erinnert mich stark an den Ablasshandel der katholischen Kirche im Mittelalter, bei dem Gläubige für ihre Sünden bezahlen mussten, um sich von den Höllenqualen freizukaufen. Tolles Geschäft – für die Kirche. Genauso gehen auch unseriöse Medien vor und locken Geld aus Klienten heraus, die einfach nur Nachrichten von ihren gerade Verstorbenen erhalten wollen.

Geld-zurück-Garantie!

Es gibt jedoch seriöse Medien, die transparent arbeiten und klare Richtlinien und oft auch Ausbildungen vorweisen können. Ein wichtiges Kriterium für mich ist die Geld-zurück-Garantie – ein Medium, das seriös arbeitet, wird immer bereit sein, sein Honorar zu erstatten, wenn es bei einer Sitzung keine Verbindung herstellen kann. Ich persönlich biete wie gesagt in den ersten 10 Minuten meiner Sitzungen eine Geld-zurück-Garantie an, falls ich keinen Kontakt herstellen kann.

Ein weiterer wichtiger Aspekt ist die Beweisführung

Ein seriöses Medium wird spezifische Details aus dem Leben des Verstorbenen präsentieren, die für die anwesenden Personen eindeutig zuzuordnen sind. Und zwar, ohne vorherige unauffällige Befragung, oder wie wir in Österreich sagen: ohne „Ausfratscheln" des Klienten oder der Klientin. Fantasievolle Behauptungen oder vage Aussagen sollten ebenfalls immer als Warnsignal betrachtet werden. Durch präzise Beschreibungen des Verstorbenen und eindeutige Details können Scharlatane von authentischen Medien meist leicht unterschieden werden.

Alles glauben heißt nichts hinterfragen

Es ist auch wichtig, skeptisch zu sein und sich nicht von oberflächlichen Behauptungen täuschen zu lassen. Auch wenn bei jeder Sitzung und jedem Jenseitskontakt eine hohe Dosis Emotion mitspielt.

Bleiben Sie „cool" und hinterfragen Sie eigenartige oder unstimmige „Signale" oder „Bilder". Ein seriöses Medium wird sich auf die individuellen Details und Erinnerungen konzentrieren, um eine echte Verbindung herzustellen. Im Gegensatz dazu spürt man als Medium auch, wenn man mit einer Person im Publikum oder bei einem Online-Chat falsch liegt, und kann durch präzise Beweisführung und einfühlsame Details echte Kontakte herstellen. Es ist entscheidend, sich auf die spezifischen Erfahrungen und Details zu konzentrieren, um die Spreu vom Weizen zu trennen und seriöse Medialität von Betrug zu unterscheiden.

Achten Sie genau auf die Merkmale seriöser Medien

Insgesamt hat meine lange Suche nach der Wahrheit in der Welt der Jenseitskontakte zwar gefruchtet, mich aber auch gelehrt, dass es „fiese" Menschen gibt und daher genau auf die Merkmale seriöser Medien zu achten.

Am Ende dieses Kapitels kann ich nur dringend dazu raten, diese Prinzipien in den eigenen Erfahrungen wirklich zu beachten. Sonst kann es nicht nur ein teures, sondern vor allem enttäuschendes Erwachen geben. Gerade dann, wenn man eigentlich Trost und Beruhigung von der jenseitigen Welt erwartet. In einer Welt voller Illusionen und Verwirrung war es schon seit jeher herausfordernd, glaubwürdige Informationen von Fake News zu unterscheiden. Aber eines ist sicher und kann zu fast hundert Prozent garantiert werden: Jenseitskontakte sind real und auch zu finden. Allerdings nur mit der richtigen Herangehensweise und einem skeptischen, aber offenen Geist!

Kapitel 2:
Wie erkenne ich falsche Medien?
Ein rigoroser 10 Punkte Check

Die Welt der Medialität und Jenseitskontakte – sagen wir es rundheraus – wird von vielen Zeitgenossen als Lug und Betrug angesehen, zumindest aber wird dieser „Kunst" mit extremer Skepsis begegnet.

Soll ich Ihnen was sagen: Ich finde das – GUT!

Ja, ganz ehrlich. Ich habe damit keine Probleme. Ich weiß, wie viele Scharlatane es in der Szene gibt und wie lange ich gebraucht habe, die immer wieder erwähnte Spreu vom Weizen zu trennen. Eine gesunde Skepsis ist daher auf alle Fälle mehr als angebracht.

Die Welt hat viel Licht, aber auch sehr viel Schatten. Daher gibt es leider einige Individuen, die das Vertrauen und die Hoffnungen ihrer Klienten missbrauchen. Falsche Medien und – ganz einfach kleine miese Gauner – sind oft geschickt darin, Menschen mit Versprechungen von Reichtum, Macht oder außergewöhnlichen Fähigkeiten zu locken, oder sie nehmen viel Geld für scheinbare Signale der Vergebung von einem Verstorbenen entgegen, für die Fehler, die ein Klient im Leben an dieser Person begangen hat. Oft passiert noch Schlimmeres.

Warnsignale und häufige Betrugsstrategien

Doch wie erkennt man diese Betrüger und trennt sie von authentischen Medien, die echte Verbindungen zu Verstorbenen herstellen können?

Es gibt verschiedene Warnsignale und Betrugsstrategien, auf die man achten sollte, um falsche Medien zu identifizieren. In diesem Kapitel werden zehn konkrete Tipps vorgestellt, die helfen können, echte Medien von Scharlatanen zu unterscheiden. Diese Tipps basieren auf häufigen Betrugsmustern und sollen dazu dienen, ein Bewusstsein für potenzielle Fallen und Täuschungen zu schaffen. Einige dieser Betrügereien habe ich auch in meiner Ausbildung in England erfahren und man ist, wenn man versucht, ehrlich und aufrichtig mit dieser Gabe umzugehen, immer wieder schockiert, wie weit Menschen gehen können, um anderen das Geld aus der Tasche zu ziehen.

Von Versprechungen von Reichtum bis zu enormen Summen, die für den Kontaktaufbau gefordert werden, oder ganz einfach 08/15 Aussagen, die zu jedem Menschen passen könnten. Die untenstehenden zehn Punkte bieten einen rigorosen Check, um sicherzustellen, dass man es mit einem seriösen Medium zu tun hat.

Wie verhält sich das Medium während der Sitzung

Ein wichtiger Punkt, den man beachten sollte, ist das Verhalten des Mediums während der Sitzung. Ein authentisches Medium wird niemals Druck ausüben oder verlangen, dass man zusätzliche Dienstleistungen in Anspruch nimmt oder für – ganz detaillierte Auskünfte – auch mehr Honorar benötigt. Wenn das Medium immer wieder darauf besteht, dass man teure Produkte oder weitere Sitzungen kaufen muss, um die Verbindung zu verbessern, sollte man skeptisch werden. Seriöse Medien respektieren die Grenzen ihrer Klienten und zielen nicht darauf ab, sie finanziell auszubeuten. In keinem Fall!

Bauchgefühl ist wichtig – Intuition ist auch Teil der „Gabe"

Es ist wichtig, auf sein Bauchgefühl zu hören und sich nicht unter Druck setzen zu lassen. Vergessen wir eines nicht: Medialität ist zum großen Teil die Erweiterung des Bauchgefühls, das jedem Menschen zu eigen ist. Mehr oder weniger. Daher sollten Sie auch Ihr eigenes Bauchgefühl entscheiden lassen, ob eine Person, die ihre Intuition zum Einsatz bringt, auch wahrhaftig ist. Stellen Sie daher Ihre Fühler auf „Empfang"! Meist erkennt man sehr rasch, ob jemand reell ist oder nur eine Show abzieht.

Angstmache hat keinen Platz bei einer spirituellen Sitzung!

Ein weiteres Warnsignal für ein falsches Medium ist der Einsatz von Angstmacherei und Drohungen, um Klienten zu manipulieren. Seriöse Medien werden niemals mit negativen Vorhersagen oder düsteren Prophezeiungen arbeiten, um ihre Kunden zu verunsichern. Wenn das Medium damit droht, dass schlimme Dinge passieren werden, wenn man nicht bestimmte Rituale durchführt oder teure Dienstleistungen in Anspruch nimmt, sollte man misstrauisch werden.

Authentische Medien respektieren die individuelle Freiheit und führen keine Angsttaktiken durch, um ihre Klienten unter Druck zu setzen. Es ist wichtig, auf solche Manipulationsversuche zu achten und sich davon nicht einschüchtern zu lassen. Nur so kann man sicher sein, dass man es mit einem seriösen Medium zu tun hat, das wirklich dazu dient, hilfreiche und positive Botschaften aus dem Jenseits zu übermitteln.

Bleiben Sie kritisch

Ganz grundsätzlich: Es ist wichtig, sich nicht von oberflächlichen Aussagen täuschen zu lassen. Stattdessen sollte man kritisch hinterfragen. Durch das Bewusstsein für diese Warnsignale und die Einhaltung der folgenden Tipps kann man sich vor falschen Medien schützen und echte, bedeutungsvolle Jenseitskontakte erleben.

10 Tipps, um echte Medien von Scharlatanen zu unterscheiden

Hier also die zehn Punkte, die jedem helfen können, falsche Medien und Betrüger bei Sitzungen und Jenseitskontakten zu erkennen:

1. Versprechungen von Glück, Reichtum, Ruhm oder Macht

Seien Sie vorsichtig bei Personen, die übermäßigen Reichtum, Glück oder außergewöhnliche Fähigkeiten versprechen. Diese falschen Medien locken oft mit reizvollen Versprechungen, die unrealistisch sind und nur darauf abzielen, die Hoffnungen ihrer Klienten auszunutzen. Authentische Medien verstehen, dass der Schwerpunkt ihrer Arbeit auf Empathie, Trost und Heilung liegt – nicht auf sensationellen Versprechungen von materiellem Reichtum oder Macht. Ein seriöses Medium wird sich auf die Verbindung zu Verstorbenen und auf den spirituellen Nutzen für den Klienten konzentrieren, anstatt unrealistische Erwartungen zu wecken.

2. Geheimniskrämerei und Intransparenz

Betrüger vermeiden oft klare Antworten und verbergen wichtige Informationen vor ihren Klienten. Authentische Medien hingegen sind transparent und bereit, über ihre Methoden, Erfahrungen und Ethik zu sprechen. Wenn ein Medium geheimnistuerisch ist oder wichtigen Fragen ausweicht, kann dies ein Hinweis darauf sein, dass es etwas zu verbergen hat. Vertrauenswürdige Medien sind bereit, ihre Arbeitsweise zu erläutern und den Klienten ein Verständnis für den Prozess zu vermitteln.

3. Druck zur sofortigen Entscheidung

Falsche Medien setzen oft auf Druck und Eile, um ihre Klienten zu manipulieren und schnelle Entscheidungen zu treffen. Sie könnten hektisch oder unnachgiebig sein und versuchen, den Klienten dazu zu bringen, impulsiv zu handeln. Seriöse Medien hingegen respektieren den freien Willen und die individuelle Entscheidungsfindung ihres Klienten. Sie geben Raum für Reflexion und unterstützen den Klienten dabei, in seinem eigenen Tempo zu agieren, ohne unnötigen Druck auszuüben oder Entscheidungen zu forcieren.

4. Verwendung von zu allgemeinen 08/15 Aussagen

Ein Klassiker von Betrügern ist es, extrem allgemeine und vage Aussagen zu einem Verstorbenen machen, die auf viele Menschen zutreffen könnten. Wenn also eine alte Frau ihren Ehemann kontaktieren will, der vor 1 Jahr verstorben ist, und das Medium dann Signale von einem weißhaarigen Mann bekommt, der etwas gebückter geht, dann ist das definitiv keine explizite Aussage zu einer realen Person. Falsche Medien bedienen sich oft dieser oberflächlichen Methode, um den Eindruck zu erwecken, sie hätten echte spirituelle Fähigkeiten. Ein seriöses Medium hingegen wird spezifische und persönliche Details liefern, die nur der Klient selbst kennen kann. Durch die Bereitstellung von einzigartigen Informationen können authentische Medien ihre Glaubwürdigkeit beweisen und echte Jenseitskontakte herstellen.

5. Fehlende Beweise oder Nachweise

Ein echtes Medium wird klare und überprüfbare Beweise für den Jenseitskontakt liefern können. Dies können spezifische Details zur Person des Verstorbenen, zu vergangenen Ereignissen oder zu physischen Merkmalen sein, die nur der Klient kennt. Also eindeutige Details zur Person, die dem Medium nicht bekannt sind, sehr wohl aber dem Klienten: Stimmen, Farben, Begebenheiten, spezifische Beschreibung des ehemaligen Lebensraumes und vieles mehr. Wenn jemand keine nachprüfbaren Beweise für den Kontakt hat – sollten alle Warnlampen im eigenen Kopf angehen! Seriöse Medien können ihre Fähigkeiten belegen. Fehlen jedoch solche nachvollziehbaren Beweise oder Nachweise, sollten Zweifel über die Authentizität des Mediums aufkommen und Vorsicht geboten sein.

6. Gefühle von Angst oder Bedrohung

Falsche Medien nutzen mitunter Angst und Unsicherheit als strategische Werkzeuge, um Menschen zu manipulieren und zu kontrollieren. Wenn Sie während einer Jenseitssitzung das Gefühl haben, bedroht oder unter Druck gesetzt zu werden, ist es wichtig, achtsam zu sein und auf Ihre eigenen Gefühle zu hören. Seriöse Medien werden einfühlsam und unterstützend sein, um eine vertrauensvolle und sichere Umgebung zu schaffen, statt negative Emotionen zu verstärken oder gar auszunutzen.

7. Überhöhte Honorare und Nachforderungen

Übertriebene Honorare für spirituelle Dienste sollten immer mit Vorsicht betrachtet werden. Seriöse Medien sind fair und transparent in ihrer Preisgestaltung, ohne übertriebene Kosten zu verlangen. Wenn ein Medium unverhältnismäßig hohe Gebühren verlangt oder undurchsichtige Preismodelle verwendet, sollte dies als Warnsignal betrachtet werden. Authentische Personen, die mit Hellsicht gesegnet sind, haben normalerweise auch ein sehr emphatisches Wesen und versuchen dem Klienten tatsächlich zu helfen.

Selbstverständlich muss Leistung bezahlt werden, aber es darf in keinem Fall außerhalb der Norm sein (vergleichen Sie daher die Honorare im Internet). Medien können den Wert ihrer spirituellen Arbeit gut einschätzen und möchten ihren Klienten unterstützende und bedeutungsvolle Erfahrungen bieten, ohne sie finanziell auszubeuten. Das bedeutet auch, dass Nach- oder Zusatzforderungen von Geld ein echtes NO-GO sind.

8. Widersprüchliche Aussagen

Widersprüchliche Aussagen oder unklare Informationen sind ein bedeutsames Warnsignal bei der Einschätzung der Glaubwürdigkeit von Medien und Hellsehern während Jenseitskontakten. Authentische Medien zeichnen sich durch Konsistenz, Präzision und Zuverlässigkeit in ihren Mitteilungen aus. Wenn ein Medium jedoch eigenartige oder absurde Botschaften vermittelt oder widersprüchliches Verhalten zeigt, sollten Klienten vorsichtig sein und genauer hinsehen. Wenn ein Medium widersprüchliche Aussagen macht oder unklare Informationen liefert, könnte dies darauf hindeuten, dass es nicht wirklich in der Lage ist, eine echte Verbindung zu Verstorbenen herzustellen und stattdessen auf Allgemeinheiten oder Vermutungen basiert.

Ein sorgfältiges Zuhören und eine kritische Bewertung der Kommunikation können dazu beitragen, Falschheiten zu erkennen und sich davor zu schützen, von betrügerischen Praktiken getäuscht zu werden. Letztlich ist es entscheidend, dass Klienten auf klare und verlässliche Informationen achten, um sicherzustellen, dass ihre Jenseitskontakte von realem Wert und authentisch sind, sonst haben sie keinen Nutzen.

9. Fehlende Empathie oder Mitgefühl

Ein authentisches Medium zeichnet sich durch Empathie und Mitgefühl aus. Wenn ein Medium distanziert, kalt oder gleichgültig gegenüber den Gefühlen seiner Klienten erscheint, sollten Alarmglocken läuten. Authentische Medien sind sensibel für die Bedürfnisse und Emotionen ihrer Klienten und bemühen sich darum, eine unterstützende und einfühlsame Atmosphäre zu schaffen. Fehlende Empathie kann ein deutliches Zeichen dafür sein, dass es sich bei einem Medium um einen Betrüger handelt.

Aber natürlich kann auch das Gegenteil ein Warnsignal sein. Zuviel und zu innige Anteilnahme, in Verbindung mit fragwürdigen Angeboten oder Forderungen sind ein Warnsignal.

Es ist daher wichtig, darauf zu achten, wie das Medium mit seinen Klienten (oder einem selbst) interagiert und ob es eine authentische Verbindung herstellt, die durch Mitgefühl und Fürsorglichkeit geprägt ist. Das Gleichgewicht zwischen Empathie und professionellem Verhalten ist entscheidend, um die Integrität und Authentizität eines Mediums bei Jenseitskontakten zu beurteilen.

10. Vertrauen Sie Ihrem Bauchgefühl

Ihr Bauchgefühl ist ein wichtiger Kompass, wenn es darum geht, die Authentizität von Medien und Hellsehern zu bewerten. Wenn man Zweifel hat oder etwas nicht in Ordnung zu sein scheint, ist es entscheidend, auf die eigene Intuition zu hören und sich entsprechend zu verhalten. Es ist dann von entscheidender Bedeutung, auf seine innere Stimme zu hören.

Die eigene Intuition kann oft subtile Hinweise oder Warnsignale senden, die rationales Denken möglicherweise nicht sofort erfassen kann. Das Vertrauen ins eigene Bauchgefühl ermöglicht es, auf seine eigenen Gefühle und Wahrnehmungen zu vertrauen und eine klare und rationale Entscheidung zu treffen.

Bei Jenseitskontakten ist es besonders wichtig, auf die eigenen inneren Gefühle zu hören, da man es mit sensiblen und persönlichen Themen zu tun hat. Authentische Medien und Hellseher werden das Verständnis und die Akzeptanz Ihrer Intuition respektieren und Ihnen Raum geben, Ihre Bedenken auszusprechen. Letztendlich liegt es an Ihnen, sich auf Ihre inneren Empfindungen zu verlassen und sich vor möglichen Betrügern zu schützen, indem Sie auf Ihre Intuition vertrauen und entsprechend handeln. Ihr Bauchgefühl kann oft der Schlüssel sein, um die Authentizität und Zuverlässigkeit von Medien bei Jenseitskontakten zu bewerten.

**Meine Angebote: Sitzungen, Workshops, Seminare –
Online&Offline**

Meine aktuellen Angebote für Einzel-Kunden („Sitter"):
1. Jenseitskontakt
2. Aura-Reading
3. Online-Kurse und Workshops
4. Online Privat-Unterricht

1. Jenseitskontakt

Dauer: 1 Stunde
Personen: Einzelsitzung
Online: via Zoom
Preise: https://desiree-reiter.at/medium-mediale-arbeit/

Ablauf eines Jenseitskontakts über Zoom

Technische Vorrausetzung für Zoom-Call:
Egal ob Computer, Tablet, iPhone oder Smartphone – alles geht. Beim
PC sind jedoch eine Kamera und ein Mikrophon notwendig. Tablet
und Smartphone oder iPhone haben das schon fix eingebaut. Es
braucht dann nur noch eine Internetverbindung. Nach der Terminvereinbarung erhalten meine Klienten von mir einen Link zugesandt,
den man nur anklicken muss – und los geht's.

Teil 1: Kontaktaufnahme:
Als Medium stelle ich über meine Hellsinne eine Verbindung zu Ihren
Liebsten in der Geistigen Welt her. Diese Hellsinne – Hellsehen,
Hellfühlen und Hellwissen – sind individuell ausgeprägt und trainiert.
Meine Sitzungen basieren ausschließlich auf dem englischen Spiritu-
alismus.

Vor unserer Sitzung ist es mir wichtig, keine Informationen über Sie oder Ihre verstorbenen Liebsten zu erhalten. Im ersten Teil der Sitzung führe ich eine Beweisführung durch, damit Sie den Verstorbenen eindeutig zuordnen können. Dabei übermittle ich Ihnen Details wie Aussehen, Charakter, Wohnumgebung, Todesursache sowie wichtige Erinnerungen und Situationen. Als Medium fungiere ich als Vermittler zwischen diesen beiden Welten.

Teil 2: Persönliche Botschaft:
Im zweiten Teil der Sitzung erhalten Sie eine persönliche Botschaft von Ihrem Verstorbenen. Bitte fixieren Sie sich nicht auf eine bestimmte Botschaft, da die Geistige Welt immer das Richtige für uns bereithält. Am Ende der Sitzung haben Sie die Möglichkeit, Fragen an die verstorbene Person oder an mich zu stellen.

Geld-zurück-Garantie!
Sollte ich als Medium keinen Kontakt zu Ihrem Verstorbenen herstellen können, müssen Sie nichts bezahlen. Seriöse Medien bieten eine Geld-zurück-Garantie an. Bitte informieren Sie mich innerhalb der ersten 10 Minuten des Termins, falls Sie keinen Kontakt wahrnehmen. In diesem Fall wird die Sitzung abgebrochen und das Geld zurückerstattet.

SORRY – Wartezeit aktuell: 6 Monate
Meine Bitte: Melden Sie sich dennoch zu einem Jenseitskontakt an, da es immer wieder Ausfälle oder Absagen gibt. Dann kann ich (nach Reihung) Reservierungen von Interessierten berücksichtigen. Ich schreibe dann unmittelbar eine Mail, um nachzufragen, ob Interesse an einem Jenseitskontakt zu diesem gerade freiwerdenden Termin besteht. Selbstverständlich sind bis dahin keinerlei Zahlungen zu leisten.

2. Aura-Reading

Dauer: 1 Stunde
Personen: Einzelsitzung
Online: via Zoom
Preise: https://desiree-reiter.at/aura-reading/

Ablauf eines Aura-Readings über Zoom

Technische Vorrausetzung für Zoom-Call:
Egal ob Computer, Tablet, iPhone oder Smartphone – alles geht. Beim PC sind jedoch eine Kamera und ein Mikrophon notwendig. Tablet und Smartphone oder iPhone haben das schon fix eingebaut. Es braucht dann nur noch eine Internetverbindung. Nach der Terminvereinbarung erhalten meine Klienten von mir einen Link zugesandt, den man nur anklicken muss – und los geht's.

Teil 1: Verbindungsaufnahme:
In meinen Lesungen arbeite ich sowohl sensitiv als auch medial. Die Kombination dieser beiden Ansätze ermöglicht mir ein intensives und tiefgehendes Reading in Ihrem Energiefeld. Ich verbinde mich mit Ihrem Energiesystem und richte meine trainierten Hellsinne auf Ihr Energiesystem, in dem alle wichtigen Informationen über Sie gespeichert sind. Ich lese sozusagen in Ihrer Aura.

Teil 2: Botschaften und Ist-Zustand:
Ihre Aura liefert uns Botschaften über aktuelle Situationen und Herausforderungen in der Gegenwart. Ebenso sind vergangene Erinnerungen und Erlebnisse in Ihrem Energiesystem abgespeichert. Dieses Energiefeld begleitet Sie ein Leben lang und ist voller wertvoller Informationen.

Für wen ist ein Aura-Reading sinnvoll?
Ein Aura-Reading kann Ihnen neue Wege und Potenziale aufzeigen. Es bietet Ihnen einen neuen Blickwinkel auf persönliche Themen wie

Partnerschaft, Familie, Selbstbild oder Beruf. Ein Aura-Reading ist vielseitig anwendbar und hilft Ihnen, neue Perspektiven und Entwicklungen zu erkennen.

Termine sind trotz hoher Buchungszahlen zwischendurch immer möglich.

3. Online-Kurse und Workshops

Dauer: 2-4 Stunden
Personen: Gruppen-Kurse mit mehreren Teilnehmern
Online: via Zoom
Preise: https://desiree-reiter.at/termine

Ablauf von Online-Kursen und Workshops über Zoom

Technische Vorrausetzung für Zoom-Call:
Egal ob Computer, Tablet, iPhone oder Smartphone – alles geht. Beim PC sind jedoch eine Kamera und ein Mikrophon notwendig. Tablet und Smartphone oder iPhone haben das schon fix eingebaut. Es braucht dann nur noch eine Internetverbindung. Nach der Termin-

vereinbarung erhalten meine Klienten von mir einen Link zugesandt, den man nur anklicken muss – und los geht's.

Anfängerkurse:

In diesen Kursen erkläre ich die Grundlagen der Medialität und wir üben gemeinsam in der Gruppe. Schritt für Schritt tauchen wir in die Geistige Welt ein und trainieren bzw. erforschen auch jeweils unsere eigenen Hellsinne. Die Kurse dauern zwischen 2 und 4 Stunden, es gibt aber auch Tageskurse, die ich anbiete. Ebenfalls über Zoom. Infos zu diesen immer einige Monate im Voraus fixierten Kursen findet man auf meiner Homepage: desiree-reiter.at/termine

Fortgeschrittenenkurse:

Hier üben wir in der Gruppe und in Paarübungen die Jenseitskontakte und unterstützen uns gegenseitig. Fragen und Antworten werden ausgetauscht, um die medialen Fähigkeiten zu steigern. Es gibt immer abwechselnde Übungen, um die medialen Kenntnisse zu stärken und zu erweitern. Infos zu diesen immer einige Monate im Voraus fixierten Kursen findet man auf meiner Homepage: desiree-reiter.at/termine

4. Online Privat-Unterricht:

Dauer: nach Vereinbarung
Personen: Einzelsitzung
Online: via Zoom
Preise: auf Anfrage unter https://desiree-reiter.at

Ablauf von Privat-Unterricht über Zoom

Technische Vorrausetzung für Zoom-Call:
Egal ob Computer, Tablet, iPhone oder Smartphone – alles geht. Beim PC sind jedoch eine Kamera und ein Mikrophon notwendig. Tablet und Smartphone oder iPhone haben das schon fix eingebaut. Es braucht dann nur noch eine Internetverbindung. Nach der Termin-

vereinbarung erhalten meine Klienten von mir einen Link zugesandt, den man nur anklicken muss – und los geht's.

Individuelle Sitzung:

In diesen individuellen Sitzungen gehe ich gezielt auf die Wünsche und Bedürfnisse des Kunden ein. Meist sind es Menschen, die bereits medial arbeiten und sich weiterentwickeln möchten.

Die Vorteile solcher Privatissimi sind für den Teilnehmer ganz klar. Durch die privaten Sitzungen kann ich intensiver auf mein Gegenüber eingehen und spezifische Themen aufgreifen. Der Kunde bestimmt, welche Inhalte wir in den privaten Unterrichtsstunden behandeln und welche Ziele er erreichen möchte.

Private Stunden zu allen Themen der von mir praktizierten Medialität sind jederzeit auf Anfrage möglich! Preise auf Anfrage.

Apropos: Es ist ganz normal, vor einem Workshop, Seminar oder einer Sitzung bei einem Medium etwas nervös zu sein. Doch keine Sorge, diese Erfahrungen sind darauf ausgelegt, Sie in einer sicheren und unterstützenden Umgebung zu begleiten. Sie werden Schritt für Schritt durch den Prozess geführt, und es gibt keinen Druck. Jeder Teilnehmer ist willkommen, unabhängig von seinem Erfahrungsstand. Es geht darum, neue Perspektiven zu entdecken, sich selbst besser kennenzulernen und auch – wenn möglich – selbst Kontakt zu seinen Angehörigen in der Geistigen Welt aufzunehmen. Lassen Sie sich einfach auf die Reise ein und vertrauen Sie darauf, dass Sie in guten Händen sind.

Kein Geld für Luft-Seminare verschwenden!

Ich möchte eine Seite (oder ein bisschen mehr) in diesem Buch der Warnung vor „Luft-Seminaren" oder Bla-Bla-Bla Spiritisten widmen. Das bedeutet konkret, ich möchte einen kritischen Blick auf teure Spiritisten-Kurse oder Retreats für Jenseitskontakte, etc. werfen. Kurse und „Ausbildungen", die oft mehr Schein als Sein bieten. Es gibt, so wie bei der Buchung von Medien für die Kontaktaufnahme mit den eigenen Verstorbenen, ebenfalls einige immer wiederkehrende Dinge, die bei mir alle Alarmglocken zum Läuten bringen, wenn ich an bestimmte Seminar-Inhalte und Angebote denke, und ich möchte diesen wichtigen Punkt ganz klar ansprechen.

Viel Luft um nichts - die Sache mit dem Meditieren und Meditieren und Meditieren ...

Was gibt es Schöneres für einen Seminaranbieter, wenn er seine Schäfchen für einen Vormittag oder Nachmittag sich mit sich selbst beschäftigen lässt. Ein kleiner Blick auf die Seminarinhalte und den Tages-Stundenplan zeigt es sofort. Eine Woche in Griechenland, wo die Teilnehmer für viel Geld hinfliegen, um dort statt zu lernen, wie man spiritistisch arbeitet – die meiste Zeit nur zu meditieren. Diese Erfahrung ist eigentlich nichts anderes als eine stille Wochenend-

Bespaßung. Gegen Meditation ist ja nichts einzuwenden. Wenn ich aber täglich mehrere Stunden dafür aufwenden muss, ist irgendwo der Wurm drin. Ich kann doch meditieren, wo immer ich auch bin, auch zu Hause. Aber nicht, wenn ich eigentlich ein Seminar über Jenseitskontakte gebucht habe.

Eh klar, für den Kursleiter ist es schlicht und einfach eine bequeme Weise, Menschen zu beschäftigen, während sie in einer traumhaften Kulisse den Tag absitzen.

Meditation sollte in solchen Kursen nur der erste Schritt und dann auch nur ein sehr, sehr kurzer sein. Denn, ich muss gestehen, kaum ein „echtes" Medium benötigt tatsächlich viel Zeit für Meditation, um seine Gabe anzuwenden. Der wahre Fokus sollte daher auf dem Jenseitskontakt liegen, denn ich glaube, dass das erlernt werden muss.

Viele meiner Kursteilnehmer meiner Seminare fragen mich oft, wann wir mit der Meditation beginnen. Meine Antwort darauf ist immer: „Nein, die Zeit sparen wir uns fürs Üben der Kontaktaufnahme. Meditieren könnt ihr auch alleine zu Hause. Dafür braucht es keine spezielle Anleitung." Bei mir wird nicht meditiert, sondern wir fangen direkt mit den praktischen Übungen an und treten mit dem Jenseits in Kontakt.

WICHTIG!

Natürlich soll jetzt nicht der Eindruck entstehen, ich sei ein kompletter „Meditationsgegner". Das bin ich ganz und gar nicht. Es ist nur wichtig, dass meine Leser oder meine Seminarteilnehmer verstehen, dass endlos lange Meditationen (oder zum Beispiel Atemübungen, etc.) keinerlei mediale Weiterentwicklung fördern.

Mein Tipp dazu (den ich auch etwas näher in diesem Buch beschreibe): Statt langer Meditationen sollte man das aus England bekannte „Sitting in the Power" praktizieren, also das „Sitzen in der eigenen Kraft", in der Stille mit sich selbst und der Geistigen Welt. Allerdings für höchstens 10-60 Minuten täglich oder sogar nur mehrmals in der Woche. Ich selbst begnüge mich mit 10 Minuten, in denen ich mich auf die jenseitige Welt und mein Inneres einlasse, um nähere Einblicke in die Geistige Welt zu bekommen. Eigentlich dient diese Art der Meditation nur der rein medialen und spirituellen Weiterentwicklung.

Ich verstehe schon, viele Leute schwärmen von der schönen Erfahrung, eine Woche in Griechenland zu verbringen – umgeben von Gleichgesinnten, die jeden Tag meditieren. Aber das Zusammensitzen und Meditieren bringt absolut nichts, wenn es um die Kontaktaufnahme mit Verstorbenen geht. Die Seelen sind „immer" um uns herum. Wir müssen sie nur durch unsere Intention und unsere Sensibilität aufspüren und im wahrsten Sinn des Wortes „aktivieren".

Kurz gesagt: Viel Geld zahlen, um einfach nur stillzusitzen und nichts zu tun – sorry, das aktiviert gar nichts.

Kapitel 3:
Entwicklung der eigenen Fähigkeiten

Im Zuge meiner ersten Schritte hin zur Entwicklung meiner medialen Fähigkeiten stellten sich mir viele Fragen. Wer hat noch solche Fähigkeiten wie ich sie scheinbar habe? Wie ist es möglich, diese Fähigkeiten intensiver zu erlernen, und gibt es Lehrer oder Ausbildungen in Österreich?

Diese Fragen ließen mich stundenlang im Internet nach Möglichkeiten suchen, bis ich schließlich auf einen 3-Tages-Workshop in Salzburg stieß, der von einem renommierten schottischen Medium geleitet wurde. Ohne zu zögern meldete ich mich für den Workshop an und fühlte intuitiv, dass dies der richtige Ort für mich war, um meine Wahrnehmungen zu überprüfen und zu bestätigen, ob sie real und präsent waren.

Wunsch nach mehr Wissen über das Jenseits und das Diesseits – mein erster Workshop

Die drei Tage des Workshops haben mich tief berührt und inspiriert. Selbst auf der Bühne konnte ich für meine Seminarkolleginnen Jenseitskontakte herstellen, als wären mir diese Fähigkeiten schon immer vertraut gewesen. Die sensitiven und medialen Übungen fühlten sich natürlich an, und ich erkannte, dass ich seit meiner Kindheit eine starke Sensitivität entwickelt hatte. Das Seminar bestätigte mir, dass meine Fähigkeiten im Bereich des Sensitiven und des Medialen real und empfänglich sind – sei es durch das Lesen der Aura, des Energiesystems oder das mediale Lesen aus der Geistigen Welt.

Es wurde mir erstmals bewusst, dass ich über gut ausgestattete Hellsinne verfüge und dass ich sie nun trainieren muss, um qualitativ hochwertige Jenseitskontakte herstellen zu können. Dank des Workshops und der jahrelangen Erfahrung des Mediums, das mich lehrte, wurde mir klar, dass meine Reise als Medium begonnen hatte, und ich war bereit, sie mit Engagement und Demut fortzusetzen.

Während des Seminars erlebte ich erstmals eine Trancesitzung und erfuhr die sensationelle Berührung der Geistigen Welt, die von bedingungsloser Liebe geprägt war. In einer öffentlichen Live-Demonstration vor Publikum konnte ich miterleben, wie das Medium sieben Jenseitskontakte herstellte, präzise Details offenbarte und auch ich zum zweiten Mal eine Botschaft von meinen Liebsten erhielt – mit exakten und persönlichen Informationen, die niemand von außen hätte wissen können.

Die Hellsinne:

- Hellfühlen
- Hellsehen
- Hellschmecken
- Hellriechen
- Hellhören
- Hellwissen

Bei jedem medial veranlagten Menschen sind seine Hellsinne anders verteilt. Ich zum Beispiel kann weder Hellriechen, noch Hellschmecken. Zumindest ist es mir noch nie bewusst gewesen. In jedem Fall sind bestimmte überentwickelte Sinne unerlässlich, um eine Verbindung zur Geistigen Welt herzustellen. Jedes Medium arbeitet auf seine eigene Art; viele können hellsehen, während andere Informationen durch das Hellhören empfangen. Meine Erfahrung lehrte mich, dass das Hellfühlen der wichtigste Sinn in meinen Jenseitskontakten ist. Durch das Hellfühlen spüre ich die Präsenz der Verstorbenen und kann so wertvolle Informationen an die Sitter, die Hinterbliebenen, weitergeben.

Nach diesem bahnbrechenden Workshop begann ich intensiv mit dem Training meiner Hellsinne und besuchte online verschiedene Übungsgruppen, um mich mit Gleichgesinnten zu entwickeln. Ich wurde sofort von der Stärke meines Hellsehens und Hellfühlens bewegt und konnte bereits in den Übungsgruppen erste Verstorbene mit meinem inneren Auge wahrnehmen. Diese Erfahrungen haben mein Verständnis für die Geistige Welt vertieft und mich dazu motiviert, meine Fähigkeiten weiterzuentwickeln und zu verfeinern.

Es war mir von Anfang an bewusst, dass diese Jenseitskontakte eine Heilung für andere Menschen bringen sollten, um zu zeigen, dass der Tod nicht das Ende ist, sondern dass das Bewusstsein über den menschlichen Tod hinaus fortschreitet. Die Heilung und der Trost stehen für mich stets an erster Stelle.

Die ersten Tests – gratis für Kollegen und Freunde

Nach einer Weile begann ich, kostenlose Jenseitskontakte für Interessierte und Arbeitskollegen anzubieten. Oft war ich selbst erstaunt über die präzise Richtigkeit meiner Aussagen und Details. Trotz einiger Zweifler und Skeptiker spürte ich, dass mein Weg als Medium begonnen hatte. Ich war weder verärgert über ihre Reaktionen noch ärgerte ich mich darüber – denn es sind die eigene Erfahrung und die persönlichen Erlebnisse, die uns formen und prägen.

Durch meine Erkenntnisse und Erfahrungen hat sich auch mein Bewusstsein verändert. Man muss diese Welt selbst erleben, um sie zu begreifen, denn oft setzt uns unser rationaler Verstand Schranken, die wir durch persönliche Erfahrungen überwinden können.

Plötzliche Eingebung – ein Mann mit Pfeife

Einer der bedeutendsten Jenseitskontakte trat unerwartet auf und war für meinen Mann bestimmt. Wir saßen gemeinsam an einem Abend in unserem Wohnzimmer, als ich ihm nach einem Online-Zirkel und den dort gemachten Jenseitskontakten von meinen Erfahrungen berichten wollte. Plötzlich sah ich vor mir das Bild eines älteren Mannes mit schmalem Gesicht, einem Hut auf dem Kopf, einer Pfeife im Mund und einem Glas Wein in der Hand. Rasch notierte ich alle Details und Informationen, die ich durch mein Hellfühlen empfing, auf einem Zettel und es formte sich eine vollständige

Geschichte um diesen mir unbekannten Mann, inklusive dem Namen seiner Frau. Ich fragte meinen Mann, ob ihm die Beschreibung bekannt vorkam und ob es vielleicht sein Großvater sein könnte. Er erwähnte, dass es eher sein Urgroßvater sei, doch bedauerlicherweise besaß er kein Foto von ihm.

Da mein Mann kroatische Wurzeln hat und nach Kroatien reiste, um Verwandte zu besuchen, war ich sicher, dass er während seines Aufenthalts ein Foto seines Urgroßvaters finden würde. So kam es dann auch – während seines Aufenthalts schickte er mir ein Foto seines Urgroßvaters, das exakt mit meiner Beschreibung übereinstimmte. Das Bild, welches ich in meinem inneren Auge gesehen hatte, entsprach genau dem Mann auf dem Foto. Auf dem Bild war sein Urgroßvater bei einer Hochzeit zu sehen, mit der Pfeife im Mund, einem Glas Wein in der Hand und dem Hut auf dem Kopf. Mein Mann konnte auch alle anderen Details, einschließlich dem Namen seiner Frau, bestätigen.

Ich war überwältigt vor Begeisterung und Freude, und es war für meinen Mann einer der ersten überzeugenden Beweise, dass meine Verbindung zur Geistigen Welt real war – und dass ich keine Fantasiewelt erschuf. Es war nicht immer einfach für ihn, aber ich bin dankbar, dass er mich so akzeptiert, wie ich bin, und dass die Verbindung zu einem seiner Verstorbenen von Anfang an spürbar war.

Dieser Kontakt war nicht der letzte, den ich für meinen Mann empfangen hatte. Im Laufe der Zeit meldeten sich weitere Verstorbene bei ihm. Während ich fleißig an meinen Jenseitskontakten arbeitete, nutzte ich jede freie Minute, die ich neben meinem Vollzeitjob im Schichtbetrieb in der Halbleiterindustrie fand, um mich intensiv mit dem Thema der Geistigen Welt zu beschäftigen. Ob beim Sport, bei Spaziergängen mit unserem Hund oder in unserem Garten – fast täglich widmete ich aufmerksam und neugierig Zeit dieser Thematik.

Und es verfestigte sich ein Entschluss in mir, der mich letztlich zu diesem Buchprojekt führte.

Kapitel 4:
Seriöse mediale Ausbildung –
England, ich komme

Englischer Spiritualismus – kurz erklärt

Für alle, die nicht genau verstehen, warum für mich gerade der englische Spiritualismus wichtig ist, hier eine kleine Einführung. Mir hat sie von Beginn an sehr zugesagt, weil sie die beiden Welten von einerseits nüchterner und rein faktenbasierter Wissenschaft mit der andererseits übernatürlichen und kaum greifbaren Welt des Jenseits miteinander zu vereinen – und sogar zu versöhnen versucht. Hier meine hoffentlich verständliche Erklärung.

Die englische Schule der Medialität ist eine spezifische Ausprägung des Spiritualismus, der in England eine bedeutende Rolle spielt und sich sowohl in seinen Prinzipien als auch in seinen Praktiken von anderen spirituellen Traditionen auf der Welt unterscheidet. Der Spiritualismus als Bewegung basiert auf der Überzeugung, dass es eine Geistige Welt gibt, die mit der physischen Welt kommunizieren kann. In diesem Zusammenhang werden Jenseitskontakte als Mittel zur Kommunikation mit Verstorbenen genutzt, um Trost zu spenden, spirituelle Führung zu erhalten oder Einsicht in das Leben nach dem Tod zu gewinnen.

Die Prinzipien des englischen Spiritualismus sind stark von der Lehre des Mediumismus geprägt, bei dem Medien als Vermittler zwischen der Geistigen Welt und der physisch Diesseitigen Welt dienen. Die Medien nutzen ihre Sensitivität und mediale Fähigkeiten, um Botschaften, Informationen und Signale aus der Geistigen Welt zu empfangen und an die Menschen in der physischen Realität weiterzugeben. Im englischen Spiritualismus steht die Entwicklung und Schulung der Hellsinne, wie Hellfühlen, Hellsehen, Hellhören,

Hellriechen und Hellwissen, im Vordergrund, um Jenseitskontakte herzustellen und die Kommunikation mit Verstorbenen zu ermöglichen.

Historisch gesehen hat der englische Spiritualismus seine Wurzeln im 19. Jahrhundert, insbesondere durch die Arbeit des Mediums und Schriftstellers Allan Kardec in Frankreich und die Übersetzung seiner Werke ins Englische. Dies führte zum Aufschwung des Spiritualismus in England und zur Gründung von spiritistischen Vereinigungen und Zirkeln, die sich der praktischen Anwendung von Jenseitskontakten widmen.

Im Vergleich zu anderen spirituellen Traditionen legt der englische Spiritualismus einen starken Fokus auf die wissenschaftliche Erforschung und Rationalität in Bezug auf Jenseitskontakte. Es werden strenge Methoden und Protokolle verwendet, um die Echtheit der Kontakte zu überprüfen und sicherzustellen, dass die Informationen von hoher Qualität und verlässlich sind. Diese Herangehensweise spiegelt den englischen Pragmatismus wider und zielt darauf ab, die Jenseitskontakte auf eine solide und fundierte Basis zu stellen.

Insgesamt zeichnet sich der englische Spiritualismus durch seine methodische und systematische Vorgehensweise bei der Herstellung von Jenseitskontakten aus, die auf der Entwicklung medialer Fähigkeiten basiert und eine wissenschaftliche Herangehensweise an die Kommunikation mit der Geistigen Welt verfolgt. Durch die Untersuchung und Analyse der Prinzipien, Praktiken und historischen Hintergründe des englischen Spiritualismus können tiefe Einblicke in die Welt der seriösen Jenseitskontakte gewonnen und die Besonderheiten dieser spirituellen Tradition hervorgehoben werden.

Die sieben Prinzipien des englischen Spiritualismus

Der englische Spiritualismus ist eine tiefgründige und facettenreiche Glaubensrichtung, die im 19. Jahrhundert entstand und die Möglichkeit der Kommunikation mit der spirituellen Welt in den Mittelpunkt rückt. In einer Zeit großer gesellschaftlicher Umwälzungen, geprägt von industrieller Revolution und tiefen religiösen Fragen, bot der Spiritualismus eine alternative Perspektive, die das Bedürfnis nach Verständigung und Trost inmitten von Verlusten und Unsicherheiten adressierte. Die Spiritualisten suchen eine Verbindung zu den verstorbenen Seelen, die ihnen nicht nur Einblicke in das Leben nach dem Tod geben, sondern auch Weisheit und Unterstützung im Alltag bieten können.

Im Herzen dieser Bewegung stehen sieben grundlegende Prinzipien, die nicht nur theologische Überzeugungen widerspiegeln, sondern auch als praktische Leitfäden für das spirituelle Leben und die alltägliche Praxis der Spiritualisten dienen. Diese Prinzipien sind ein integraler Bestandteil des spiritualistischen Denkens und begleiten die Gläubigen bei ihrer persönlichen und gemeinschaftlichen spirituellen Entwicklung. Sie bieten einen Rahmen, innerhalb dessen Menschen ihre Erfahrungen, Glaubensgesetze und ethischen Grundsätze formulieren und umsetzen können. Im Folgenden werden diese sieben Prinzipien ausführlich beschrieben, um das Verständnis für die spiritistische Praxis und ihre Relevanz in der modernen Welt zu vertiefen.

1. Der Glaube an die Existenz Gottes

Das erste Prinzip des Spiritualismus ist der Glaube an eine höhere Macht, die allgemein als Gott verstanden wird. Spiritualisten erkennen ein intelligentes, übergeordnetes Wesen an, das das gesamte Universum erschaffen hat und in jedem Aspekt des Lebens gegenwärtig ist. Dieser Glaube an Gott ist nicht nur eine abstrakte Vorstellung, sondern erlebt in der spirituellen Praxis eine lebendige, persönliche Dimension. Spiritualisten begegnen Gott als eine Quelle von Liebe, Licht und unendlichem Wissen, der Zugang zu tröstenden und erhebenden Erfahrungen im Leben bietet.

Dieser Glaubenssatz bildet das tragende Fundament für alle anderen Prinzipien des Spiritualismus und dient als Ausgangspunkt für das seelische Streben der Gläubigen. Durch Gebet, Meditation und andere spirituelle Praktiken versuchen die Gläubigen, eine persönliche Beziehung zu diesem göttlichen Wesen aufzubauen. Diese Beziehung wird als essenziell für ihr spirituelles Wachstum und die Suche nach Einsichten in die Natur der Existenz angesehen.

Bedeutung des Glaubens im Spiritualismus

Der Glaube an Gott fördert nicht nur ein intensiviertes Gefühl der Verbundenheit mit der spirituellen Welt, sondern schafft auch eine Grundlage für Respekt und Dankbarkeit gegenüber dem Leben und allem, was es umfasst. Spiritualisten sind oft von der Überzeugung geprägt, dass Gott ihnen durch verschiedene Wege Nahrung für ihre Seelen gibt und dass die Kommunikation mit den Verstorbenen eine Manifestation dieser göttlichen Energie und Fürsorge ist. Spiritualisten teilen häufig persönliche Erfahrungen, die ihre Überzeugungen bekräftigen – sei es durch empfangene Botschaften, Erlebnisse bei Séancen oder Begegnungen mit Medien.

Diese Erlebnisse bestärken das Vertrauen in die Idee, dass Gott nicht nur ein fernes, abstraktes Wesen ist, sondern in direkter Verbindung zu den Menschen steht und durch die Kommunikation mit Verstorbenen beweist, dass ein Leben nach dem Tod existiert. Das Vertrauen in eine liebende Gottheit stärkt die moralische und ethische Basis des Spiritualismus, indem es die Gläubigen ermutigt, sich in ihrem Leben nach den Prinzipien der Nächstenliebe, des Mitgefühls und des Respekts zu richten. Durch die Auseinandersetzung mit den spirituellen Kernen des Glaubens an Gott erweitern die Spiritualisten ihr Verständnis von der Welt und ihrer eigenen Existenz, was zu einem bereichernderen und erfüllenderen Leben führt.

Insgesamt bedeutet der Glaube an Gott für die Spiritualisten nicht nur eine theologische Überzeugung, sondern auch einen anhaltenden Weg, das eigene Leben mit Sinn und spiritueller Tiefe zu erfüllen. Die Praktiken und Überzeugungen, die auf diesem Prinzip basieren, sind integraler Bestandteil ihrer Philosophie und ihrer Interaktion mit anderen, sowohl im Leben als auch im Jenseits.

2. Die Unsterblichkeit der Seele

Das zweite Prinzip des englischen Spiritualismus ist die Überzeugung von der Unsterblichkeit der Seele. Spiritualisten sind fest davon überzeugt, dass die menschliche Seele nach dem physischen Tod nicht einfach erlischt, sondern in einer anderen Dimension weiterexistiert. Diese fundamentale Überzeugung bringt mit sich, dass das irdische Leben lediglich eine Etappe im fortwährenden Entwicklungsprozess der Seele ist. Der Tod wird nicht mehr als ein endgültiger Schlussstrich betrachtet, sondern als ein Übergang in eine andere Lebensweise, in der die Seelen weiterhin lernen und wachsen können.

Die Idee der spirituellen Evolution ist ein zentrales Element dieses Prinzips. Der Spiritualismus propagiert, dass die Seele durch verschiedene Lebenserfahrungen und Herausforderungen lernt und sich weiterentwickelt. Jedes Leben wird als Gelegenheit gesehen, zu wachsen, zu lernen und spirituelle Lektionen zu erwerben, die letztlich zur Vollkommenheit führen. Diese Evolution wird als ein individueller und kollektiver Prozess verstanden, bei dem Seelen die Möglichkeit haben, sich in einer höheren Bewusstseinsstufe zu bewegen. Daher betrachten viele Spiritualisten das Erdenleben nicht lediglich als eine Ansammlung von Erfahrungen, sondern als einen bedeutungsvollen Teil eines umfangreicheren, göttlich geführten Plans.

Bedeutung im Spiritualismus

Die Überzeugung von der Unsterblichkeit der Seele hat weitreichende Auswirkungen auf die Einstellungen und Verhaltensweisen der Gläubigen. Sie bietet Trost und Hoffnung, insbesondere im Angesicht von Verlusten und Trauer. Diese Überzeugung vermittelt die Zusicherung, dass geliebte Menschen, die verstorben sind, nicht wirklich verloren sind, sondern in einer anderen Existenzweise weiterleben. Dies stärkt das Vertrauen und den Glauben der Überlebenden, dass sie eines Tages wieder mit ihren verstorbenen Angehörigen vereint sein werden und dass diese weiterhin eine aktive Rolle in ihrem spirituellen Leben spielen können.

Die Vorstellung, dass die Seele nach dem Tod in einer höheren spirituellen Ebene weiterlebt, ermutigt die Menschen dazu, ihr eigenes Wachstum und ihre Entwicklung aktiv zu fördern. Spiritualisten betrachten jedes Leben als eine Gelegenheit, Weisheit zu erwerben, die nicht nur für diese Existenz von Bedeutung ist, sondern auch für zukünftige Leben. Diese Perspektive fördert einen bewussten Umgang mit den eigenen Handlungen, da jede Entscheidung, jeder Gedanke und jede Emotion als Bausteine des spirituellen Wachstums aufgefasst werden.

Zusätzlich bringt dieses Prinzip eine ethische Dimension in das Leben der Gläubigen. Da sie an eine spirituelle Evolution durch ihre Lebensentscheidungen glauben, sind sie motiviert, höhere Tugenden wie Mitgefühl, Empathie und Hilfsbereitschaft zu kultivieren. Das Streben, ein besserer Mensch zu sein und andere zu unterstützen, wird als Teil des umfassenden Prozesses der Seelenentwicklung gesehen. Die Gläubigen sind sich bewusst, dass ihre Taten im gegenwärtigen Leben nicht nur unmittelbare Auswirkungen auf ihre Umwelt haben, sondern auch ihre zukünftigen Erfahrungen als ewige und unsterbliche Seelen prägen.

Das Prinzip der Unsterblichkeit der Seele wirkt sich auch auf das Verständnis von Schicksal und freiem Willen aus. Spiritualisten glauben, dass jede Seele die Freiheit hat, ihren Entwicklungsweg zu wählen. Diese Wahlmöglichkeiten tragen dazu bei, das eigene Schicksal innerhalb des göttlichen Plans zu gestalten, wobei der freie Wille als ein wesentliches Element betrachtet wird. Somit sind Spiritualisten nicht Gefangene ihrer Umstände, sondern aktive Mitgestalter ihres spirituellen Erwachens und ihrer Seelenreise.

Insgesamt fördert die Überzeugung von der Unsterblichkeit der Seele ein tiefes Gefühl von Zweck und Sinn im Leben. Die Menschen fühlen sich durch die Idee, dass ihre Seelenreise niemals endet, inspiriert, ihr Leben bedeutungsvoll zu gestalten. Gleichzeitig ermutigt diese Überzeugung die Menschen, sich mit der spirituellen

Dimension des Lebens auseinanderzusetzen, Kontakte zu verwaisten Seelen zu pflegen und deren Weisheit und Führung zu suchen. Indem Spiritualisten die Unsterblichkeit der Seele anerkennen, öffnen sie ihre Herzen und Köpfe für die Möglichkeit, dass das Leben eine tiefere, über das physische Dasein hinausgehende Bedeutung hat.

3. Die Kommunikation mit dem Jenseits

Das dritte Prinzip des englischen Spiritualismus besagt, dass es möglich ist, mit den Seelen verstorbener Menschen zu kommunizieren. Diese Überzeugung ist nicht nur ein zentraler Bestandteil der spirituellen Praxis, sondern wird auch als integraler Teil des Lebens selbst betrachtet. Spiritualisten glauben, dass der Kontakt zur spirituellen Welt nicht nur für die Seelen der Verstorbenen von Bedeutung ist, sondern auch für die Lebenden, die oft nach Trost, Klarheit und Antworten auf drängende Fragen suchen.

In der spirituellen Gemeinschaft gibt es zahlreiche Praktiken, die entwickelt wurden, um den Kontakt mit dem Jenseits herzustellen. Séancen, mediale Arbeit und private Sitzungen mit Medienten sind gängige Methoden, durch die Menschen Botschaften von Verstorbenen empfangen können. Während Séancen oft Gruppenaktivitäten sind, bei denen mehrere Menschen zusammenkommen, um den Kontakt zur spirituellen Welt herzustellen, erlaubt die mediale Arbeit den Individuen, in einem persönlichen Rahmen mit einem geschulten Medium zu kommunizieren.

Séancen: In Séancen kommen Menschen zusammen, um in einer geschützten und respektvollen Atmosphäre zu versuchen, mit den Seelen von Verstorbenen zu kommunizieren. In diesen Zusammenkünften setzen die Teilnehmer oft Segnungen, Gebete und verschiedene rituelle Handlungen ein, um eine harmonische und energetisch aufgeladene Umgebung zu schaffen. Das Medium fungiert als Vermittler, um die Botschaften zu empfangen und sie den Anwesenden in verständlicher Form zu überbringen. Séancen können sowohl im privaten Rahmen als auch in spiritistischen Kirchen stattfinden und bieten den Teilnehmern oft ein gemeinsames Erlebnis, das vielfältige emotionale und psychologische Prozesse anstoßen kann.

Mediale Arbeit: Mediallehrer und Praktizierende haben sich auf die Kunst des Empfangens und Übermittelns von spirituellen Botschaften spezialisiert. Diese Arbeit erfordert viel Hingabe, Sensibilität und ein tiefes Verständnis der spirituellen Dynamik. Ein Medium interpretiert die Signale und Botschaften, die es von der spirituellen Welt empfängt. Diese Kommunikation kann visuell (durch Bilder) oder auditiv (durch Klänge oder Worte) geschehen. Die Fähigkeit, Botschaften klar und präzise zu empfangen und weiterzugeben, ist von großer Bedeutung, denn sie beeinflusst direkt, wie die Klienten die Informationen aufnehmen und interpretieren.

Bedeutung im Spiritualismus

Die Praktiken der Kommunikation mit dem Jenseits bieten den Menschen Trost und Klarheit und ermöglichen es ihnen, die Realität des Lebens und des Todes in einem neuen Licht zu sehen. Sie helfen, die Vorstellung zu überwinden, dass der Tod das definitive Ende ist. Stattdessen wird er als Übergang in eine andere Dimension betrachtet, in der die Seelen weiterhin existieren und interagieren können. Diese Kommunikation fördert ein Gefühl der Verbundenheit, sowohl mit den Verstorbenen als auch mit der spirituellen Dimension des Lebens.

Ein wesentlicher Aspekt dieser Kommunikation ist die Möglichkeit, unvollendete Geschäfte und ungelöste Fragen zu klären. Viele Menschen leiden unter Trauer und Schuldgefühlen, nachdem sie einen geliebten Menschen verloren haben. Der Kontakt zur spirituellen Welt ermöglicht es, Klärung über nicht ausgesprochene Gefühle zu erlangen und Frieden mit den vergangenen Erfahrungen zu schließen. Diese Begebenheiten können heilsame Prozesse auslösen, die zu innerem Wachstum und emotionalem Frieden führen.

Darüber hinaus wird die Kommunikation mit dem Jenseits als eine Form des spirituellen Wachstums betrachtet. Spiritualisten sind überzeugt, dass der Austausch zwischen den lebenden und den verstorbenen Seelen auch für die Geister von Bedeutung ist. Die Kommunikation kann diesen Seelen helfen, sich in ihrer neuen Existenz besser zurechtzufinden und bei ihrer eigenen spirituellen Entwicklung Fortschritte zu machen. Dies zeigt den interaktiven und dynamischen Charakter der spirituellen Existenz und stärkt die Überzeugung, dass alle Seelen miteinander verbunden sind.

In der modernen Welt, in der viele Menschen nach Sinn und Zweck in ihrem Leben suchen, bietet der Spiritualismus durch die Möglichkeit der Kommunikation mit dem Jenseits eine wertvolle Perspektive. Es öffnet Türen zu neuen Erkenntnissen über die menschliche Existenz und fördert ein tieferes Verständnis der unendlichen Möglichkeiten der Seele. Spiritualisten und Praktizierende suchen nicht nur nach Antworten auf ihre eigenen Fragen, sondern auch nach Wegen, anderen Menschen zu helfen, Trost und Sinn zu finden.

Zusammenfassend lässt sich sagen, dass die Kommunikation mit dem Jenseits eine bedeutende Rolle im Spiritualismus spielt, indem sie Glaubende dabei unterstützt, ihre Trauer zu verarbeiten, spirituelles Wachstum zu fördern und die tiefere Bedeutung des Lebens und des Todes zu verstehen. Durch Séancen und mediale Arbeit wird eine Brücke zwischen den Welten geschlagen, die es den Menschen ermöglicht, ihre Ängste zu überwinden und Hoffnung inmitten des Unbekannten zu finden.

4. Der Fortschritt der Seele

Das vierte Prinzip des englischen Spiritualismus betont den fortwährenden Fortschritt und die kontinuierliche Entwicklung der Seele. Spiritualisten sind fest davon überzeugt, dass Seelen nach ihrem physischen Tod nicht einfach stillstehen oder in einem Zustand des Wartens verbleiben, sondern dass sie kontinuierlich Gelegenheiten zum Lernen und spirituellen Wachstum haben. Diese Überzeugung beschreibt die Seele als einen aktiven, dynamischen Teil des multidimensionalen Universums, der sich auch in den jenseitigen Dimensionen weiterentwickeln kann.

In der spirituellen Theorie wird die Entwicklung der Seele als ein fortlaufender Prozess verstanden. Nach dem physischen Tod sieht man die Seelen in einem Zustand der Reflexion und des Lernens, in dem sie die Lektionen, die sie in ihrem irdischen Leben erfahren haben, vertiefen können. Dies geschieht nicht isoliert, sondern oft in Gemeinschaft mit anderen Seelen, die ähnliche Erfahrungen gemacht haben. Spiritualisten glauben, dass die Seelen in der spirituellen Welt ihre Einsichten austauschen und sich gegenseitig auf ihrem Entwicklungsweg unterstützen können.

Dieser Prozess des Lernens und des Wachstums ist tief in den Grundsätzen des Karma und der Wiedergeburt verwurzelt. Es wird angenommen, dass jede Seele verschiedene Erfahrungen durchläuft, um bestimmte Lektionen zu erlernen, die für ihr Wachstum unerlässlich sind. Jede Inkarnation bietet neue Herausforderungen, Möglichkeiten zur Selbsterkenntnis und zur Entwicklung von Tugenden wie Mitgefühl, Liebe und Weisheit. Die spirituellen Lektionen, die in einem Leben gelernt werden, können im nächsten Leben weitergeführt und vertieft werden, was den kollektiven Fortschritt der Seele über mehrere Existenzen hinweg unterstützt.

Bedeutung im Spiritualismus

Die Vorstellung von fortwährendem Fortschritt der Seele hat tiefgreifende Auswirkungen auf die moralischen, ethischen und spirituellen Überzeugungen der Gläubigen. Sie ermutigt die Menschen dazu, bewusster mit ihren Lebensentscheidungen umzugehen. Spiritualisten sind sich der Tatsache bewusst, dass jede Handlung, jeder Gedanke und jedes Gefühl einen bleibenden Einfluss auf das eigene spirituelle Wachstum haben kann. Diese Verantwortung wird nicht als Last, sondern als Möglichkeit gesehen, das eigene Leben aktiv zu gestalten und positive Veränderungen in der Welt herbeizuführen.

Die Betrachtung des Lebens als kontinuierliche Reise der Entwicklung fördert auch eine größere Achtsamkeit in täglichen Entscheidungen. Spiritualisten sind oft motiviert, in ihrem Leben ethische Entscheidungen zu treffen und sich um eine positive Einstellung zu bemühen, da sie glauben, dass jede Erfahrung, ob positiv oder negativ, wertvolle Lektionen bereithält. Die Herausforderungen, die im Leben gemeistert werden müssen, werden als Chancen für persönliches Wachstum und spirituelle Reifung betrachtet, was eine ermutigende Perspektive darstellt.

Diese Philosophie ist außerdem tröstlich für Menschen, die mit Verlust und Trauer konfrontiert sind. Die Erkenntnis, dass die Seele eines verstorbenen Freundes oder Familienmitglieds weiterhin an ihrem Fortschritt arbeiten kann, bietet eine Quelle des Trostes und der Hoffnung. Sie bestätigt die Vorstellung, dass der Tod nicht das Ende der Reise ist, sondern lediglich einen Übergang in einen neuen Abschnitt des Lernens und der Entwicklung darstellt. Spiritualisten sind von der Überzeugung geprägt, dass die Seelen von Verstorbenen auch in der spirituellen Welt aktiv daran arbeiten, liebevoller, weiser und verständnisvoller zu werden und dass sie dadurch auch weiterhin Einfluss auf die Lebenden ausüben können.

Zusätzlich fördert dieses Prinzip die Idee der gemeinschaftlichen Verantwortung. Die spirituelle Entwicklung wird nicht nur als individuelle Angelegenheit betrachtet, sondern auch als gemeinschaftliche Aufgabe. Spiritualisten glauben, dass der Fortschritt der eigenen Seele im Zusammenhang mit dem Fortschritt anderer Seelen steht. Sie sind davon überzeugt, dass Hilfe und Unterstützung, die sie anderen anbieten, nicht nur dem Empfänger zugutekommen, sondern auch ihrer eigenen Seelenentwicklung dient. Diese Perspektive führt zu einem stärkeren Gefühl der Verbundenheit mit anderen und fördert die ethischen Werte, die den Spiritualismus durchdringen.

Insgesamt ermutigt das Prinzip des Fortschritts der Seele Spiritualisten, die spirituelle Dimension ihres Lebens aktiv zu gestalten. Es hält sie dazu an, ihren individuellen Entwicklungsweg zu reflektieren und zu erkennen, dass sie sowohl aus ihren Erfolgen als auch aus ihren Misserfolgen lernen können. Mit der Überzeugung, dass die Seele unendlich ist und dass sie die Möglichkeit hat, sich über mehrere Leben hinweg weiterzuentwickeln, wird das Leben als eine faszinierende und bedeutungsvolle Reise wahrgenommen. Diese Denkweise verbessert nicht nur das persönliche Wohlbefinden, sondern fördert auch die Harmonisierung und den Frieden zwischen Menschen sowie die Erfüllung einer höheren Bestimmung in der spirituellen Gemeinschaft.

5. Gesetze des Karmas

Das fünfte Prinzip des englischen Spiritualismus beschäftigt sich mit den Gesetzen von Ursache und Wirkung, die allgemein als Karma bekannt sind. Angst vor oder Unkenntnis über die immensen Auswirkungen dieser Gesetze prägen das Leben vieler Menschen. Für Spiritualisten bedeutet Karma nicht nur das Prinzip, dass jede Handlung eine entsprechende Auswirkung hat, sondern auch eine ethische Grundlage, die in das tägliche Leben integriert wird. Dieses Konzept wird als eine universelle Wahrheit angesehen, die sich über alle Lebensbereiche erstreckt und sowohl die Lebensumstände der Seelen auf Erden als auch deren Erfahrungen im Jenseits maßgeblich beeinflusst.

Nach der Lehre des Karmas hat jede Handlung – sei sie positiv oder negativ – direkte Auswirkungen auf das Leben der Seele. Spiritualisten glauben, dass das, was man in diesem Leben tut, konkrete Konsequenzen für zukünftige Leben hat. Dieses Verständnis schafft ein tiefes Bewusstsein für die eigene Verantwortung und ermutigt die Menschen, sich ihrer Taten und deren Auswirkungen auf andere gewahr zu werden. Karma wird nicht als Strafe oder Belohnung im traditionellen Sinne betrachtet, sondern eher als eine natürliche Folge des Handelns, die einen kontinuierlichen Lernprozess ermöglicht.

Die Spiritualisten betrachten Karma als einen dynamischen Mechanismus, der durch die Intention und Emotion hinter einer Handlung beeinflusst wird. Positive Handlungen, die aus Liebe,

Mitgefühl und der Absicht, Gutes zu tun, hervorgehen, wirken sich erheblich positiv auf die Entwicklung der Seele aus. Umgekehrt führen negative Handlungen, die aus Egoismus oder Groll geboren werden, unweigerlich zu Schwierigkeiten und Herausforderungen in diesem Leben oder in zukünftigen Existenzen. Dieses Prinzip bedeutet, dass jeder Mensch aktiv einen Teil zur Gestalt seiner spirituellen Realität beiträgt.

Bedeutung im Spiritualismus

Die Lehre von Karma hat zur Folge, dass Spiritualisten die Auswirkungen ihrer Entscheidungen ernst nehmen und Verantwortung für ihre Handlungen übernehmen. Sie sind sich bewusst, dass jede Entscheidung, die sie treffen, nicht nur Auswirkungen auf sie selbst hat, sondern auch auf andere und die Welt um sie herum. Dieses Bewusstsein fördert ein starkes Gefühl der Verantwortung und ermutigt die Gläubigen dazu, im Einklang mit ethischen und moralischen Grundsätzen zu handeln.

Das Prinzip des Karmas lehrt die Spiritualisten, dass es entscheidend ist, Werte wie Liebe, Mitgefühl und Freundlichkeit in den Mittelpunkt ihres Handelns zu stellen. Diese Eigenschaften werden als Schlüssel zu einer positiven spirituellen Entwicklung betrachtet. Indem sie aktiv danach streben, liebevoll und freundlich zu sein, stärken sie ihre eigene Seele und tragen zur positiven Energie im Kollektiv bei. Spiritualisten glauben, dass, wenn ein Individuum diese Prinzipien in seinem Leben berücksichtigt, es nicht nur sein eigenes Schicksal zum Positiven wenden kann, sondern auch Einfluss auf das Schicksal anderer hat.

Ein weiterer wichtiger Aspekt des Karmas ist die Idee der Reinkarnation und der spirituellen Evolution. Spiritualisten sind überzeugt, dass Seelen in verschiedenen Inkarnationen Erfahrungen sammeln, die ihnen helfen, sich weiterzuentwickeln und karmische Lektionen zu lernen. Diese Lektionen sind nicht immer einfach, da sie oft mit Herausforderungen und Prüfungen verbunden sind. Doch Spiritualisten sehen solche Prüfungen nicht als Bestrafung, sondern als Gelegenheiten, sich weiterzuentwickeln und alte Wunden zu heilen.

Diese Perspektive hat auch Auswirkungen auf die Art und Weise, wie Spiritualisten mit Leid und Ungerechtigkeiten in ihrem Leben umgehen. Sie sind ermutigt, negative Erfahrungen als Teil ihrer karmischen Lektionen anzunehmen und aus ihnen zu lernen. Anstatt sich als Opfer ihrer Umstände zu fühlen, entwickeln sie ein Gefühl der Eigenverantwortung. Sie suchen aktiv nach Wegen, um ihre Zustände zu verbessern und zu verstehen, dass ihr gegenwärtiges Leben eine Möglichkeit ist, vergangenes Karma zu transformieren und positive neue Wege zu beschreiten.

Darüber hinaus fördert das Verständnis von Karma auch Mitgefühl für andere. Spiritualisten erkennen, dass jeder Mensch mit seinen eigenen Herausforderungen und karmischen Lektionen kämpft. Diese Einsicht ermutigt sie, andere nicht schnell zu verurteilen oder zu kritisieren, da sie sich bewusst sind, dass auch sie Teil eines größeren kosmischen Prozesses sind. Das Streben nach Verständnis und Empathie wird so zu einem grundlegenden Wert im spirituellen Leben der Gläubigen.

Insgesamt ist die Lehre vom Karma für Spiritualisten nicht nur eine philosophische Überlegung, sondern eine praktische Anleitung für das tägliche Leben. Sie bietet eine robuste ethische Grundlage, die die Menschen dazu anregt, bewusster und verantwortungsbewusster zu handeln. Indem Spiritualisten sich den Prinzipien des Karmas widmen, schaffen sie nicht nur eine positive Umgebung für ihr eigenes spirituelles Wachstum, sondern tragen auch zur Heilung und Transformation des Kollektivs bei. Dieses Bewusstsein für die wechselseitigen Einflüsse von Handlung und Konsequenz fördert eine Gemeinschaft, in der Respekt, Verständnis und Liebe an erster Stelle stehen – ein zentraler Aspekt des englischen Spiritualismus.

6. Die spirituelle Gemeinschaft

Das sechste Prinzip des englischen Spiritualismus hebt die Bedeutung von Gemeinschaft und Zusammenarbeit mit anderen hervor.

Spiritualisten sind der tiefen Überzeugung, dass gemeinschaftliche Praktiken und der Austausch von Erfahrungen für das persönliche spirituelle Wachstum unerlässlich sind. Sie glauben, dass die Ansammlung von individuellen Einsichten und Lebensgeschichten innerhalb einer Gruppe eine kollektive Weisheit schafft, die jedem Einzelnen zugutekommt. Diese Gemeinschaftsbildung ist nicht nur essenziell für die persönliche Entwicklung, sondern auch für die Stärkung der gesamten spirituellen Gemeinschaft.

Spiritistische Kirchen und Gemeinschaften entstehen oft als Orte des Trostes und des Beistands. Hier finden Menschen, die sich auf der Suche nach spirituellen Wahrheiten und Halt befinden, Unterstützung und Ermutigung. Diese Gruppen bieten ein sicheres Umfeld, in dem Mitglieder offen über ihre Erfahrungen, ihre Herausforderungen und ihre Erfolge sprechen können, ohne Angst vor Urteil oder Missbilligung haben zu müssen. In diesen gemeinschaftlichen Settings können Spiritualisten ihre Erkenntnisse über das Leben, den Tod und die spirituelle Entwicklung miteinander teilen, was nicht nur ihre individuelle Einsicht vertieft, sondern auch die gesamte Gruppe bereichert.

Gemeinschaftliche Praktiken, wie gemeinsame Gebete, Meditationen, Séancen und andere rituelle Handlungen, stärken das Band zwischen den Mitgliedern und fördern ein Gefühl der Zugehörigkeit. Diese Aktivitäten schaffen eine harmonische und energiegeladene Atmosphäre, in der das individuelle und das kollektive Bewusstsein zusammenfließen. Ritualisierte Praktiken führen oft zu einer Vertiefung der spirituellen Verbindung sowohl zur Gemeinschaft als auch zur spirituellen Welt. Der gemeinsame Glaube an eine höhere Macht fördert den Zusammenhalt und die Solidarität unter den Mitgliedern, was die spirituelle Erfahrung als Ganzes intensiviert und bereichert.

Bedeutung im Spiritualismus

Die spirituelle Gemeinschaft schafft eine unterstützende Umgebung, in der Menschen wachsen und voneinander lernen können. Das Gefühl, Teil einer größeren Gemeinschaft zu sein, fördert das Vertrauen und die Offenheit, die für das persönliche und kollektive spirituelle Wachstum erforderlich sind. Der Austausch von Erfahrungen, seien sie positiv oder herausfordernd, fördert die Entwicklung und das Lernen, da jeder Einzelne durch die Perspektiven und Einsichten anderer inspiriert wird. Diese kollektive Intelligenz stärkt die Gemeinschaft, indem sie eine Atmosphäre des Verständnisses und des Mitgefühls schafft.

Die spirituelle Gemeinschaft bietet einen weiteren entscheidenden Vorteil. Nämlich das Gefühl der Verbundenheit, das sie erzeugt. In einer Welt, die oft von Isolation und Entfremdung geprägt ist, bietet die spirituelle Gemeinschaft eine Oase der Zugehörigkeit und Akzeptanz. Menschen, die ähnliche Überzeugungen und Erfahrungen teilen, können sich auf einer tiefen, emotionalen und spirituellen Ebene miteinander verbinden. Diese Bindung fördert nicht nur Freundschaften, sondern auch ein starkes Gefühl der Verantwortung innerhalb der Gruppe. Mitglieder unterstützen sich gegenseitig in Zeiten der Not und teilen Freude während ihrer Erfolge, was zu einer festen Grundlage für ein gemeinsames Wachstum führt.

Die spirituelle Gemeinschaft bietet außerdem die Möglichkeit zur kontinuierlichen Weiterbildung und zur Erweiterung des spirituellen Horizonts. Durch Workshops, Schulungen und Vorträge, die oft von erfahrenen Mitgliedern oder externen Experten geleitet werden, können die Gemeinschaftsmitglieder ihr Wissen über spirituelle Praktiken, die Verbindung zur spirituellen Welt und die Anwendung der spirituellen Prinzipien im Alltag vertiefen. Solche Veranstaltungen fördern nicht nur die Bindung unter den Mitgliedern, sondern eröffnen auch neue Möglichkeiten zur persönlichen und gemeinschaftlichen Entwicklung.

Die spirituelle Gemeinschaft hat auch eine wertvolle Rolle in der Unterstützung und in der Bereitstellung von Ressourcen für Menschen, die Trauer oder Verlust erlebt haben. In solchen schwierigen Zeiten bietet die Gemeinschaft emotionalen Beistand und spirituelle Führung, hilft den Betroffenen, ihre Trauer zu verarbeiten und bietet

Räume, in denen sie ihre Gefühle ausdrücken können. Diese Art der Unterstützung ist von unschätzbarem Wert und stärkt das Gefühl, dass niemand in seinem Schmerz isoliert ist.

Zusammenfassend lässt sich sagen, die spirituelle Gemeinschaft spielt eine grundlegende Rolle im englischen Spiritualismus, indem sie nicht nur einen Raum für spirituelles Wachstum und individuelle Selbsterkenntnis bietet, sondern auch gegenseitige Unterstützung, Verständnis und Verbundenheit fördert. Die Zusammenarbeit mit anderen stärkt das Gefühl der Zugehörigkeit und ermöglicht es den Menschen, gemeinsam auf ihrem spirituellen Weg zu wachsen. In einer Welt, die oft von Trennung und Einsamkeit geprägt ist, bietet die spirituelle Gemeinschaft einen wunderbaren Ansatz, das menschliche Bedürfnis nach Verbindung, Verständnis und Wachstum zu stillen.

7. Der Dienst an anderen

Das siebte Prinzip des englischen Spiritualismus steht im Zeichen des Dienstes an den Mitmenschen. Spiritualisten glauben daran, dass es von entscheidender Bedeutung ist, anderen zu helfen und sich aktiv für das Wohl der Gemeinschaft einzusetzen. Dieses Prinzip ist nicht nur eine bloße Ideologie, sondern wird als eine grundlegende Verantwortung angesehen, die von jedem Spiritualisten übernommen werden sollte. Der Dienst an anderen kann in vielfältigen Formen angenommen werden, sei es durch freiwillige Tätigkeiten, Beratungen, den Austausch von Wissen oder durch die Unterstützung von Menschen in emotionalen, finanziellen oder gesundheitlichen Notlagen.

Die Formen des Dienstes können sehr unterschiedlich sein. Viele Spiritualisten engagieren sich in sozialen Projekten, unterstützen lokale Initiativen oder bieten ihre Dienste in Krankenhäusern, Altenheimen und anderen Einrichtungen an. Freiwillige Workshops und Seminare, in denen Menschen lernen können, ihre spirituellen Fähigkeiten zu entfalten oder sich mit Verlust und Trauer auseinanderzusetzen, sind ebenfalls häufig. Solche Initiativen tragen dazu bei, dass das spirituelle Wissen und die Weisheit nicht nur innerhalb der spirituellen Gemeinschaft, sondern auch im weiteren gesellschaftlichen Kontext geteilt werden.

Zudem sind Beratungen häufig eine wichtige Form des Dienstes, die Spiritualisten anbieten. Hierbei helfen erfahrene Mitglieder anderen Menschen, indem sie Unterstützung in schwierigen Lebenssituationen bieten, sei es durch Zuhören, Rat oder durch das Empfangen und Übermitteln von Botschaften aus der spirituellen Welt. Diese Arten der Unterstützung sind oft von unschätzbarem Wert, da sie den Hilfesuchenden einen neuen Perspektivenwechsel und Trost in schwierigen Zeiten bieten können.

Bedeutung im Spiritualismus

Der Dienst an anderen reflektiert das Grundprinzip der Nächstenliebe und des Mitgefühls, welche zentrale Werte im Spiritualismus verkörpern. Spiritualisten sind sich bewusst, dass wahres spirituelles Wachstum nicht nur durch innere Reflexion oder persönliche Praktiken erreicht wird, sondern auch durch konkrete, liebevolle Handlungen im Umgang mit anderen. Die Idee, dass jede positive Handlung in der Welt die spirituelle Energie erhöht und zur Heilung und Transformation der Gesellschaft beiträgt, spielt eine bedeutende Rolle in ihrem Glaubenssystem.

Der Dienst an anderen ist nicht nur eine ethische Verpflichtung, die Spiritualisten für sich selbst in Anspruch nehmen, sondern auch ein Weg zur förderlichen Schaffung positiver Veränderungen in der Gesellschaft. Indem sie aktiv zur Verbesserung des Lebens anderer beitragen, leisten sie einen wertvollen Beitrag zur spirituellen Entwicklung der gesamten Gemeinschaft. Diese positiven Änderungen manifestieren sich häufig in Hilfeleistungen, denen eine klare Absicht zugrunde liegt, andere zu erheben und die Gemeinschaft als Ganzes zu stärken.

Die spirituelle Gemeinschaft fördert auch das Engagement in sozialen und humanitären Projekten. Viele Spiritualisten glauben, dass der Dienst an anderen ein wichtiger Aspekt ihres spirituellen

Weges ist. Durch gemeinschaftliche Initiativen, wie freiwillige Tätigkeiten, Charity-Events und Bildungsveranstaltungen, können Mitglieder ihre Werte des Mitgefühls und der Nächstenliebe in die Tat umsetzen. Diese Aktivitäten dienen nicht nur dem Wohle anderer, sondern fördern auch ein stärkeres Gefühl der Einheit und des individuellen Verantwortungsbewusstseins innerhalb der Gemeinschaft.

Darüber hinaus erkennen Spiritualisten, dass der Dienst an anderen in der Regel wechselseitig ist – die Vorteile von selbstlosem Handeln kehren oft im doppelten Sinne zurück. Es wird ein Gefühl der Erfüllung, des Zwecks und des Wohlbefindens erfahren, wenn man anderen hilft, was wiederum das persönliche spirituelle Wachstum erheblich fördert. Diese wechselseitige Beziehung zwischen Geben und Empfangen ist ein zentraler Aspekt des Spiritualismus und zeigt die Vernetzung und Verbundenheit aller Seelen auf.

Zusätzlich zu den direkten Vorteilen für die Empfänger dieser Unterstützung gibt es auch einen weitreichenderen gesellschaftlichen Kontext, in dem der Dienst an anderen eine zentrale Rolle spielt. Spiritualisten sind oft motiviert, das Bewusstsein für Themen wie soziale Gerechtigkeit, Umweltfragen und humanitäre Anliegen zu schärfen. Ihr Engagement kann sich in Initiativen äußern, die darauf abzielen, die Lebensqualität für benachteiligte Gruppen zu verbessern oder Bewusstsein für wichtige gesellschaftliche Anliegen zu schaffen.

Was folgt daraus?

Die sieben Prinzipien des englischen Spiritualismus bieten eine umfassende und tiefgründige Grundlage für die spirituelle Praxis und das Verständnis des Lebens. Sie fördern den Glauben an die Unsterblichkeit der Seele, die Kommunikation mit dem Jenseits und die persönliche Verantwortung, die jede Seele in ihrem Entwicklungsprozess trägt. Indem Spiritualisten diese Prinzipien in ihrem Alltag anwenden, schaffen sie eine tiefere Verbindung zu sich selbst, zu anderen und zur spirituellen Welt, die über den physischen Tod hinausgeht.

Diese Prinzipien sind nicht nur Leitlinien für individuelles Handeln, sondern auch Aufforderungen zu kollektiven Anstrengungen, die das humanitäre und soziale Engagement fördern. Die Werte des Spiritualismus ermutigen dazu, eine Welt zu schaffen, die auf Liebe, Mitgefühl und Unterstützung füreinander basiert. Indem Spiritualisten diese Prinzipien leben, tragen sie dazu bei, eine harmonischere und verständnisvolle Gesellschaft zu entwickeln, die Raum für Wachstum, Heilung und spirituelle Entfaltung bietet. Letztendlich helfen diese Prinzipien, das Bewusstsein darüber zu erweitern, dass der Dienst an anderen eine essenzielle Dimension des spirituellen Lebens ist, die sowohl die Geber als auch die Empfänger transformiert und bereichert.

So, und jetzt geht's auf zu meiner großen Reise in die Welt der jenseitigen Erfahrungen.

Meine große Reise! Mein spiritueller Aufenthalt in England am Arthur Findlay College

www.arthurfindlaycollege.org

Durch meine langen Recherchen zum Thema Leben nach dem Tod und meine persönlichen Erfahrungen wurde ich auch auf das Arthur Findlay College (AFC) in England aufmerksam. Die faszinierende Geschichte dieses Gebäudes und der englische Spiritualismus mit seiner faktenbasierten wissenschaftlichen Herangehensweise übten eine große Anziehungskraft auf mich aus. Ich hegte daher schon nach den ersten Artikeln, die ich über dieses Institut las, den festen Wunsch, dieses College irgendwann zu besuchen. Im konservativen und als so seriös geltenden England werden an diesem Ort seit Jahrzehnten übernatürliche Dinge gelehrt, die in anderen Regionen dieser Welt oft als Hokuspokus abgetan werden. Gelehrt nach möglichst klaren und nachvollziehbaren Vorgaben, aber doch ganz und gar übersinnliche Begebenheiten.

Der englische Spiritualismus betrachtet die menschliche Seele als unsterblich und glaubt daran, dass es nach dem Tod möglich ist, durch Medien mit den Seelen Verstorbener zu kommunizieren. Am AFC werden Kurse von Teilnehmenden aus verschiedenen Ländern besucht und es gibt regelmäßige Veranstaltungen mit Übersetzern für internationale Teilnehmende. Ich entschied mich für die Deutsche Woche im Februar und konnte noch einen Platz in einem Dreibettzimmer ergattern. Die Möglichkeit, eine Woche lang mit zwei anderen Frauen in einem Zimmer zu verbringen, erschien mir als eine machbare Option, und meine Vorfreude auf die Begegnung mit meinen Zimmerkolleginnen wurde nicht enttäuscht.

Enormer Andrang aus aller Welt – auch eine Kärntnerin macht sich auf den Weg

Die Buchung eines Einzelzimmers muss mindestens ein Jahr im Voraus erfolgen, da diese sehr begehrt sind und auch die Doppelzimmer schnell ausgebucht sind. Meine Reise begann am Flughafen in Klagenfurt, der Hauptstadt des südlichsten Bundeslandes von Österreich – Kärnten – und führte mich schließlich zum London Stansted Airport, einem der wichtigsten Flughäfen in Großbritannien. Stansted liegt in der Grafschaft Essex, etwa 68 Kilometer nordöstlich von London. Danach waren es nur noch etwa 3,5 Meilen (ca. 5,6 Kilometer) vom Flughafen bis zum Arthur Findlay College. Schon von weitem konnte ich aus dem Wagenfenster des Taxis das knallrote Schild sehen. Die Fahrt dauerte nur eine knappe Viertelstunde. Mein Blutdruck stieg von Minute zu Minute. Ich konnte es kaum mehr erwarten. Meine Sinne waren hellwach und meine Nerven zum Zerreißen gespannt.

Stansted ist nicht nur bekannt für den Airport, sondern auch für das AFC

Bei meiner Ankunft am AFC wurde ich von den antiken Möbeln und Gemälden in den Räumlichkeiten des Colleges regelrecht überwältigt. Die Geschichte, die diese Gegenstände ausstrahlen, und die Atmosphäre im gesamten Gebäude brachten mir echt Gänsehautfeeling. Sowohl von innen als auch von außen war das Gebäude wie eine „alte Lady", äußerst elegant und auch respekteinflößend, und die Energie dieser alten Mauern war in jedem Ziegelstein spürbar. Das Anwesen und die umliegende Natur bildeten für mich ein Paradies, das mich in eine andere Ära versetzte.

Beeindruckendes Gebäude mit viel Geschichte – und meine
Alma Mater: Arthur Findlay College

Nachdem ich meinen Zimmerschlüssel erhalten hatte, betrat ich als erste Schülerin das Zimmer. Ich war gespannt, meine Zimmerkolleginnen kennenzulernen, und die Begegnung mit Petra aus Deutschland und Ruth aus der Schweiz erwies sich als perfekte Ergänzung.

Na ja, wobei ... ich bin deutlich über 30 Jahre alt, eine Woche mit zwei weiteren Personen in einem Zimmer ... ich hätte gedacht, die Zeiten von Schullandwoche und Skikurs hätte ich längst hinter mir gelassen. Wie auch immer, ich muss gestehen, wir verbrachten die Woche harmonisch miteinander und es war tatsächlich wie auf einem Schulausflug mit viel Geschnatter und Gekicher.

Mediale Weiterbildung „nur" aus Büchern – WAS FEHLT???

Viele fragen mich immer wieder, warum ich überhaupt so einen Kurs in England besucht habe. Meine Antwort ist immer die gleiche. In meiner Auseinandersetzung mit der spiritistischen und spiritualistischen Ausbildung habe ich festgestellt, dass ich beim ausschließlich auf Büchern basierenden Selbststudium zum Thema Medialität und Jenseitskontakte einige wesentliche Elemente vermisst habe. Wenn man in der Stille des eigenen Zimmers sitzt und die Seiten der vielen Bücher über Medialität und Spiritualität durchblättert, spürt man meist sehr schnell: Moment mal, da fehlt doch etwas Fundamentales.

DIE PRAXIS!!! Praktisches Arbeiten und der Austausch mit medial Gleichgesinnten!

Zwar vermittelten mir alle diese Bücher wertvolle Informationen und Methoden, doch sie beinhalten eben immer nur die Erfahrungen und Perspektiven der jeweiligen Autoren. Jedes Buch ist ein eindimensionaler Blickwinkel auf ein vielschichtiges Thema. Was man aber gerade in einem so hochintuitiven Bereich wie der Spiritualität wirklich benötigt, ist die Möglichkeit herauszufinden, wie die „angelesenen" Prinzipien dann tatsächlich in der Praxis funktionieren und wie ich dies bei mir persönlich anwenden kann – oder auch nicht.

Es ist kein Geheimnis, dass jeder in diesem Bereich seine eigene individuelle Herangehensweise entwickeln muss. Die Lektüre von gedruckten Büchern allein gibt mir nur einen fragmentarischen Blick auf die Möglichkeiten, denn nur durch die praktische Arbeit und das praktische Üben erweitert man seine medialen Fähigkeiten.

Ein bedeutendes Element in meiner Weiterbildung war daher die Suche nach Möglichkeiten, mein Wissen und Können bei erfahrenen Medien auszuprobieren und zu erweitern. Nur jemand mit langjähriger Praxis kann die eigenen Anstrengungen bei der Kontaktaufnahme und der Übersetzung von Informationen aus der Geistigen Welt bewerten und wenn nötig auch korrigieren und verbessern.

Mein Mantra ist daher seit jeher die praktische Übung. Ich selbst brauche die direkte Interaktion mit anderen, um zu lernen und mich auszuprobieren und natürlich auch um Fehler zu entdecken, die ich im Selbststudium niemals bemerken könnte. Nur durch den Kontakt mit „echten" Menschen und „verstorbenen" Menschen kann man mentale Fähigkeiten wirklich testen und weiterentwickeln. In einer Gruppe hat man die Gelegenheit, sich in einer geschützten Umgebung zu erproben und zu beobachten, wie andere an das gleiche Thema herangehen. Und gerade was die „Übersetzung" von Signalen und Bildern und Worten aus dem Jenseits betrifft, ist es äußerst wichtig festzustellen, wie diese Übersetzungsversuche meinerseits von Außenstehenden verstanden oder interpretiert werden.

Denn darauf kommt es letztlich ja vor allem an. Versteht man, was ich übermitteln will? Der Austausch mit verschiedenen Persönlichkeiten und Situationen ist elementar und führt dazu, dass man sein eigenes Verständnis der Geistigen Welt erweitert und lernt, unterschiedliche Kontakte, Energien und Empfindungen wahrzunehmen.

Darüber hinaus habe ich erkannt, wie wichtig es ist, ein Gespür für das Gegenüber zu entwickeln. Also für den Auftraggeber oder die Kontaktsuchende. Wenn ich im Rahmen eines Jenseitskontakts vor jemandem sitze, spüre ich oft sofort, ob die Person offen ist oder Skepsis mitbringt. Diese Fähigkeit, die Energie im Raum aufzunehmen und darauf zu reagieren, ist ebenfalls entscheidend für den Erfolg der Sitzung.

In der Regel schlägt die Stimmung umso mehr ins Positive, je mehr ich auf die Bedürfnisse und Gefühle der Person eingehe. Es darf mich aber auch nicht dazu verleiten, willfährig alles zu „übersetzen", was die Person gerne hören möchte. Es geht schließlich auch um den unveränderten Willen und die puren Botschaften, die die Jenseitigen übermitteln wollen.

Aus Büchern allein kann man das nicht lernen!

Daher war mir auch im Vorfeld und vor meiner ersten eigenen Sitzung wichtig, selbst bei so einer Jenseitskontakt-Sitzung als Klientin anwesend zu sein. Ich wollte die Fragen und Antworten des Mediums hören, um zu verstehen, was ich in dieser Situation anders machen würde, oder wie ich mich in der jeweiligen Situation fühle, wenn der Kontakt hergestellt wurde. Daher wollte ich unbedingt von meinen Lehrern in England nicht nur aktiv unterstützt, sondern auch kritisiert und gegebenenfalls an der Hand genommen werden, um meine Gabe möglichst korrekt zum Einsatz zu bringen.

Jeder braucht Lehrer, die nicht nur das Wissen vermitteln, sondern auch lehren, wie man mit unvorhergesehenen Situationen umgeht oder Herausforderungen begegnet. Es ist eine Kunst für sich, problematischen Situationen auf lösungsorientierte und nicht blockierende Art zu begegnen und zu lernen, damit umzugehen. Ich war und bin immer offen dafür, bei einer Sitzung, bei der ich auf Widerstand stoße oder das Gefühl habe, dass ich die Informationen aus der jenseitigen Welt falsch überbringe, Anleitung zu bekommen, um so einer Herausforderung gewachsen zu sein.

Kurzum, mir fehlt in einer spiritistischen Weiterbildung, die nur auf dem ausschließlichen Studium von Büchern fußt, die praktische Erfahrung, die Interaktion mit anderen und die Möglichkeit, ein feineres Gespür für die Dynamik einer spirituellen Sitzung zu entwickeln. Mein Verständnis und meine Fähigkeiten konnten durch den Besuch und die täglichen Übungen im Arthur Findlay College erheblich bereichert werden.

Jedem sollte klar sein, dass Lernen nicht nur ein theoretischer Prozess ist, sondern auch und vor allem Praxis und oftmaliges Üben erfordert. Auch der begabteste Geiger wird kein Meister, wenn er nicht täglich viele Stunden übt.

Die Aufteilung in die verschiedenen Interessen-Gruppen und Klassen

Die Teilnehmenden am AFC wurden in verschiedene Gruppen eingeteilt, je nach dem Kurs, für den sie sich angemeldet hatten. Es gab Kurse für Anfänger, Fortgeschrittene und Profis in Medialität und Jenseitskontakte sowie Workshops zu Trance und Kunst.

Ich entschied mich für den Kurs bei einem Tutor und bekannten Medium, der vor allem in der „Bühnenmedialität" tätig ist. Diese Form des Bühnenmediums, auch „Plattform" genannt, beinhaltet die Weitergabe von Jenseitskontakten an das Publikum, entweder direkt an einzelne Personen oder durch Übermittlung von Details an die Zuhörerschaft, in der Hoffnung, dass sich jemand im Publikum mit den Informationen identifizieren kann. Heilung steht dabei stets im Vordergrund, denn Jenseitskontakte dienen dazu, Trost zu spenden und die Hinterbliebenen zu unterstützen. MR. X, ein Schüler des renommierten Mediums Gordon Higginson, erwies sich als exzellenter Lehrer und ich fühlte mich echt happy, diesen Kurs belegen zu können.

Der Retter des Arthur Findlay College – das große Medium Gordon Higginson

Gordon Higginson, eines der prominentesten Medien des letzten Jahrhunderts, war bekannt für seine außergewöhnlichen medialen Fähigkeiten, seine inspirierenden Reden und sein leidenschaftliches Engagement als Lehrer. Seine Gabe der Medialität reichte weit und sein Charisma war überwältigend.

Die Geburt von Gordon schien vom Geist vorherbestimmt zu sein. Als seine Mutter Fanny erst 14 Jahre alt war, erhielt sie in der

Spiritualisten-Kirche von Longton eine bemerkenswerte Botschaft. Ein Medium teilte Fanny mit, dass sie und ihr Sohn als Medien dienen würden und ihr Name für über 100 Jahre mit der Kirche von Longton verbunden sein würde. Diese Prophezeiung bewahrheitete sich, denn Fanny blieb 70 Jahre lang ein Medium in dieser Kirche und Gordon Higginson wurde in genau dieser spirituellen Umgebung am 17. November 1918 in Longton, Stoke-on-Trent, geboren.

Schon in jungen Jahren begann Gordon seine spirituellen Gaben unter der sorgfältigen Anleitung seiner Mutter zu entwickeln, die selbst ein herausragendes Medium war. Bereits im Alter von 3 Jahren saß er in ihrem Zirkel und mit 10 Jahren durfte er spirituelle Botschaften an andere weitergeben. Zum ersten Mal zeigte er an seinem 12. Geburtstag öffentlich seine Medialität in der Longton Spiritualist Church, wo er als „Wunderknabe" bekannt wurde, und seine Karriere als Medium begann.

Gordon Higginson wird weithin anerkannt als eines der größten Medien des vergangenen Jahrhunderts und erhielt den Spitznamen „Mr. Mediumship". Er bewunderte Estelle Roberts als das „perfekte Medium" aufgrund ihrer vielfältigen medialen Fähigkeiten und ihrer hohen Qualität. Gordons Gaben umfassten mentale Medialität, Trancekontrolle, physische Medialität und geistiges Heilen, die er zu einer Kunstform entwickelte.

Als Plattformmedium trat Gordon in großen Veranstaltungsorten vor ausverkauften Häusern auf und demonstrierte seine Genauigkeit und Fähigkeit, detaillierte Informationen zu liefern. Er arbeitete mit einflussreichen Medien wie Estelle Roberts, Helen Hughes, Bertha Harris und Nan Mackenzie zusammen und demonstrierte an renommierten Orten wie der Royal Albert Hall. Gordon war nicht nur ein Meister der Plattformmedialität, sondern auch ein herausragendes Trance-Medium, das mit verschiedenen geistigen Führern kommunizierte.

Darüber hinaus war Gordon ein talentiertes Physikalisches Medium und produzierte eine breite Palette physischer Phänomene. Trotz mancher Herausforderungen und Verletzungen, die er während seiner Arbeit erlebte, ließ er sich nicht entmutigen und zeigte weiterhin sein Können. Er war auch ein wahrer Heiler, der eine Vielzahl von Krankheiten mit der Unterstützung seines Heilungsführers Dr. John diagnostizierte und behandelte.

Dank Gordons Führung und großem Einsatz wurde er 1970 Präsident der Spiritualist's National Union (SNU) und leitete die Organisation mit Entschlossenheit und Hingabe. Er mobilisierte Unterstützung für die SNU und rettete das Arthur Findlay College vor dem Bankrott. Sein Engagement und seine Opferbereitschaft machten ihn zu einem spirituellen Vorbild und einer wichtigen Persönlichkeit im Spiritualismus.

Gordon Higginson war nicht nur ein außergewöhnliches Medium und Geistheiler, sondern auch ein charismatischer, humorvoller und warmherziger Mensch, der von vielen schmerzlich vermisst wird. Sein Vermächtnis lebt weiter und er bleibt unvergessen – als „geistiger Riese" und eine herausragende Persönlichkeit im Spiritualismus.

Mein erster Aufenthalt im Arthur Findlay College – Donnerwetter

In dieser erlebnisreichen Woche am Arthur Findlay College (AFC) in England eröffneten sich mir faszinierende Einblicke in den Spiritualismus als Religion sowie in die vielfältigen Wege, wie Jenseitskontakte und spirituelle Botschaften vermittelt werden können. Die erfahrenen Tutoren am AFC erwiesen sich als wahre Meister ihres Fachs und warfen ein Licht auf die verschiedenen Facetten der Medialität, die sie mit Großzügigkeit und Hingabe zu vermitteln wussten. Doch letztendlich liegt es an jedem Einzelnen, seine eigenen medialen Fähigkeiten durch Übung und Demut zu entwickeln. Denn nur durch Fleiß und Engagement können wir uns für den Kontakt zur Geistigen Welt öffnen und unsere Sinne schärfen.

Während dieser aufregenden Woche lernte ich in einem intensiven Programm aus Übungen, Theorie und interaktiven Workshops alle Facetten der „Plattform" kennen. Und ich hatte natürlich die Gelegenheit, zahlreiche neue Menschen kennenzulernen, die alle aus einem gemeinsamen Interesse heraus zusammenkamen:

Spiritualität! Es war ein inspirierendes Umfeld, in dem niemandem etwas erklärt werden musste und in dem jeder die Möglichkeit hatte, sich in seiner Spiritualität frei zu entfalten.

Die Abende waren oft geprägt von spannenden Momenten, in denen Teilnehmende die Gelegenheit hatten, vor den anderen 100 Teilnehmenden auf der Bühne Jenseitskontakte zu vermitteln. An drei besonderen Abenden nutzte ich diese Chance und erlebte eine unvergleichliche Energie, die den Raum durchströmte. Es war, als ob die Geistige Welt selbst anwesend war und uns liebevoll unterstützte – sogar beim Üben.

Die Heiler kommen ins College

Ein weiteres Highlight, das ich erlebt habe, war der Tag, an dem die englischen Heiler im Haus waren. Man konnte Heilung von ihnen erhalten, indem man eine Spende gab. Konkret bedeutet es, dass ein Medium, das mit den Kräften der Geistigen Welt arbeitet, durch Energie Heilung bringt. Dabei stehen sie eigentlich nur hinter dir und legen dir die Hände auf. Dann soll die Energie durch den Körper fließen, die eine Heilwirkung hat. Ich habe das ausprobiert, weil es angeblich sehr intensiv sein soll.

Ich hatte es vorher noch nie probiert und war neugierig, also habe ich mich angemeldet. Ich kam zu einer Dame, die mich vorher fragte, ob sie mich berühren darf. Ich schloss die Augen und ehrlich gesagt, ich kann nicht sagen, wie lange es gedauert hat. Es war zeitlos. Auf alle Fälle legte sie mir die Hände auf die Schultern. Nachher erfuhr ich von meinen Zimmerkolleginnen, dass es nur 15 bis 20 Minuten gedauert hat. Als die Heilerin sagte, dass es vorbei ist, öffnete ich die Augen. Ich schwöre, mir liefen die Tränen in Bächen herunter. Ich war so mental berührt und geistig losgelöst – unglaublich. Ich dachte, sie stünde immer noch hinter mir, mit den Händen auf meinen Schultern, aber sie saß direkt vor mir und schaute mir in die Augen. Trotzdem fühlte ich immer noch ihre Hände auf meinen Schultern. Das hat mich sehr fasziniert! Wie kann es möglich sein, dass ein wildfremder Mensch so eine Energie durch meinen Körper strömen lassen kann? Es war sehr emotional.

Es ist schwer zu beschreiben, aber es hat wirklich etwas in mir gelöst, und die Tränen flossen in Strömen. Das hätte ich nicht gedacht, da war etwas ganz Inniges und ganz Spannendes.

Mein Vater kommuniziert mit mir über zwei andere Medien – auf der Bühne

Ein Höhepunkt dieser Woche war, als mein Vater sich durch zwei Medien auf der Bühne meldete, bei einem sogenannten Doppelkontakt. Dieses besondere Erlebnis berührte mich zutiefst und zeigte mir die Kraft und Schönheit des spirituellen Kontakts über die Grenzen des physischen Daseins hinaus.

Spirituelle Standortbestimmung bei einem Lehrer

Die Möglichkeit, eine private Sitzung mit einem der Tutoren zu buchen, war eine wertvolle Gelegenheit, und ich entschied mich für eine spirituelle Standortbestimmung bei meinem Lehrer MR. X. Ich hatte beschlossen, zwei private Sitzungen bei ihm zu buchen. Mein erstes Ziel war ein Jenseitskontakt, da ich einfach neugierig war, wie er solche Sitzungen gestaltet und durchführt. Zudem wollte ich erleben, welche Verbindung zu den Verstorbenen er herstellen konnte.

Die Sitzungen waren überaus spannend und lehrreich. Während der ersten Sitzung, in der ich einen Jenseitskontakt anstrebte, spürte ich sofort eine besondere Atmosphäre im Raum. MR. X schaffte es als erfahrenes Medium und Lehrer, mit seiner ruhigen und professionellen Art eine vertrauensvolle Verbindung herzustellen. Als meine eigene Oma durchkam, war ich überwältigt. MR. X konnte unglaubliche Details über sie vermitteln – präzise Informationen, die nur jemand hätte wissen können, der meine Großmutter tatsächlich sehr nahe und persönlich gekannt hatte. Es war ein kraftvoller und berührender Moment, der mir zeigte, wie stark die Verbindung zur jenseitigen Welt sein kann.

Es waren intensive Eindrücke bei diesem beeindruckenden und hochbegabten Medium. MR. X ist ein erfahrener Profi, der in der Lage ist, außergewöhnliche Jenseitskontakte herzustellen. Seine technische Herangehensweise ist bemerkenswert, und ich hatte die Gelegenheit, tiefere Einblicke in seine beeindruckenden Fähigkeiten zu gewinnen. Diese privaten Sitzungen waren für mich eine wertvolle Erfahrung, die mir half, den Spiritualismus und seine Möglichkeiten besser zu verstehen. Es war inspirierend, seine erstaunliche Gabe im Umgang mit jenseitigen Wesen zu beobachten.

Ich bin dankbar für die Erkenntnisse, die ich gewonnen habe, und ich freue mich auf die Möglichkeit, selbst in Zukunft meine Fähigkeiten in die Dienste anderer zu stellen. Ich verließ die Sitzungen bereichert durch tiefere Einblicke in seine Gabe und seine außergewöhnlichen Fähigkeiten im Kontakt mit jenseitigen Wesen. Es war eine wertvolle Erfahrung, die mir auch bei meinen eigenen Sitzungen half, die richtigen Worte und die notwendige Empathie zu finden und um insgesamt besser zu werden.

Bei der zweiten Sitzung wollte ich auch herausfinden, wo meine eigenen medialen Stärken lagen und wie ich in diesem Bereich arbeiten musste, um möglichst effektiv und präzise zu sein. MR. X wusste zu dieser Zeit noch nicht genau, wie ich agiere. Daher war auch diese Sitzung für mich sehr aufschlussreich. MR. X beobachtete aufmerksam, wie ich meine medialen Fähigkeiten anwendete.

Ich erzählte ihm, dass ich dabei viel schreibe, um meine Eindrücke festzuhalten, und dass mir oft Informationen in den Sinn kommen, die ich dann notiere. Während der Sitzung erklärte er mir, dass meine schriftliche Herangehensweise tatsächlich eine meiner elementaren Stärken wäre. Es ist tatsächlich so, sobald ich die Gedanken und Übermittlungen zuerst niederschreibe, fließen sie in Form von Worten aus meinem Mund. Er bekräftigte sehr anschaulich, dass ich diese Methode in jedem Fall beibehalten sollte, um weiterhin effektiv arbeiten zu können.

Hier eine „typische" Seite meiner Scribbles und Kritzeleien,
die ich während einer Sitzung „empfange". Danach erst formuliere ich die
Signale und Zeichen in Worte.

Der Weg ist klar

Die intensive Zeit am AFC endete viel zu schnell, aber sie hinterließ
einen tiefen Eindruck und eine klare Vision für meine Zukunft. Von
nun an war für mich klar: Ich würde mich nebenberuflich als Medium
in Österreich selbstständig machen. Die Woche am AFC inspirierte
mich dazu, mein Potenzial als Medium zu entfalten und anderen
Menschen auf ihrem spirituellen Weg zur Seite zu stehen.

Zurück in Österreich teilte ich voller Begeisterung meine Erfahrungen mit meiner Familie und meinen Freunden, von der Bühne,
den Jenseitskontakten und den inspirierenden Menschen am AFC.
Auch wenn die Reaktionen unterschiedlich ausfielen, spürte ich den
Stolz, den sie für mich empfanden – zumindest hier im Diesseits. Es
war der geniale Startschuss für eine neue Phase in meinem Leben, in
der ich den Ruf der Geistigen Welt folgen und meine Fähigkeiten als
Medium auf ein neues Level bringen sollte. Donnerwetter!

Im nächsten Kapitel erzähle ich detaillierter von meinen Erfahrungen
in „meinem College".

Kapitel 5:
Spiritistische Schulen und deren Spezialisierung

Arthur Findlay College – meine Alma Mater

www.arthurfindlaycollege.org

Eine Oase für Medien und Hellsichtige

Dieses Kapitel über das Arthur Findlay College, gelegen in Stansted Hall, Essex, England, wird sicher etwas länger werden. Kein Wunder ist es doch „mein" College. Es ist ein herausragendes Zentrum für spirituelle Bildung. In diesem Kapitel werden wir die faszinierende Geschichte dieses Colleges erkunden, die aktuellen Weiterbildungsangebote beleuchten und meine individuelle Sicht der Dinge und eventuell kleine – mir bekannte, oder mir von anderen Kommilitonen zugetragene – Unterschiede zu anderen spirituellen Institutionen hervorheben.

Die Anfänge und Gründer

Stansted Hall wurde 1871 erbaut und später von J. Arthur Findlay, MBE, JP, einem ehemaligen Ehrenpräsidenten der Spiritualists' National Union (SNU), gestiftet. Findlay, ein visionärer Geschäftsmann, erwarb das Anwesen 1923 und träumte davon, einen Ort zu schaffen, an dem Medien und Hellsichtige ihre Fähigkeiten entwickeln können. Nach persönlichen Gesprächen mit drei aufeinanderfolgenden SNU-Präsidenten wurde 1954 ein Testament aufgesetzt, das Stansted Hall mit einem Stiftungsfonds bedachte. 1964 übertrug Findlay das Anwesen, die Gebäude und den Fonds an die Union. Sein Vermächtnis lebt bis heute fort.

Die aktuelle Lehrsituation

Das Arthur Findlay College bietet eine breite Palette von Kursen und Seminaren, die sich auf spirituelle Entwicklung, Medialität und Hellsichtigkeit konzentrieren.

Hier sind einige der angebotenen Themen:

Mediumship (Medialität): Dieser Kurs ist das Herzstück des Colleges. Hier lernen Medien, wie sie ihre Fähigkeiten zur Kommunikation mit der Geistigen Welt weiterentwickeln können. Sie üben, Botschaften von Verstorbenen zu empfangen, zu interpretieren und zu vermitteln. Die Schulungen umfassen Techniken wie Trance-Mediumship, Plattformarbeit und psychometrische Lesungen.

Spiritualist Healing (Spirituelle Heilung): In diesem Kurs werden praktische Techniken zur Heilung von Körper, Geist und Seele vermittelt. Die Studierenden lernen, Energie zu kanalisieren, Blockaden zu lösen und Heilungsenergie zu übertragen. Spirituelle Heilerinnen und Heiler arbeiten mit der Geistigen Welt zusammen, um Heilung zu fördern.

Meditation: Meditation ist ein grundlegender Bestandteil spiritueller Praxis. Am Arthur Findlay College lernen die Studierenden verschiedene Meditationsmethoden kennen, um ihre Intuition zu stärken, innere Ruhe zu finden und ihre spirituelle Verbindung zu vertiefen.

Spirituelle Entwicklung: Dieser Kurs konzentriert sich darauf, die eigene Sensitivität und Intuition zu fördern. Studierende erkunden ihre spirituellen Fähigkeiten, lernen, ihre Wahrnehmung zu schärfen und ihre spirituelle Reise zu vertiefen.

Psychic Art und Auragraphs: Kreativer Ausdruck durch Kunst und Zeichnung ist ein einzigartiger Aspekt des Colleges. Studierende lernen, wie sie ihre Medialität und Intuition nutzen können, um inspirierte Kunstwerke zu schaffen. Auragraphs sind visuelle Darstellungen von Energiefeldern und Botschaften.

Philosophie: Die Philosophie des Spiritualismus ist ein wichtiger Teil der Lehre. Hier erforschen die Studierenden spirituelle Prinzipien, Ethik und die Bedeutung des Lebens nach dem Tod. Die Philosophie bildet das Fundament für alle anderen Studiengänge.

Das Arthur Findlay College bietet eine einzigartige Umgebung, in der Medien und Hellsichtige ihre Gaben entfalten können, unterstützt von qualifizierten Tutoren und einer tiefen Verbindung zur spirituellen Gemeinschaft.

Die sieben Prinzipien des Spiritualismus

1. **Die Vaterschaft Gottes**:
   Anerkennung eines göttlichen Ur-Schöpfers, der als Vater aller Menschen betrachtet wird.
2. **Die brüderliche Gemeinschaft aller Menschen**:
   Alle Menschen sind Brüder und Schwestern und sollten in Harmonie und gegenseitigem Respekt leben.

3. **Die Gemeinschaft der Geister und das Wirken der Engel**:
    Glauben an die Möglichkeit der Kommunikation mit Geistern und
    die Unterstützung durch spirituelle Wesen.

4. **Die fortwährende Existenz der menschlichen Seele**:
    Die Seele existiert nach dem physischen Tod weiter und
    entwickelt sich kontinuierlich.

5. **Persönliche Eigenverantwortung**:
    Jeder Mensch ist für seine eigenen Handlungen und deren
    Konsequenzen verantwortlich.

6. **Ausgleich und Vergeltung im Jenseits**:
    Gute und schlechte Taten werden im Jenseits entsprechend
    ausgeglichen und vergolten.

7. **Ewiger Fortschritt, offen für jede menschliche Seele**:
    Jede Seele hat die Möglichkeit, sich ewig weiterzuentwickeln und
    zu wachsen.

Diese sieben Prinzipien bilden die Grundlage für das Verständnis der
spirituellen Philosophie sowie der praktischen Umsetzung des
Spiritualismus.

Unterschiede zu anderen Institutionen

Warum hebt sich das Arthur Findlay College von seinen Konkurrenten
ab? Hier sind einige Gründe:

Umfassende Einrichtungen: Das College bietet eine unvergleichliche Umgebung – von der Bibliothek über das Museum bis hin zu den
weitläufigen Grünflächen.

Hochqualifizierte Tutoren: Über 50 zugelassene Tutoren und Gast-
dozenten bieten erstklassige Ausbildung in verschiedenen
Disziplinen.

Individuelle Betreuung: Die Schule legt höchsten Wert auf persönliche Betreuung seiner Studenten und unterstützt diese durch individuelle und auf die jeweilige „Gabe" abgestimmte Förderung. Jeder Studierende wird in seiner spezifischen spirituellen Entwicklung unterstützt.

Praxisorientierte Kurse und Seminare: Theorie in Verbindung mit praktischer Erfahrung. Das ist die Erfolgsstrategie, die seit vielen Jahren praktiziert wird. Jeder Studierende hat die Chance (und die Aufgabe), direkt an Klienten seine mentalen Fähigkeiten in realen Situationen zu erproben, zu beweisen und auszubauen.

Gemeinschaft und Verbindung zur SNU: Als Teil der Spiritualists' National Union ist das College tief in der spirituellen Gemeinschaft verwurzelt. Studierende unterstützen sich gegenseitig und wachsen gemeinsam.

Barbanell Centre: Das Schwesterzentrum in Staffordshire bietet zusätzliche Kurse und Tagesveranstaltungen.

Das Arthur Findlay College bleibt ein Leuchtturm für Medien und Hellsichtige, die ihre Gaben entfalten möchten. Es ist ein Ort, an dem die Grenzen zwischen Diesseits und Jenseits verschwimmen und die spirituelle Reise ihren Anfang nimmt.

Mein erster Besuch im Arthur Findlay College – ein Hauch von Geschichte und Spiritualität

Ich muss Sie, liebe Leser, leider enttäuschen. Nein, es war kein mystischer Nebel in einer gespenstischen Moorlandschaft und es war auch kein regnerischer Tag bei meiner Ankunft in England.

Ganz im Gegenteil. Es war ein sonniger Morgen, als ich das Arthur Findlay College in den sanften Hügeln von Essex erreichte. Und ja, das historische Gebäude wirkte auf mich sehr wohl wie ein Ort aus einer anderen Zeit oder wie aus einem dieser Agatha Christie Romane. Geheimnisvoll und mit einer verheißungsvollen Energie.

Und nochmals muss ich Sie enttäuschen. Denn es knarrte und knarzte nichts beim Öffnen der Eingangstüre des Colleges – oder man muss eigentlich sagen, beim Öffnen dieses beeindruckenden Tores des Arthur Findlay College. Jedoch, und da taucht man wieder ein in die Welt von historischen Romanen, kommt einem durchaus eine geballte Ladung Historie und Tradition von Jahrzehnten und Jahrhunderten entgegen. Es weht auch eine Art ehrwürdiger Odem von Tausenden medial begabten Menschen, die hier schon ein und aus gegangen sind. Man kann sich dieser kribbelnden übersinnlichen Eindrücke nicht erwehren.

Aber als ich die alten Steinmauern nervös betrat, gab es da auch sofort ein Gefühl der Geborgenheit. Hier war ich nicht nur ein Besucher, ich war Teil von etwas Größerem.

Man spürt sehr stark dieses Aufgenommensein, dieses Gefühl des Angekommenseins.

Mein Zimmer hatte das Flair eines gemütlichen Gästehauses. Einfach, aber charmant. Mit Holzmöbeln und einem kleinen Fenster, von dem aus ich auf einen malerischen Garten blickte.

Die Atmosphäre am Campus war von einem besonderen Geist getragen – der Gemeinschaft von Gleichgesinnten. Übersinnlich begabte Menschen, die hier an ihrer „Gabe" arbeiten, um ihr Wissen zu vertiefen und ihr Können zu verbessern. Überall hörte man leises Lachen, freundliches Geplauder und das oftmals leise Tuscheln und Flüstern über mediale Erlebnisse und Spiritualismus.

In England ist Spiritualismus tatsächlich eine echte Religion – der englische Spiritualismus wird seit rund 200 Jahren praktiziert. Es ist allerorten intensiv spürbar, aber niemals aufdringlich. Es ist wirklich so, dass man sich aufgenommen fühlt, denn man ist dort unter Gleichgesinnten. Man muss sich auch nicht erklären, jeder weiß, warum jemand da ist. Jeder hat hier eine „Gabe". Das ist das Schöne daran. Man ist normal, unter – tja – nicht ganz normalen Menschen. Oder besser gesagt, unter besonderen Menschen. Das bedeutet dann auch eine gewisse Schutzzone, und man muss sich nicht mit seinem „Können" verstecken.

Einteilung der Klassen – das „Hogwarts College" lässt grüßen

Ich muss zugeben, es gab immer wieder einige Flashbacks während meines Aufenthaltes. Bei der Einteilung der Klassen musste ich lächeln, denn wie im Hogwarts-College von Harry Potter wurde man in Klassen eingeteilt – entsprechend seinen Begabungen und den jeweiligen Lernzielen (übrigens wird das College tatsächlich als „Hogwarts für medial Begabte" bezeichnet). Mit den jeweiligen Tutoren und Lehrern verbrachte man dann tatsächlich die ganze Woche in einer Klasse. Zu diesem Zeitpunkt waren über 100 Personen im Haus, die in unterschiedlichen Räumen von jeweils einem Lehrer ausgebildet wurden. Also immer zwischen 10 und 20 Personen pro „Haus" oder Klasse, ähnlich wie bei Harry Potter. Und dann wurde geübt, geübt, geübt.

Es gibt je nach Angebot ganz verschiedene Klassen. Ich war in der Klasse für „Plattform". Dann gab es eine Trance-Klasse, wo man sich mit Trance-Medialität beschäftigt. Ich muss sagen, da kenne ich mich gar nicht aus, ist auch nicht mein Interessengebiet. Es gab auch eine eigene Klasse zur künstlerischen Medialität, wo man die Verstorbenen zeichnet und dadurch Kontakte und Zeichen übermittelt. Und dann gab es noch sogenannte Heiler-Klassen. Es gibt in England auch offiziell „Heiler", das ist bei uns in Österreich verboten. Das wird auch im College gelehrt, in England gibt es da keine Restriktionen wie bei uns, wenn es um Heilung und alternative Medizin geht. In England ist das seit vielen Jahren ganz normal.

Mein Kurs in Bühnenmedialität (Plattform) – hart, aber lehrreich

Der Kurs in „Plattform" bei meinem Lehrer MR. X, für den ich mich angemeldet hatte, war intensiv und bereichernd. Wobei man sagen muss, dass alle Tutoren an diesem College erfahrene Medien sind, die mit Leidenschaft und einer warmen, einladenden Art unterrichten. Sie ermutigten alle Studenten, ihre Medialität und innere Stimme zu entdecken, um die Fähigkeiten, die in jedem schlummern, zur höchsten Entfaltung zu bringen.

Die Struktur der Kurse war durchdacht und forderte uns auf unterschiedliche Weise heraus. Neben praktischen Übungen gab es auch sogenanntes „Sitting in the Power". Man könnte es mit „Sitzen in der eigenen Kraft" übersetzen (Anleitung in diesem Buch). Eine Art Kurzmeditation, in der Stille mit sich selbst und der Geistigen Welt. Dies bedeutet, dass man mehrmals in der Woche für 10-60 Minuten in seiner eigenen Power verharrt.

In der faszinierenden Welt des Spirituellen hat sich die Methode des „Sitting in the Power" als ein bedeutendes Werkzeug etabliert, um die eigenen medialen Fähigkeiten zu entfalten. Ursprünglich aus dem englischen Spiritualismus des 19. Jahrhunderts hervorgegangen, hat diese Praxis ihren Weg in die moderne spirituelle Szene gefunden und wird von Spiritualisten sehr geschätzt.

Bei jeder Sitzung wuchs mein Selbstvertrauen

Ich begann, die feinen Energien um mich herum wahrzunehmen und zu verstehen, wie ich sie für verbale und nonverbale Kommunikation nutzen konnte. Es war wie eine Entfaltung, ein Aufblühen, das ich nicht für möglich gehalten hätte.

Ich erinnere mich an die ersten Übungen, in denen wir uns gegenseitig in kleinen Gruppen unterstützten. Es war faszinierend und zugleich beängstigend, die Energie im Raum zu spüren und zu erkennen, dass wir alle auf der gleichen Reise waren. Kein Wunder, geht es doch auch darum in die Geistige Welt abzutauchen und mit Verstorbenen in Kontakt zu treten. Das ist nicht nur herausfordernd, sondern sehr berührend und manchmal auch traurig.

In den Pausen fand ich oft einen ruhigen Platz im Garten des Colleges, wo ich den Gesang der Vögel und das sanfte Rascheln der Blätter genoss. Die Natur hat mir schon immer Raum gegeben, um zur Ruhe zu kommen, um abzuschalten und – zu atmen! Diese Auszeiten halfen mir, über meine übersinnlichen Begegnungen nachzudenken und dieses neue Wissen in mein Weltbild einzuordnen.

Eines der eindrucksvollsten Erlebnisse war eine Abendmeditation, die wir gemeinsam abhielten. Mit geschlossenen Augen und voller Hingabe ließ ich mich von den Stimmen der anderen Teilnehmer tragen. In diesem Raum der Stille fühlte ich mich verbunden – nicht nur mit den Menschen um mich herum, sondern auch mit der spirituellen Welt. Es war ein Moment, in dem die Grenzen zwischen Hier und Jetzt verschwammen und ich ein Gefühl von bedingungsloser Liebe und Frieden erlebte.

Kleiner Exkurs: Mein Tutor und seine Lehrtätigkeit in „Plattform"

Als ich mich entschloss, einen Kurs im Arthur Findlay College zu buchen, war ich voller Vorfreude und noch mehr Nervosität. Wie schon geschrieben, buchte ich ganz explizit den Kurs bei MR. X, einem Tutor, der wie kein anderer für seine Strenge und seinen hohen Anspruch bekannt war. Die ersten Begegnungen im College bestätigten all die Geschichten, die ich gehört hatte: MR. X war ein älterer Herr mit einer Gravitas, die sofort Respekt einflößte.

Der erste Eindruck – englischer Gentleman durch und durch

Am ersten Kurstag stand ich in einem dieser urig gemütlichen Unterrichtsräume, der von einem warmen Licht durchflutet war. Mein Tutor trat ein, in einem perfekt gebügelten Hemd und mit einem Outfit, das für einen Gentleman des alten Schlags typisch war. Seine Augen funkelten, als er die Gruppe ansah; sie strahlten sowohl Strenge als auch Wärme aus. Wie ich später erfuhr, wollten die meisten nicht zu ihm in den Kurs, obwohl das Thema „Plattform" sie interessiert hätte – eben weil er als streng und ungeduldig verschrien war. Im Kurs hatten alle – ich erkläre es mit einem österreichischen Ausdruck: alle hatten ein „bisschen Spundus" vor ihm, also gehörig Muffensausen.

„Welcome to the Arthur Findlay College, Ladies and Gentlemen. Es geht in diesem Kurs um 'Plattform"', begann er mit seiner tiefen, sonoren Stimme. „Jenseitskontakte werden von vielen immer noch sehr skeptisch angesehen. Umso mehr lernen Sie bei mir, präzise und verantwortungsvoll mit den Informationen umzugehen, die uns aus der Geistigen Welt übermittelt werden. Fehlertoleranz gibt es nicht. Daher werden wir üben, üben und nochmals üben." Ich spüre heute noch die Gänsehaut, die mir über die Haut lief, aber auch, dass dies genau der richtige Ort für mich sein würde.

Die Grundlagen der „Plattform" = Bühnenmedialität

Unser Tutor erklärte uns, dass „Plattform" weit über allgemeine 08/15 Aussagen hinausgehen müsse; sie erfordere genau definierte Beweise, die die Anwesenheit und Persönlichkeit eines konkreten Verstorbenen belegten.

„Es reicht nicht auszusagen, dass jemand einen Großvater als Kontakt spürt, der 85 Jahre alt war und in einem Krankenhaus gestorben ist. Es muss präziser sein. Woran ist er genau gestorben? Mit wem war er verheiratet? Was hat er gearbeitet? Welche besonderen Merkmale hatte er, außer einfach weiße Haare?"

Für mich war es äußerst lehrreich, weil mein Tutor wirklich Details des Kontaktes erfahren möchte. Er hat auch keine Probleme, Fehler klar anzusprechen und zu verbessern oder darauf hinzuweisen, wenn etwas falsch übersetzt oder interpretiert wird. Er mit seiner Jahrzehntelangen Erfahrung kann da schon einiges zum besseren Verständnis von Signalen aus dem Jenseits beitragen – keine Frage. Und ganz ehrlich, diese Strenge und diese Genauigkeit, das ist für mich absolut in Ordnung. Ja, denn ohne dem kann es nicht funktionieren.

Während unserer ersten Übung musste jeder von uns auf die Bühne, um eine Verbindung zu einer verstorbenen Seele herzustellen, und wir mussten dabei drei spezifische Beweise bringen. Das Medium, also einer aus der Übungsgruppe, geht auf die Bühne. Die anderen Teilnehmer, etwa 10 oder 15 Personen, sitzen im Publikum.

Man muss drei Beweise vorbringen, die zu einem Verstorbenen gehören, der in dieser Gruppe sitzt.

Ich erlebte, wie die Nervosität in mir aufstieg, als ich die Stufen zur Bühne hinaufstieg. Unser Lehrer beobachtete uns mit kritischem Blick, bereit, unser Vorgehen jederzeit zu hinterfragen. „Genauigkeit ist das A und O", wiederholte er oft, und ich war dankbar für seine präzisen Anweisungen. Es wurde schnell klar, dass unser „Drill Sergeant" nicht einfach auf der Bühne stehen wollte, um die Show zu leiten; er war wirklich daran interessiert, uns zu besseren Medien auszubilden, die ihre Gabe verantwortungsvoll und präzise einsetzen können.

Der Prozess des Lernens: üben – üben – üben

Ein Schlüsselmoment war eine Übung, die ich als „Speed Dating im Jenseits" bezeichnete. Wir wechselten alle paar Minuten den Kontakt-Partner und durften „nicht" den Kontakt zu deren Großeltern aufnehmen. Es mussten andere Verstorbene der Kontaktpersonen sein, über die wir Informationen sammeln sollten. „Und noch einmal: keine Großeltern!", rief der Ausbilder mit einer Mischung aus Erheiterung und Ungeduld. Ich fand heraus, dass ich durch das ständige Wechseln der Kontakt-Partner intensiv lernen konnte Jenseitskontakte zu erspüren, ohne mich auf die „üblichen verwandt-schaftlichen Kontakte" zu verlassen, die ich zuvor meist genutzt hatte.

Ja, da sitzt du dann und hast 3 bis 4 Minuten Zeit, dann wechselst du mit einer anderen Kontaktperson und musst wieder einen neuen Jenseitskontakt herstellen. Aber keine Großmütter und keine Groß-väter – da war unser Lehrer ganz streng. Das geht dann auch eine ganze Weile so. Über eine ganze Stunde – alle 3 bis 4 Minuten. Anstrengend! Aber damit richtest du wirklich den Fokus darauf, andere, „schüchternere" Verstorbene hereinzubekommen.

Diese praktische Übung ermutigte mich, kreativer über meine Jenseits-Verbindungen nachzudenken. Die strenge Regelgebung von Mr. X stellte sicher, dass wir unsere Fähigkeiten verfeinerten und uns nicht mit Oberflächlichkeiten zufriedengaben. Wie es eben oft der Fall ist, wenn man nur Beschreibungen von älteren Personen übermittelt, die meist sehr viele Gemeinsamkeiten haben. Ich war manchmal frustriert, aber letztendlich auch dankbar, denn ich spürte, dass ich auf diese Weise wirklich wachsen konnte.

Persönliche Anekdoten – wie man lernt mit Toten „präzise" zu kommunizieren

MR. X war nicht nur ein Lehrer; er war auch ein Geschichtenerzähler. Ab und zu erzählte er Anekdoten aus seiner Jugend, wie er als Kind mit seinen Fähigkeiten experimentierte. „Ich war schon immer dazu geboren, mit den Toten zu kommunizieren", sagte er oft, „aber erst die Strenge und Disziplin haben meine Begabung geformt." Es war bewundernswert zu sehen, wie er die Traditionslinie der Medialität lebte und immer wieder betonte, dass jeder seinen eigenen Stil entwickeln sollte, jedoch basierend auf den alten Regeln. So viel zu meinem großartigen Lehrer MR. X, dem ich viel zu verdanken habe und der aus Bescheidenheit nicht genannt werden möchte.

Und nochmal nein, und zwar ein großes Nein!

Nein, über das Essen kann ich mich wirklich nicht beschweren. Die Verpflegung war ein echtes Highlight meines Aufenthalts. Anders, als man es sich in einem englischen College so vorstellen würde, war das Essen – auch nach den kritischen österreichischen Maßstäben – wirklich gut. Bei jeder Mahlzeit wurde frisches, gesundes und ganz und gar nicht zerkochtes, selbst zubereitetes Essen serviert. Das gemütliche Esszimmer mit seinen uralten Holztischen und dem geschmackvollen Geschirr war der perfekte Ort, um sich nach einem anstrengenden Tag der Konzentration auszutauschen und neue Freundschaften zu schließen. Ich erinnere mich lebhaft an die Gespräche mit anderen Teilnehmern – Frauen und Männer aus verschiedenen Ecken der Welt, alle hier, um ihre Medialität zu erforschen und das Jenseitige besser kennenzulernen.

Ein Tag im Leben einer Spiritualismus-Schülerin

Und wieder muss ich alle Leserinnen und Leser enttäuschen. Es gibt nichts Geheimnisvolles über meinen Tagesablauf zu erzählen. Ehrlich! Ja, wir haben mit Seelen im Jenseits kommuniziert. Das war es dann aber auch schon. Kein einziges Mal gab es aufsteigenden Rauch im Lehrzimmer und alle Lehrer, Lehrerinnen, Schüler und Schülerinnen konnte man beim Vorbeigehen in den vielen Spiegeln im Haus sehen.

Also nix spooky – nix Ghost - nix Horror – nix strange!

Mein Tag im Arthur Findlay College begann jeden Morgen relativ früh und damit unausgeschlafen. Die Übungseinheiten am Vortrag forderten ihren Tribut. Bei allen in meinem Zimmer. Wie drei aufgekratzte Girls im Mädchenpensionat erzählten wir uns noch vor dem Frühstück unsere Highlights des Vortages. Wir waren ja nicht alle in den gleichen Klassen, also sahen wir uns nur kurz während des Tages.

Ich bin aus meinem Hauptberuf Schichtbetrieb gewohnt, aber diese Woche brachte mich tatsächlich an meine geistigen Grenzen. Die ständige Konzentration ist extrem anstrengend und natürlich sind es auch die neuen und unzähligen Eindrücke, die auf die Psyche wirken. Daher war auch das gemeinsame Frühstuck wichtig, obwohl ich an meinen Arbeitstagen in Österreich normalerweise nur Kaffee und eine Kleinigkeit zu mir nehme, bevor das Tagwerk beginnt (oder in meinem Fall sehr oft auch das Nachtwerk – bei einer Nachtschicht, die in den Abendstunden beginnt und dann bis in die kommenden Morgenstunden dauert).

Das gemeinsame Frühstück, das zu festen Zeiten stattfand, war Treffpunkt aller Schüler. Pünktlich zur festgelegten Uhrzeit trafen daher alle im Speisesaal ein, um Energiereserven für den Tag zu tanken. Nach dem Frühstück hatten wir vielleicht noch eine halbe Stunde Zeit, um uns auf den Tag vorzubereiten oder noch den einen oder anderen Austausch mit den Kommilitonen zu pflegen.

Es ging wirklich jeden Tag – Schlag auf Schlag

Nach dem Frühstück versammelten wir uns in einer großen ehemaligen Kapelle, die Platz für etwa 100 Personen bot. Dort fand dann die tägliche spirituelle Meditation statt, die uns half, uns vor den anstrengenden Lehreinheiten zu zentrieren und den kommenden Aufgaben mit einem klaren Geist zu begegnen.

Nach der Meditation begaben wir uns dann in unsere jeweiligen Klassenräume, wo wir von unseren Tutoren begleitet wurden. In diesen Lehrstunden standen Übungen im Vordergrund, die sich hauptsächlich um die Entwicklung unserer medialen Fähigkeiten drehten – und das bis zur Mittagszeit. Das bedeutete in meinem Fall immer wieder Kontaktaufnahme mit dem Jenseits und präzise Übersetzung der von dort übermittelten Signale, Zeichen und Worte. Dabei wurde immer wieder gewechselt, zwischen Bühnenpräsenz und Zuschauer. Jeder konnte seinen Kommentar abgeben zu dem, was gesagt oder übersetzt wurde. Meist war es aber MR. X selbst, der streng darauf achtete, dass wir mit höchster Konzentration und Präzision unsere „intuitiv empfangenen Signale" auch akkurat weitergaben, damit alle Anwesenden auch klar verstehen konnten, was aus der Geistigen Welt übermittelt wurde.

Exkurs zur These der ständigen Anwesenheit von Seelen

Jetzt könnte sich mancher (oder manche) fragen: Wie kommt es, dass die Seelen der Verstorbenen ständig und quasi „auf Abruf" bereitstehen, um von den Schülern des Colleges befragt zu werden? Leben wir ständig in einem Schwarm aus Seelen, die uns umgeben? Oder wie kann man sich das vorstellen?

Nun, auch darüber haben die englischen Spiritualisten natürlich geforscht und ihre eigenen Thesen entwickelt. Die möchte ich hier für alle Interessierten gerne zusammenfassen – ohne Anspruch auf Endgültigkeit!

Die Frage, ob die Seelen Verstorbener ständig um uns herum existieren, ist eine zentrale Thematik innerhalb des Spiritualismus seit ihrem Ursprung im 19. Jahrhundert. Vor allem im Kontext des Arthur Findlay College wird diese Fragestellung im Rahmen von Übungen und Lehrveranstaltungen auch mit den Schülern intensiv diskutiert.

Im Volksglauben wird eine verstorbene Seele immer zuerst – herbeigerufen

Im Volksbewusstsein herrscht ja eher die Vorstellung, dass erst bei einer spiritistischen Kontaktaufnahme oder einer Séance die Seele des Verstorbenen – quasi – erscheint. Eben, weil sie „herbeigerufen" wird. De facto befinden sich aber die Verstorbenen in einer Art zeitlosem Raum, in dem weder Zeit noch Entfernung eine Rolle spielen. Einfach ausgedrückt kann eine Seele gleichzeitig in Hongkong, als auch in Villach mehr oder weniger gleichzeitig erscheinen.

Im Folgenden werde ich die zugrunde liegenden Thesen und Glaubenssätze des englischen Spiritualismus erläutern und warum die Überzeugung des Kontakts zu Verstorbenen in diesem Kontext als Beweis für die „ständige Existenz von Seelen" angesehen wird.

Grundüberzeugungen des englischen Spiritualismus

Der englische Spiritualismus, maßgeblich entwickelt durch die Schriften über Spiritismus von Allan Kardec, postuliert, dass die Seele eines Menschen nach dem physischen Tod weiterexistiert und in eine andere Dimension übertritt. So weit so gut, denn das glauben wir ja alle, zumindest, wenn wir im Geiste einer der großen Weltreligionen, vor allem des Christentums erzogen wurden.

Anders als in der christlichen Religion bleibt nach dem Verständnis des englischen Spiritualismus diese Seele jedoch meist in Kontakt mit der physischen Welt und den Lebenden. Diese Überzeugungen sind nicht nur philosophisch, sondern werden auch durch praktische Erfahrungen in der medialen Arbeit untermauert, wie sie im Arthur Findlay College gelehrt werden. Die Philosophie des Spiritualismus akzeptiert die Vorstellung einer Geistigen Welt, in der Seelen verweilen, und betont deren gegenseitige Beeinflussung zwischen dieser und der materiellen Welt.

Praktische Erfahrungen mit der dauerhaften Präsenz von Seelen im Arthur Findlay College

Das Arthur Findlay College legt großen Wert auf die praktische Arbeit und dadurch auch auf den oftmaligen Kontaktaufbau mit Verstorbenen. In jeder Sitzungsstunde wird den Teilnehmern geraten, mehrmals Kontakt mit einer Person aus dem Jenseits herzustellen. Diese Praxis basiert auf der Annahme, dass die Seelen von Verstorbenen in der Umgebung der Lebenden dauerhaft koexistieren und über mediale Fähigkeiten daher auch jederzeit Informationen empfangen werden können.

Wie ich schon in diesem Buch ausgeführt habe, beinhalten die Übungen oft die Nutzung von unterschiedlichsten Techniken, um den Kontakt zur Geistigen Welt zu ermöglichen. Egal welche Technik genutzt wird (Hellschreiben, Hellzeichnen, Hellfühlen, Hellsehen, Hellschmecken, Hellriechen, etc.), das Ziel ist immer das gleiche: Informationen von den verstorbenen Seelen zu empfangen. Diese Informationen manifestieren sich häufig in Form von Botschaften, Bildern oder Emotionen (oder Gerüchen, Worten, etc.), die dann von den medial Begabten vermittelt und „übersetzt" werden. Diese Berührungspunkte zwischen der physischen und der Geistigen Welt dienen als Anschauungsbeispiele für den Glauben an die fortdauernde und permanente Existenz von Seelen rund um uns herum.

Auch mir wurde bei meinem Aufenthalt im College bewusst, wie unmittelbar und nahe uns die Seelen unserer Verstorbenen IMMER sind. Jeder kennt die Situation, meist nach dem Tod einer nahestehenden Person. Man „fühlt" regelrecht die körperliche Nähe des Verstorbenen über lange Zeit in seiner unmittelbaren Nähe, egal zu welcher Uhrzeit, egal an welchem Ort. Erst mit der Zeit nimmt dieses Gefühl ab. Oder besser gesagt, wir „stumpfen" gegenüber diesem Gefühl ab. Die Seelen sind weiterhin sehr präsent. Das ist die Überzeugung und Lehre des englischen Spiritualismus.

Argumente für die ständige Existenz von Seelen

Die Überzeugung, dass die Seelen von Verstorbenen ständig um uns sind, wird durch verschiedene Argumente gestützt. Zum einen gibt es die unmittelbare persönliche Erfahrung der Medien, die in der Lage sind, oft sehr präzise Informationen über Verstorbene zu erhalten, die sie nicht vorher wissen konnten. Diese Erlebnisse werden oft als Beweis für die Existenz eines Bewusstseins jenseits des physischen Körpers angesehen. (Genau deshalb wird in England bei der Ausbildung so viel Wert auf Präzision beim Übersetzen von Signalen gelegt. Um sich von Betrügern und Abzockern deutlich abzugrenzen.

Weitere Argumente sind das kollektive Gedächtnis und die kulturellen Überlieferungen, die in vielen Kulturen existieren und die Idee unterstützen, dass Verstorbene in irgendeiner Form weiter existieren und mit uns und unserer lebendigen Welt interagieren. Traditionen, Rituale und spirituelle Praktiken haben in der Vergangenheit immer wieder die Verbundenheit zwischen den Welten betont und unterstreichen somit die philosophischen Ansichten des Spiritualismus. Bis heute gibt es keine einzige Kultur, in der die Anrufung ihrer Verstorbenen nicht als essenziell erachtet wird.

Skeptische Betrachtungen

Dennoch ist es wichtig, eine kritische Perspektive zu integrieren. Skeptiker argumentieren oft, dass die Erfahrungen des Medialen auch durch psychologische Phänomene, wie dem Wunsch nach Verbindung oder dem Bedürfnis nach Bestätigung, erklärbar sind. Die Tatsache, dass die Informationen, die von Verstorbenen übermittelt werden, oft vage oder allgemein gehalten sind, wird als weiterer Beweis dafür angeführt, dass es sich hierbei nicht um echte Kontakte handelt.

Ich kann dazu nur nochmal anführen: Genau dagegen wehren sich die englischen Spiritualisten mit allen Mitteln, indem sie alle Zweifel auszuschließen versuchen und nur klare, eindeutige und sehr spezifische Zeichen und Signale akzeptieren. Ein alter Mensch (Großmutter, Großvater) hat meist weiße Haare oder Falten im Gesicht, oder geht gebückt. Aber nur ein bestimmter alter Mensch hat am linken kleinen Finger seinen Ehering getragen, konnte Latein sprechen, oder war in seinem Leben jedes Jahr in Griechenland.

Mein Tipp lautet daher: Achten Sie beim Engagieren eines Mediums oder Sehers immer auf sehr spezifische und „eindeutige" Zeichen und Signale. Und vermeiden Sie es, vor einer Jenseitssitzung allzu lange Gespräche mit dem Medium zu führen. Es könnte nämlich sein, dass Sie aufgrund von Aufregung und Empathie sehr viel von der Person preisgeben, die Sie kontaktieren wollen. Und dann fällt es schwer, das Echte von Fake zu unterscheiden.

Was bedeutet das nun für unser Weltbild?

Zusammenfassend lässt sich eigentlich nur Positives sagen. Die Überzeugungen des Spiritualismus, wie sie im Arthur Findlay College gelehrt werden, unterstützen die ständige Existenz der Seelen von Verstorbenen.

Die Überzeugung, dass Verstorbene um uns herum existieren und jederzeit Kontakt aufnehmen können, wird durch persönliche Erfahrungen (auch von mir selbst), kulturelle Traditionen, philosophische und sogar physikalische Grundlagen gestützt.

In der modernen Physik gibt es tatsächlich eine Theorie, die Raum und Zeit als Einheit darstellt. Diese Theorie ist als Allgemeine Relativitätstheorie bekannt, die von Albert Einstein entwickelt wurde. Sie beschreibt Raum und Zeit als ein vierdimensionales Kontinuum, das als Raumzeit bezeichnet wird. In dieser Theorie sind Raum und Zeit untrennbar miteinander verbunden und beeinflussen sich gegenseitig.

Die Idee, zur gleichen Zeit an unterschiedlichen Orten zu sein, ist jedoch komplexer. In der Quantenmechanik gibt es das Konzept der Quantenverschränkung, bei dem zwei Teilchen miteinander verbunden bleiben, unabhängig von der Entfernung zwischen ihnen. Dies bedeutet, dass eine Änderung des Zustands eines Teilchens sofort eine Änderung des Zustands des anderen Teilchens bewirkt, unabhängig von der Entfernung. In der Quantenmechanik gibt es solche Phänomene nur auf subatomarer und feinstofflicher Ebene und nicht im makroskopischen Maßstab unseres Alltages. Dies wird oft als „spukhafte Fernwirkung" bezeichnet – schon von der Ausdrucksweise her lädt das sehr deutlich dazu ein, dieses Phänomen mit Seelenkontakt und Jenseitskontakt zu vergleichen. Ich will hier aber nicht überinterpretieren, ich bin ja keine Physikerin.

Trotz skeptischer Einwände bleibt der Spiritualismus für viele Menschen eine Quelle der Hoffnung und des Trostes, da er die Vorstellung fördert, dass der Tod nicht das Ende ist, sondern vielmehr eine Transformation in eine andere Form des Seins. Und das ständig, dauerhaft und überall!

Wir sind „nicht" allein – niemals!

Pünktlich zum Mittagessen im Speisesaal

Auch hier waren die Zeiten strikt, und man wollte sichergehen, dass alle rechtzeitig zum Essen kamen. Direkt nach dem Mittagessen hatten wir nur eine kurze Pause, bevor es weiterging. Der restliche Nachmittag war erneut geprägt von intensiven Übungen und auch Vorträgen über Medialität, die uns tiefere Einblicke in die Funktionsweise und die Grundlagen der spirituellen Arbeit gaben. Viele dieser Vorträge beschäftigten sich auch mit dem Thema Selbstbewusstsein

– es wurde viel Wert darauf gelegt, dass wir den Mut aufbrachten, unsere Fähigkeiten zu entfalten und auszuprobieren.

Der Tag war tatsächlich sehr fordernd, und die Zeit raste. Es gab kaum Gelegenheiten, um sich zu entspannen oder gar länger zu duschen und die Haare zu föhnen. Doch die Spannung und das Lernen hielten mich in Schwung. Interessanterweise blieben die Tutoren während der meisten Zeit in unseren festen Klassen. Nur für die allgemeinen Vorträge wechselten sie, sodass wir die Ansätze verschiedener Tutoren kennenlernen konnten. Dabei wurde klar, dass es viele verschiedene Möglichkeiten der Medialität gibt, die zu erkunden sinnvoll war.

Ein weiteres Highlight war der Abend, an dem die Tutoren oft live Demonstrationen für uns gaben. Sie traten vor das Publikum und zeigten, wie sie mit der medialen Welt in Kontakt traten – jeder auf seine eigene Art und Weise. Diese Erfahrungen waren eine wertvolle Ergänzung zu unserem Lernprozess und gaben uns praktische Einblicke in die Theorien, die wir tagsüber behandelt hatten. So vergingen die Tage im Arthur Findlay College: intensiv und lehrreich, oft bis spät in die Nacht hinein, aber erfüllt von einer spannenden Energie und Entdeckung.

Der Kurs ist zu Ende! Ist das Lernen wirklich zu Ende???

Als ich schließlich das Arthur Findlay College verließ, fühlte ich mich wie neu geboren. Der Aufenthalt hatte nicht nur meine Fähigkeiten bereichert, sondern auch mein Herz geöffnet. Ich hatte nicht nur Techniken der „Plattform" erlernt, sondern auch tiefe Freundschaften und eine Gemeinschaft gefunden, die mich auf meinem Weg unterstützen würden. In den hallenden Räumen des Colleges spürte ich die beständige Präsenz der Seelen, die uns geleitet hatten. Ein Teil von mir würde immer hierbleiben, verbunden mit der Energie, dem Wissen und dem Gefühl des Willkommenseins, das ich in diesen magischen Tagen erfahren durfte.

Mein Fazit: Nach einer Woche intensiven Lernens und praktischer Anwendungen wurde mir klar, dass ich hier viel mehr als nur

Technik erlernt und verbessert hatte. Allein das hätte für mich schon gepasst und ich hätte den Aufenthalt als Erfolg verbucht.

Aber es war mehr – viel mehr. Ich weiß nicht, ob sich auch in anderen Menschen mit einer „Gabe" immer wieder eine Frage manifestiert. Eine Frage, die immer wieder hochkommt und einen zutiefst verunsichert und einen seine bereits eingeschlagenen Weg radikal hinterfragen lässt. Die eigenen Selbstzweifel! Massive Selbstzweifel, an meiner Gabe. Selbstzweifel an mir und meinem Können. Selbstzweifel sogar an all den selbst erfahrenen spiritistischen Erlebnissen.

Ich hatte einerseits mein Misstrauen gegenüber meinen eigenen Fähigkeiten überwunden und andererseits gab es eine extreme Vertiefung meiner Verbindung zur spirituellen Welt. Tiefer als je zuvor. Ich konnte nach dem Besuch des Colleges das erste Mal tatsächlich zu meiner „Gabe", meinem „Können" stehen. MR. X, mein strenger und anspruchsvoller Tutor, hatte uns nicht nur herausgefordert, sondern uns allen auch einen Raum geschaffen, in dem wir unser wahres Potenzial entfalten konnten. Er hatte uns gelehrt, dass Medialität kein Spiel war – kein Hokuspokus – es war eine übersinnliche Kunstform, die Intuition, Geduld, Präzision und Respekt verlangt.

Ich danke nicht zuletzt meinem College-Lehrer dafür!

Ich muss gestehen, mein Aufenthalt war wirklich inspirierend und ich habe mich wieder für einen Kurs angemeldet. Zum Thema der verschiedenen Facetten der Medialität. Da möchte ich nochmal in diesen Kurs, wo ich schon war, die Vertiefung meiner Kenntnisse in „Plattform". Also oben auf der Bühne stehen und empfangene Jenseitskontakte ins Publikum übermitteln.

Das ist nämlich das, was ich in jedem Fall auch in Österreich machen möchte. Einerseits meine Jenseitskontakte, so wie jetzt 1:1. Da ich aber am College sehr viel Bestätigung durch meine Lehrer erfahren habe, dass ich wohl ein großes Talent für Bühnenmedialität hätte, würde ich das Studium gerne intensivieren. Obwohl es sehr anstrengend war und MR. X sehr genau und sehr fordernd mit seinen Schülerinnen und Schülern ist. Aber genau das gefällt mir. Diese

Genauigkeit und Exaktheit bei Jenseitskontakten helfen auch der gesamten Medialität, sich gegen Scharlatane zu behaupten.

Hier noch ein paar „sehr individuelle" Vorteile des Arthur Findlay College

Ja, ich weiß, ich bin voreingenommen. Natürlich kann sich jeder selbst ein Bild machen, oder mir von seinen Erfahrungen in anderen Einrichtungen und bei anderen Kursen oder Ausbildungen berichten. Für mich hat sich meine Alma Mater – nach intensiver Vorrecherche – durch einige klare Besonderheiten empfohlen. Hier meine kleine, sehr persönliche und daher nur minimal maßgebliche Auflistung:

Preis-Leistungs-Verhältnis: Ich bin nicht reich! Einer der Hauptgründe, warum ich mich für das Arthur Findlay College entschieden habe, war das hervorragende Preis-Leistungs-Verhältnis. Für eine ganze Woche voller intensiver Kurse und Lernmöglichkeiten kann man in Europa kein vergleichbares Angebot finden. Die Kombination aus hoher Qualität der Unterrichtsinhalte und der Erfahrung der Tutoren ist unschlagbar. Die anderen Angebote, die ich während meiner Recherche entdeckte, waren oft exorbitant teuer, ohne das gleiche Niveau an Ausbildung zu bieten. Ich habe von einem Dreitageskurs in Kärnten gehört, der für 3000 Euro angeboten wurde. Für so viel Geld erhielt man meiner Meinung nach nicht annähernd das, was im Arthur Findlay College geboten wurde.

Tradition und Expertise: Ein weiterer Aspekt, der für das College sprach, war die Verbindung zur Tradition und das bestehende Wissen, das dort vermittelt wird. Die besten Medien und Lehrer von einst haben hier gelehrt, und viele von ihnen haben ihre Lehren an die neue Generation von Medien weitergegeben. Es ist, als ob man an die Wurzeln der Medialität zurückkehrt – ein Wissen, das nicht verloren gehen sollte. Ich fühlte, dass ich hier nicht nur Techniken erlernen würde, sondern auch das tiefe Verständnis für die Spiritualität, das durch die Geschichte und die Erfahrungen anderer gewachsen ist.

Einzigartiger Lernort: Das Arthur Findlay College hat eine Atmosphäre, die sich einfach von anderen Schulen abhebt. Mehr Spiritualität und mehr englische Tradition geht fast nicht. Harry Potter Fans sollten aber keine fliegenden Schüler oder sonstigen Hollywood-Hokuspokus erwarten. Die Räumlichkeiten strahlen eine ruhige, einladend traditionelle Energie aus, ideal für Meditation und das Erfassen feiner energetischer Schwingungen. Es war wirklich jener magische Ort, der mir Raum gab, meine Fähigkeiten zu entdecken und über mich hinauszuwachsen in meiner spirituellen Entfaltung.

Vielfalt der Kurse und Tutoren: Die Vielfalt der angebotenen Kurse ist beeindruckend. Ich hatte die Möglichkeit, mit verschiedenen Tutoren zu lernen, die unterschiedlichste Ansätze und Expertise in ihrer Arbeit hatten. Einige privilegierten „Plattform-Techniken", während andere sich auf psychometrische Übungen oder Heilungspraktiken konzentrierten. Diese Vielfalt erlaubte es mir, verschiedene Perspektiven in der Medialität zu erleben und zu erkennen, dass es nicht nur einen richtigen Weg gibt, um mit der Geistigen Welt zu kommunizieren.

Hier ein aktueller und nicht repräsentativer Einblick in die angebotenen Kurse an „meinem" College:

- **Medialität und spirituelle Kommunikation**
  Einführung in die Medialität
  Fortgeschrittene Medialität

- **Trance-Medialität**
  Einführung in die Trance-Medialität
  Fortgeschrittene Trance-Medialität

- **Spirituelle Heilung**
  Grundlagen der spirituellen Heilung
  Fortgeschrittene spirituelle Heilung
  Heilung durch Energiearbeit

- **Spirituelle Philosophie und Entwicklung**
  Spirituelle Philosophie und Ethik
  Persönliche spirituelle Entwicklung
  Spirituelle Führung und Mentoring
- **Parapsychologische Wissenschaften**
  Einführung in die Parapsychologie
  Forschung in der Parapsychologie
  Praktische Anwendungen der Parapsychologie
- **Meditation und Achtsamkeit**
  Grundlagen der Meditation
  Achtsamkeit im Alltag
  Spirituelle Meditationstechniken

Gemeinschaft Gleichgesinnter

Diese Zusammenkunft von Menschen, die das gleiche spirituelle Ziel verfolgten, stärkte von Beginn an das Gefühl von Gemeinschaft. Hier war ich nicht allein mit meiner Gabe. Ich konnte mich mit Gleichgesinnten austauschen, Erfahrungen teilen und sich gegenseitig unterstützen. Es war inspirierend, mit Menschen aus verschiedenen Lebensbereichen zusammenzukommen und die verbindende Kraft von Menschen zu spüren, die mit der jenseitigen Welt kommunizieren.

Mein erstes Aufeinandertreffen mit meinen Kommilitonen fand eigentlich bereits am Flughafen statt. Dort hatte ich das Vergnügen, zwei von ihnen kennenzulernen. Es war ein sehr positiver Start – das Abtasten zwischen uns war freundlich und interessiert. Rund 100 Studierende waren zu dieser Zeit im College. Als ich schließlich in mein Zimmer kam, teilte ich es mir mit zwei Damen, einer aus Deutschland und einer aus der Schweiz. Wir waren in einem Drei-Bett-Zimmer untergebracht – kein Luxus – keine Extrawürste – aber die Stimmung war einfach großartig. Wir formten eine wirklich wunderbare Truppe und hatten viel Spaß miteinander.

Im Kurs selbst war es jedoch etwas komplizierter. Man begegnete wieder den typischen Charakteren – einige Leute versuchen, andere runterzudrücken, während andere auf einen herabblicken und abwägen, was jemand kann und was nicht. Natürlich gab es auch die Menschen, die einen unterstützen. Ich erinnere mich an einen Moment, als ich auf der Bühne stand und vor 100 Personen präsentierte. Als es gut lief, konnte ich deutlich spüren, wer sich für mich freute und wer von Neid und Missgunst erfüllt war. Klassische Gruppendynamik! Eben wie im richtigen Leben. Aber auch das war wichtig für mich, denn wenn man sich auf der Bühne einer Menschenmenge „aussetzt", muss man auch zwangsläufig auf Gegenreaktionen oder auf Ablehnung gefasst sein.

Vom ersten Tag an wurde uns von der Leitung klar gemacht, dass sie abwertendes Verhalten unter den Kollegen, Tutoren und Übersetzern nicht tolerieren wollen. Respekt im Umgang miteinander ist dort von großer Bedeutung. Man will gerade in einer geschützten Umgebung wie einem College jene ermutigen, die bisher noch nicht „aus sich herausgegangen" sind. Dennoch lässt sich nicht leugnen, dass ich diesen Neid und die Missgunst gespürt habe, besonders von denjenigen, die bereits gut performen und Konkurrenz fürchten. Das hat mich durchaus beschäftigt.

Interessant war auch, das am College kaum „Professionelle" waren. Also kaum Leute wie ich, die Medialität auch als Berufsziel sehen, oder bereits aktiv sind. Meist sind es tatsächlich Privatpersonen, die nicht nur die Wochenkurse oder Monatskurse belegen, sondern das wirklich ernsthaft betreiben. Ich weiß nicht genau, wie lange eine Gesamt-Ausbildung in diesem College dauert. Ich denke, sicher mehrere Jahre. Dennoch machen das viele nur für den Eigengebrauch oder für die Familienmitglieder oder im privaten Bereich.

Ja, es gab wirklich viele am College, die das nie als Beruf ausüben.

Alles in allem kann ich nur sagen: Die Entscheidung, das Arthur Findlay College zu wählen, war für mich nicht nur eine Herzensangelegenheit, sondern auch eine kluge Entscheidung, die mein weiteres Leben und meine Karriere positiv beeinflusst hat. Für mich ist und bleibt das College daher meine Alma Mater!

Die Fox-Schwestern

Ein Buch über Medialität kann nicht ge-schrieben werden, ohne die Fox-Schwestern zu erwähnen. Auch für mich waren sie Teil der ersten Bücher, die ich zu diesem Thema ge-lesen habe. Die Fox-Schwestern, Margaret (Maggie), Kate und Leah, sind zentrale Figu-ren in der Geschichte des Spiritualismus und gelten als Pionierinnen, die zur Begründung dieser religiösen Bewegung im 19. Jahr-hundert maßgeblich beitrugen.

Ihre Lebensgeschichte ist geprägt von dem Aufstieg einer neuen Spiritualität, die mit dem Bedürfnis der Menschen nach Kontakt zur jenseitigen Welt verbunden ist. Die Schwestern wurden international bekannt durch ihre außergewöhnlichen Fähigkeiten, mit Geistern in Kontakt zu treten, und ihr Einfluss hält bis heute an, sowohl in spiritistischen Bewegungen als auch in der esoterischen Praxis. Ihre Lebensgeschichte ist nicht nur eine Erzählung über drei Schwestern, sondern zeigt auch den bis heute geführten Diskurs über das Für und Wider, wenn es um Spiritualismus geht. Vor allem, wenn man die dramatischen Aussagen einer der Schwestern am Ende ihres Lebens erfährt, die wie ein Bombeneinschlag in der damaligen Szene gewirkt hat. Mehr dazu später!

Die Anfänge des Spiritualismus und die Rolle der Fox-Schwestern

Ihre Geschichte beginnt im Jahr 1848 in Hydesville, New York, wo Katie und Maggie Fox durch scheinbar übernatürliche Klopf-geräusche den ersten Kontakt zu einem unsichtbaren Wesen aufnahmen. Diese klopfenden Geräusche wurden als Botschaften verstanden und lösten eine Welle des Interesses und der Faszination aus. Die Schwestern, unterstützt von ihrer älteren Schwester Leah, wurden zu Schlüsselfiguren, die das Publikum mit ihren Séancen in den Bann zogen. Diese spirituellen Veranstaltungen zogen schnell große Menschenmengen an, die hungrig nach Antworten waren und die Möglichkeit suchten, mit Angehörigen und Verstorbenen in Kontakt zu treten.

Im Jahr 1850 brachten die Schwestern ihre erste öffentliche Erklärung heraus. Sie bekräftigten ihre Fähigkeiten und legten die Grundlagen des Spiritualismus fest. Dies führte zu einer Flut von Anhängern, aber auch zu einem sichtbaren Widerstand von existierenden Religionsgemeinschaften, die ihren Einfluss und ihre Dogmen herausgefordert sahen. Der Spiritualismus bot eine alternative spirituelle Praxis, die stark mit dem direkten und persönlichen Kontakt zur jenseitigen Welt verbunden war, was vielen Menschen, die in der Zeit von Verlust und Trauer lebten, Trost und Hoffnung gab.

Die spiritistische Philosophie der Fox-Schwestern

Die Lehren der Fox-Schwestern hinterlassen einen bleibenden Eindruck auf die Prinzipien des Spiritualismus. Zentrale Botschaften ihrer Philosophie umreißen die Möglichkeit der Kommunikation mit Verstorbenen und das Verständnis, dass der Tod nicht das endgültige Ende des Lebens darstellt. Stattdessen sahen sie den Tod als einen Übergang in eine andere Existenzform. Angetrieben von einer tiefen Überzeugung von der Unsterblichkeit der Seele und der Idee, dass der Einfluss der Verstorbenen das Leben der Lebenden in vielerlei Hinsicht berührt, formulierten sie einen Glaubenssatz, der insbesondere in einer Zeit großer gesellschaftlicher Umwälzungen bei den Menschen Resonanz fand.

Die Schwestern organisierten Séancen und nutzten dabei verschiedene kommunikative Praktiken wie Klopfzeichen, Telepathie und andere Techniken. Diese Methoden waren nichts weniger als bahnbrechend und beeinflussten eine ganze Generation von Medien und spiritistischen Bewegungen, die nach ihnen kamen. Die Botschaften, die sie empfingen, waren oft so erstaunlich, dass sie zahlreiche Menschen dazu ermutigten, ihre eigenen Erfahrungen mit dem Spiritualismus zu erforschen und zu vertiefen.

Herausforderungen und der Schatten der Skepsis

Die anhaltende Begeisterung um die Fox-Schwestern führte jedoch nicht nur zu Applaus, sondern auch zu wachsender Kritik und Skepsis. Insbesondere in den Jahren nach dem Höhepunkt des Spiritualismus sahen sich die Schwestern zunehmend mit Zweifeln konfrontiert. Diese äußerten sich nicht zuletzt in Form von öffentlichen Enthüllungen. Maggie Fox gestand schließlich, dass die Klopfgeräusche, die oft als Kommunikation mit Geistern gedeutet wurden, tatsächlich von ihnen selbst erzeugt wurden. Ihre Bekenntnisse sorgten für einen dramatischen Rückgang des Glaubens an ihre Fähigkeiten und führten zu einem tiefen Verlust an Glaubwürdigkeit.

Trotz dieser Rückschläge und der heftigen Debatten über die Authentizität des Spiritualismus blieben Maggie, Kate und Leah ihren Überzeugungen treu und verteidigten die Integrität ihrer jenseitigen Kontakte bis zu ihrem Lebensende. Die Kontroversen, die sie hervorriefen, legten den Grundstein für zukünftige Diskussionen über die Glaubwürdigkeit und die Praktiken im Bereich des Spiritualismus, die bis in die Gegenwart anhalten.

Das Erbe der Fox-Schwestern und die heutige spirituelle Landschaft

Der unbezahlbare Einfluss der Fox-Schwestern auf den modernen Spiritualismus kann nicht hoch genug eingeschätzt werden. Ihre Innovationen im Bereich der Séancen und ihre Fähigkeit, eine breite Öffentlichkeit für die Idee des Kontakts mit der jenseitigen Welt zu sensibilisieren, schufen ein Erbe, das Generationen von Spiritualisten inspiriert hat. Die neugierige Suche nach dem Unbekannten und das Streben nach Spiritualität sind Themen, die auch in der heutigen Gesellschaft von großem Interesse sind. Die Fox-Schwestern stehen an der Schwelle dieser aufregenden und oft kontroversen Reise in das unerforschte Jenseits.

Obwohl die Gesellschaft heute vielfältiger und skeptischer ist, wird der Spiritualismus, wie er von den Fox-Schwestern populär gemacht wurde, nach wie vor praktiziert. Weltweit existieren zahlreiche spiritistische Gemeinschaften und Organisationen, die Workshops, Bücher und Veranstaltungen anbieten, um sich den Prinzipien des Spiritualismus zuzuwenden. Zu den bekanntesten dieser Organisationen zählen die National Spiritualist Association of Churches (NSAC) in den USA und die Spiritualists' National Union (SNU) in Großbritannien, die regelmäßig öffentliche Séancen, Bildungsprogramme und spirituelle Beratungen anbieten.

Meine persönlichen Gedanken zu den Begründerinnen des modernen Spiritualismus

Die Fox-Schwestern repräsentierten nicht nur eine Abkehr von traditionellen Religionen – vor allem in der zu jener Zeit zutiefst christlich geprägten anglikanischen Welt und der Church of England –, sondern sie schufen auch einen Raum für erweiterte spirituelle Erkundungen, die es vielen Menschen ermöglichen, sich mit dem Unbekannten und hier im Speziellen mit dem Jenseits auseinanderzusetzen.

Ihr mutiger Schritt, das Unfassbare und das Übernatürliche zu erforschen, bildet die Grundlage für viele der spirituellen Praktiken, die wir heute kennen. In einer Welt, in der der Wunsch nach Verbindung und Verständnis zwischen den Welten nach wie vor stark ist, bleibt ihr Erbe lebendig und relevant – ein inspiriertes Zeugnis für die unaufhörliche Suche der Menschheit nach dem Sinn des Lebens und des Lebens nach dem Tod.

Die Auswirkungen der Fox-Schwestern auf moderne spirituelle Praktiken

Die Fox-Schwestern haben eine Vielzahl weiterer Entwicklungen in der spirituellen Praxis angestoßen. Ihr Wirken führte nicht nur zur Etablierung des Spiritualismus als religiöse Bewegung im 19. Jahrhundert, sondern prägte auch entscheidend die Art und Weise, wie spirituelle Praktiken bis heute verstanden und ausgeübt werden. Ihr Erbe hat weitreichende Folgen, die sich bis in die moderne spirituelle Landschaft erstrecken. Hier sind einige zentrale Bereiche, in denen ihr Einfluss besonders deutlich wird.

1. Die Entwicklung und Vielfalt von Séancen

Die Fox-Schwestern agierten als Pionierinnen der Séance und inspirierten zahlreiche Medien und spiritistische Praktiker, ihre eigenen Kommunikationsmethoden mit der jenseitigen Welt zu entwickeln. Ihre Techniken, einschließlich Klopfzeichen und telepathische Kommunikation, bildeten die Grundlage für zahlreiche Variationen von Séancen, die wir heute kennen.

Im modernen Kontext sind Séancen nicht mehr nur simple gespenstische Unterhaltungsveranstaltungen, sondern auch bedeutende Gelegenheiten für persönliche Reflexion, Heilung und Gemeinschaft mit den Verstorbenen. Die Vielfalt der Formate – von kleinen, intimen Gruppensitzungen bis hin zu größeren öffentlichen Veranstaltungen – zeugt von der anhaltenden Faszination und dem Bedürfnis, mit den Verstorbenen in Kontakt zu treten.

2. Die Etablierung moderner spiritualistischer Organisationen

Die von den Fox-Schwestern initiierte spiritistische Bewegung führte zur Gründung zahlreicher Organisationen und Gemeinschaften, die sich dem Spiritualismus widmen. Einrichtungen wie die National Spiritualist Association of Churches (NSAC) in den USA und die Spiritualists' National Union (SNU) im Vereinigten Königreich bieten nicht nur Séancen an, sondern auch Bildungsprogramme, Schulungsseminare und Online-Ressourcen. Diese Organisationen haben zur Legitimierung des Spiritualismus als ernstzunehmende spirituelle Bewegung beigetragen und ihm eine breitere Akzeptanz und Sichtbarkeit in der Gesellschaft verliehen.

3.   Integration von Esoterik und Spiritualität

In der modernen Esoterik zeigt sich eine bemerkenswerte Kreativität und Synthese verschiedener spiritueller Praktiken, die teilweise auf das Erbe der Fox-Schwestern zurückgeht. Die von ihnen entwickelte Fähigkeit, mit der jenseitigen Welt zu kommunizieren, hat sich als multiplizierendes Element für zahlreiche esoterische Ansätze erwiesen. Ihre Methoden des spirituellen Kontakts beeinflussten nicht nur die Entwicklung des Spiritualismus, sondern auch die Entstehung und Integration einer Vielzahl von Praktiken, die Aspekte wie Reiki-Heilung, Meditation, Energiearbeit, Tarot und Astrologie umfassen.

Ein zentrales Merkmal dieser Integration ist die Idee, dass Energien und spirituelle Wesen durch Rituale, Meditation und intuitive Praktiken angesprochen werden können. Reiki-Heilung beispielsweise, eine Form der Energiearbeit, zielt darauf ab, durch die Übertragung von Energie auf den Klienten heilende und ausgleichende Effekte zu erzielen. Viele Praktiker kombinieren Reiki mit spiritistischen Elementen, indem sie den Kontakt zu verstorbenen Angehörigen und deren göttliche Einflüsse in ihre Heilbehandlungen integrieren. Dies geschieht oft durch das Einbeziehen von Séancen oder Channeling-Sitzungen, in denen Informationen oder Einstellungen von Verstorbenen abgerufen werden, um die Heilung des Klienten zu fördern.

Meditation, ein weiteres Schlüsselelement der modernen Esoterik, wird ebenfalls in Verbindung mit den Lehren der Fox-Schwestern praktiziert. Viele Menschen nutzen meditative Techniken, um ihre eigene intuitive Wahrnehmung zu schärfen und den Zugang zu spirituellen Einsichten zu finden. Meditationen, die auf das Herbeirufen von Verstorbenen oder spirituellen Führern abzielen, spiegeln die Praktiken wider, die die Fox-Schwestern populär machten. Diese meditativen Praktiken fördern nicht nur das persönliche Wachstum, sondern auch die Fähigkeit, im Alltag Zugang zu den tiefen Wahrheiten über das Leben und die jenseitige Existenz zu gewinnen.

Darüber hinaus haben spiritistische Konzepte zunehmend Eingang in die Welt der Astrologie gefunden. Viele Astrologen verwenden spiritistische Prinzipien, um die Beziehung zwischen den planetarischen Einflüssen und dem individuellen Schicksal zu beleuchten. Diese Synthese zeigt sich beispielsweise in der Verwendung von Geburtshoroskopen und der Analyse von Transiten, um tiefergehende spirituelle Botschaften und Verbindungen zu Verstorbenen zu entschlüsseln.

Insgesamt erfährt die Integration von Esoterik und Spiritualität eine Dynamik, die stark durch die frühen Praktiken der Fox-Schwestern mitgeprägt wurde. Die Verbindung von spirituellen Wahrnehmungen und esoterischen Techniken bietet den heutigen Praktikern eine Vielzahl von Wegen, um ihre eigene spirituelle Identität zu gestalten und den Zugang zu den jenseitigen Welten zu erweitern.

4. Einfluss auf die popkulturelle Wahrnehmung des Spiritualismus

Die Faszination für das Übernatürliche, die von den Fox-Schwestern ausgelöst wurde, hat sich nicht nur im theologischen und spirituellen Bereich gehalten, sondern hat auch breite kulturelle Wellen geschlagen, die die Gesellschaft und die Medien entscheidend geprägt haben. Als noch relativ junge Frau, die ganz selbstverständlich mit popkulturellem Medienkonsum aufgewachsen ist, ist man natürlich sehr empfänglich für Dinge, in denen Spiritualismus zelebriert (manchmal auch verarscht) wird. Filme, Bücher, Fernsehsendungen und Dokumentationen über den Spiritualismus und die Kommunikation mit Geistern haben das öffentliche Interesse an diesen Themen verstärkt und eine neue Generation von Spiritualisten und Interessierten hervorgebracht.

Einer der auffälligsten Aspekte dieser popkulturellen Wahrnehmung ist die Vielzahl an Filmen, die sich mit dem Thema des Geisterkontakts auseinandersetzen. Blockbuster wie „Ghost" oder „The Others" zeigen, wie Menschen mit den Geistern ihrer Verstorbenen interagieren, und kombinieren dabei Elemente des Dramas, des Horrors und der Romantik. Diese Darstellungen haben das mysteriöse und oft tragische Element des Geisterkontakts romantisiert, wodurch die allgemeine Wahrnehmung des Spiritualismus sowohl als faszinierend als auch als zugänglich erscheint. Die populären Medien tragen dazu bei, dass Spiritualismus in der breiten Öffentlichkeit diskutiert wird und viele Menschen inspiriert, sich mit den Prinzipien und Praktiken des Spiritualismus zu beschäftigen.

Bücher über das Thema Spiritualismus, die von persönlichen Erfahrungen bis hin zu wissenschaftlichen Erkundungen reichen, haben ebenfalls zur Verbreitung der Lehren der Fox-Schwestern beigetragen. Literatur über moderne Medien und spirituelle Praktiken beleuchtet die vielen Facetten des Geisterkontakts und bietet sowohl eine historische Perspektive als auch praktische Anleitungen für den zeitgenössischen Leser. Diese Schriften kommen nicht nur bei den bereits Initiierten an, sondern sprechen auch diejenigen an, die gerade erst beginnen, ihre Spiritualität zu erforschen.

Fernsehsendungen, die das Übernatürliche behandeln, haben ebenfalls an Popularität gewonnen, mit Formaten, die von Reality-Shows über Geisterjäger bis hin zu Dokumentationen über spiritistische Praktiken reichen. Diese Programme tragen dazu bei, das Publikum in die Welt der Spiritualität einzuführen, indem sie realitätsnahe Erfahrungen zeigen und manchmal auch skeptische Perspektiven einbeziehen. Diese Darstellungen sensibilisieren die Zuschauer für das Thema und provozieren Diskussionen über Glauben und Skepsis, wobei sie eine breitere Akzeptanz spiritueller Praktiken schaffen.

Die kulturelle Präsenz des Spiritualismus hat nicht nur die Erwartungen der Menschen an spirituelle Erfahrungen geschärft, sondern auch die Grenzen zwischen verschiedenen Glaubenssystemen verwischt. Viele suchen nach persönlichem Kontakt zu Verstorbenen oder einem tieferen Verständnis des Lebens nach dem Tod, inspiriert von den Botschaften und Methoden, die durch die Fox-Schwestern populär gemacht wurden. Diese kulturelle Strömung hat in vielen Gemeinschaften das Interesse an spirituellen Workshops, Séancen und ähnlichen Veranstaltungen angekurbelt, wodurch der Spiritualismus als ernstzunehmende religiöse und spirituelle Praxis etabliert werden konnte.

Insgesamt zeigt sich, dass das Erbe der Fox-Schwestern auch in der Popkultur fest verankert ist, was den Zugang zu spirituellen Praktiken für ein breiteres Publikum eröffnet und die Neugier auf das Übernatürliche und die jenseitige Welt aufrechterhält.

5. Wissenschaftliche und skeptische Betrachtungen

Ein wesentlicher Einfluss der Fox-Schwestern auf moderne spirituelle Praktiken ist der Dialog zwischen Spiritualität, Wissenschaft und Skepsis. Während die Schwestern zu ihrer Zeit von vielen Menschen unterstützt wurden, sind im 21. Jahrhundert unterschiedliche Sichtweisen auf Spiritualität und die damit verbundenen Erfahrungen zu beobachten. Die Diskussion über die Authentizität der Fox-Schwestern und die nachfolgenden Enthüllungen führten zu einem vertieften Interesse an spirituellen Phänomenen innerhalb der Parapsychologie. Wissenschaftler versuchen, spirituelle Phänomene objektiv zu untersuchen und zu verstehen, und diese Interaktion hat moderne Praktiken hervorgebracht, die sowohl auf Glauben als auch auf kritischer Analyse basieren.

6. Heilungsbewegungen und psychologische Ansätze

Die von den Fox-Schwestern eingeführten Konzepte der Kommunikation mit dem Jenseits haben auch zur Entwicklung spiritueller Heilungsansätze beigetragen. In vielen modernen spirituellen Gemeinschaften wird die Annahme vertreten, dass der Kontakt zu Verstorbenen heilend wirken kann – sowohl emotional als auch spirituell. Diese Ideen haben Eingang in Therapiekontexte gefunden, in denen Praktizierende Techniken des spirituellen Austauschs in die psychologische Unterstützung integrieren. Die Verbindung zwischen Trauerarbeit und jenseitiger Kommunikation hat sich als besonders wirkungsvoll erwiesen, da sie es den Menschen ermöglicht, ihre Verluste zu verarbeiten und Sinn im Angesicht des Todes zu finden.

7. Globale Spiritualität und interkulturelle Praktiken

Mit der zunehmenden Globalisierung und Vernetzung haben die Lehren der Fox-Schwestern auch eine internationale Dimension angenommen. Spiritualistische Praktiken werden in verschiedenen kulturellen Kontexten angepasst und interpretiert. Viele Kulturen betonen Traditionen des Kontakts zu Ahnen und Verstorbenen, während spiritualistische Philosophien nahtlos in diese Bräuche integriert werden. Die Offenheit und Flexibilität des Spiritualismus haben zu einem interkulturellen Dialog geführt, der neue Perspektiven auf das Jenseits und die Kommunikationsformen mit Verstorbenen bietet.

Der Einfluss der Fox-Schwestern auf moderne spirituelle Praktiken ist sowohl tiefgreifend als auch vielfältig. Ihre Pionierarbeit im Spiritualismus hat nicht nur eine Bewegung ins Leben gerufen, die bis heute floriert, sondern auch neue Wege geschaffen, um Spiritualität, Trauerverarbeitung, Heilung und die Beziehung zur jenseitigen Welt zu verstehen. Ihr Erbe lebt in der fortwährenden Suche der Menschheit nach Sinn, Verbindung und nach Übertritt über die Grenzen des physischen Lebens hinaus. In einer Zeit, in der wissenschaftliche Skepsis und spirituelle Neugier aufeinandertreffen, bleibt das Vermächtnis der Fox-Schwestern eine Einladung zur Erkundung der verborgenen Dimensionen unseres Daseins.

THE FOX SISTERS

LEAH · KATE · MARGARETTA

Die Popularität der Fox-Schwestern zeigt sich auch in der Tatsache, dass damals massenhaft Fotokarten und Postkarten von ihnen gedruckt wurden.

Allan Kardec: Begründer der spiritistischen Wissenschaft

Allan Kardec, geboren als Hippolyte Léon Denizard Rivail am 3. Oktober 1804 in Lyon, Frankreich, gilt als Mitbegründer des modernen Spiritualismus und ist eine Schlüsselfigur der spiritischen Bewegung des 19. Jahrhunderts. Kardec war nicht nur Pädagoge und Wissenschaftler, sondern auch ein leidenschaftlicher Forscher spiritueller Phänomene. Er stellte grundlegende Fragen zur Kommunikation zwischen Lebenden und Verstorbenen sowie zur Relevanz dieser Kontakte für das menschliche Dasein. In den 1850er Jahren führte seine intensive Beschäftigung mit den von den Fox-Schwestern popularisierten Ideen zur systematischen Entwicklung des Spiritismus.

Er sah es als seine Mission an, die Prinzipien und Praktiken des Spiritismus zu systematisieren und allgemein verständlich zu machen. Als methodischer Beobachter ging er davon aus, dass viele Phänomene, die als „übernatürlich" oder „wundersam" galten, auf gesetzmäßigen Naturerscheinungen beruhen mussten, die noch nicht genügend erforscht worden sind. Durch seinen wissenschaftlich-systematischen Zugang gilt er als der erste Theoretiker des Spiritismus.

Obwohl es keine dokumentierten Treffen zwischen Kardec und den Fox-Schwestern gibt, hatten deren Praktiken und Lehren großen

Einfluss auf seine Arbeit. Kardec selbst erkannte die Fox-Schwestern als Vorreiterinnen der spiritualistischen Bewegung und übernahm viele ihrer Ideen in seine eigenen Forschungen. In seinen Schriften verwies er oft auf die Praktiken, die sie in ihren Séancen etabliert hatten, und integrierte diese in seine umfangreiche Sammlung an Informationen über die Geisterkommunikation. In diesem Kontext kann man Kardec als eine Art Lehrer im Sinne der Spiritualismusbewegung betrachten, da er die von den Fox-Schwestern geschaffene Grundlage in eine umfassende philosophische Theorie über das Leben nach dem Tod und die menschliche Existenz überführte.

In der ersten Hälfte des 19. Jahrhunderts beobachtete Kardec die weltweite Verbreitung spiritistischer Praktiken, die eben maßgeblich durch die Fox-Schwestern initiiert wurden. Es gibt historische Hinweise darauf, dass Kardec von ihren Aktivitäten inspiriert wurde und deren Bedeutung für die spiritualistische Bewegung als maßgeblich betrachtete.

Kardecs bedeutendstes Werk, „Das Buch der Geister" (1857), stellt eine wegweisende Sammlung von Fragen und Antworten dar, die er durch verschiedene Medien und Séancen erhalten hatte. In diesem Werk werden zahlreiche grundlegende Prinzipien des Spiritismus dargelegt, darunter die Reinkarnation, die Unsterblichkeit der Seele und das Konzept des Karma. Kardec verwendete eine wissenschaftliche Herangehensweise, um die von den Geistern übermittelten Informationen zu prüfen und zu klassifizieren. Sein Ansatz war es, spiritistische Phänomene nicht nur zu dokumentieren, sondern auch kritisch zu hinterfragen. Dies führte zu einem strukturierten System von Ideen, das für die spiritualistische Gemeinschaft von entscheidender Bedeutung wurde.

Weitere bedeutende Werke von Kardec, wie „Die Medizin der Geister" und „Das Evangelium nach dem Spiritismus", erweitern und vertiefen seine philosophischen und ethischen Konzepte. In diesen Texten betont er die Wichtigkeit einer moralischen Lebensweise und den Glauben, dass spirituelle Entwicklung durch persönliche Erfahrung und ethisches Handeln erreicht werden kann. Kardecs

Ansichten trugen dazu bei, den Spiritismus als ernstzunehmende philosophische und religiöse Strömung zu etablieren.

Sein Einfluss auf die spirituelle Bewegung endete nicht mit seinem Tod am 31. März 1869. Kardecs Lehren inspirieren weiterhin spiritualistische Bewegungen weltweit. Die von ihm festgelegten Prinzipien und Ideen haben zahlreiche spirituelle Gemeinschaften geprägt und sind bis heute von großer Bedeutung für die Diskussion über Spiritualität, Medialität und den Zugang zum Jenseits. Kardec wird nicht nur als Mitbegründer des modernen Spiritualismus angesehen, sondern auch als eine zentrale Figur, die das Verständnis über das Leben nach dem Tod und die Kommunikation mit den Verstorbenen entscheidend beeinflusst hat.

Spiritismus und Spiritualismus – eine Begriffsklärung

Ja, es gibt Unterschiede zwischen einem Spiritisten und einem Spiritualisten, obwohl beide Begriffe oft verwechselt werden.

Spiritismus:

Begründer: Allan Kardec, über ihn habe ich schon geschrieben, der französische Pädagoge, der im 19. Jahrhundert die Grundlagen des Spiritismus legte.
Philosophie: Spiritismus hat eine kohärente Philosophie und klare Prinzipien, die auf spirituelle Evolution und Reinkarnation abzielen.
Ziel: Spiritismus konzentriert sich auf die spirituelle Entwicklung und das Lernen durch wiederholte Leben (Reinkarnation) und die Interaktion mit Geistern.
Praktiken: Spiritistische Zentren bieten spirituelle Heilung, Schulungen und Gemeinschaftsaktivitäten an.

Spiritualismus:

Ursprung: Spiritualismus entstand lange vor dem Spiritismus und konzentrierte sich ursprünglich auf die Erforschung ungewöhnlicher

Phänomene wie Geisterkontakte. Daher gibt es auch keine Begründerin und keinen Begründer, dem man dies zuschreiben könnte.

Philosophie: Spiritualismus hat keine einheitliche Philosophie oder feste Prinzipien. Es gibt viele verschiedene Ansätze und Überzeugungen innerhalb des Spiritualismus.

Ziel: Spiritualisten glauben an das Fortbestehen des Geistes nach dem Tod und die Möglichkeit der Kommunikation mit Verstorbenen.

Praktiken: Spiritualisten nutzen oft Medien und psychische Fähigkeiten wie Hellsehen, um mit der Geisterwelt zu kommunizieren.

Zusammengefasst kann man sagen, dass der Spiritismus eine strukturierte Lehre mit klaren Zielen und Praktiken ist, während der Spiritualismus vielfältiger und weniger strukturiert ist.

Ellen White: Spiritismus

Ellen G. White ist eine bedeutende Persönlichkeit des 19. Jahrhunderts, deren Leben und Werk nicht nur für die christliche adventistische Bewegung von zentraler Bedeutung sind, sondern auch für das breitere Verständnis des Spiritismus und der Weissagungen. Geboren am 26. November 1827 in Gorham, Maine, wuchs sie in einer Zeit auf, in der das Interesse am Spiritismus und an übernatürlichen Phänomenen groß war. Ihre frühen Erfahrungen und die darauffolgenden Reisen durch spiritistische Strömungen legten den Grundstein für ihre späteren prophetischen Wirkungen.

Ellen White war bereits in ihrer Jugend mit dem Spiritismus vertraut geworden. Zur damaligen Zeit keine Besonderheit, Spiritismus im 19. Jahrhundert war in allen Schichten sehr schick. Die populären Séancen und die allgemeine Faszination für das Jenseits beeinflussten ihre spirituelle und theologische Entwicklung. Im Jahr 1844 erlebte sie eine Vision, die ihre zukünftige Rolle als Prophetin der Siebenten-Tags-Adventisten prägte. Während dieser Zeit wurde sie stark von den Ideen des „Millerismus" beeinflusst, einer Bewegung, die die baldige Wiederkunft Christi proklamierte. Obwohl die Ereignisse von 1844 nicht das erwartete Kommen des Erlösers brachten, war es der Beginn ihrer intensiven Auseinandersetzung mit dem Thema der Weissagungen und den Verbindungen zum Jenseits.

Ein entscheidender Punkt in Ellen Whites Entwicklung war ihre Auseinandersetzung mit den damaligen spiritistischen Praktiken. Sie beobachtete die unordentlichen und oft betrügerischen Taktiken mancher Spiritisten, die mit übernatürlichen Phänomenen umgingen. Angesichts dieser Erlebnisse entschloss sie sich, ihre eigenen Visionen nicht im Einklang mit spiritistischen Praktiken, sondern auf der Grundlage ihrer tiefen Überzeugung von einem lebendigen Gott und einer persönlichen Beziehung zu ihm zu interpretieren. Dadurch bildete sich ihre Theologie heraus, die oft konträr zu den damals zeitgenössischen spiritistischen Strömungen stand, obwohl sie sich in einem ähnlichen kulturellen Kontext bewegte.

Helena Petrovna Blavatsky: Pionierin der Theosophie

Helena Petrovna Blavatsky, geboren am 12. August 1831 in der heutigen Ukraine, zählt zu den charismatischsten und umstrittensten Persönlichkeiten der spirituellen Bewegung des 19. Jahrhunderts. Als Mitbegründerin der Theosophischen Gesellschaft im Jahr 1875 in New York verkörperte sie das Aufblühen des Interesses an okkulten und esoterischen Lehren. Blavatskys Vision war es, verschiedene religiöse und philosophische Traditionen zu vereinen und eine universelle Bruderschaft unter den Menschen zu fördern.

Ihr Hauptwerk, „Die Geheimlehre", ist eine fundamentale Analyse mystischer und esoterischer Konzepte, in der Blavatsky die Ursprünge und Verbindungen zwischen unterschiedlichen spirituellen Traditionen, einschließlich Hinduismus, Buddhismus und Kabbala, untersucht. Sie war bekannt für ihre beeindruckende Fähigkeit, komplexe Themen der Spiritualität verständlich zu vermitteln und große Menschenmengen mit ihrer leidenschaftlichen Rhetorik zu fesseln.

Die Theosophie, die Blavatsky maßgeblich prägte, betont die Entwicklung des individuellen Bewusstseins und die Existenz höherer spiritueller Ebenen. Ihr Werk hat das Interesse an Esoterik und spirituellen Wissenschaften neu entfacht, und ihre Einflüsse sind bis heute in vielen spirituellen Bewegungen spürbar. Trotz der Kontroversen, die sie begleiteten, bleibt Blavatskys Erbe ein unverzichtbarer Bestandteil der spirituellen Landschaft des 20. und 21. Jahrhunderts.

Edgar Cayce: Der schlafende Prophet

Edgar Cayce, auch bekannt als der „schlafende Prophet", wurde am 18. März 1877 in Kentucky, USA, geboren und gilt als eine der faszinierendsten Figuren im Bereich der Medialität. Er erlangte Bekanntheit durch seine einzigartigen Fähigkeiten als Medium, die es ihm ermöglichten, in einen tiefen Trancezustand einzutreten und Informationen über die physische, emotionale und spirituelle Gesundheit von Menschen zu liefern. In über 14.000 Lesungen behandelte er Themen wie Heilung, Reinkarnation und spirituelle Entwicklung.

Merkmale seiner Lesungen waren die präzisen Diagnosen und Heilempfehlungen, die oft unkonventionelle Ansätze wie spezielle Ernährungspläne und Lebensstiländerungen beinhalteten. Cayce war überzeugt, dass körperliche Beschwerden auf emotionale und seelische Ungleichgewichte zurückzuführen seien und ein ganzheitlicher Ansatz zur Heilung erforderlich sei.

Sein Werk überschritt jedoch den Bereich der gesundheitlichen Aspekte. Cayce erörterte auch spirituelle Themen, wie die individuelle Lebensaufgabe und die Verbindung zu höheren spirituellen Wahrheiten. Seine Vision einer Einheit zwischen Wissenschaft und Spiritualität fand Resonanz bei vielen, die ein tieferes Verständnis für das menschliche Dasein suchten.

Sein Erbe wird durch die A.R.E. (Association for Research and Enlightenment) weitergeführt, die er 1931 gründete, um die Lehren und Lesungen von Cayce zu fördern. Die A.R.E. bietet Seminare, Schulungen und Publikationen an, die Menschen inspirieren und ihnen neue Perspektiven zu Gesundheit und Spiritualität vermitteln.

Arthur Conan Doyle: Der Spiritist und Spiritualist

Ja, Sie haben sich nicht verlesen. Auch der berühmte Arthur Conan Doyle war Spiritist, oder besser gesagt Spiritualist. Er wurde am 22. Mai 1859 in Edinburgh, Schottland, geboren und ist weltweit bekannt als Schöpfer des fiktiven Detektivs Sherlock Holmes. Weniger bekannt sind jedoch sein leidenschaftliches Engagement für den Spiritismus, die Spiritualität und sein Glaube an das Leben nach dem Tod. In den frühen 1900er Jahren wandte sich Doyle intensiv dem Spiritualismus zu und wurde zu einem der prominentesten Verfechter dieser Bewegung.

Doyle war in jedem Fall fest davon überzeugt, dass der Tod nicht das Ende sei und dass die Kommunikation mit Verstorbenen möglich ist. Er schrieb mehrere Bücher über Spiritualität, darunter „The History of Spiritualism", in dem er die Bewegung verteidigte und deren grundlegende Prinzipien darlegte. Er nahm regelmäßig an Séancen und spiritistischen Veranstaltungen teil, um seine Überzeugungen zu untermauern und zu fördern. Allein schon sein Name reichte aus, um dem Spiritualismus Auftrieb zu verleihen.

Durch seine leidenschaftlichen Arbeiten bot Doyle der Öffentlichkeit eine sehr eigene und differenzierte Betrachtung des Spiritismus. Der Einfluss seiner Schriften trug wesentlich dazu bei, das öffentliche Interesse an Spiritualismus zu verstärken und die Menschen dazu zu ermutigen, über den Tod hinauszudenken. Doyles Engagement für den Spiritualismus blieb zeitlebens stark, und sein Einfluss hat auch heute noch Wirkung im Bereich der spirituellen Kommunikation und des Lebens nach dem Tod.

Eileen J. Garrett: Das präzise Medium

Sie ist eine Gründerin des Spiritismus, der ich sehr zugetan bin, weil sie genau jene Überzeugung vertritt, die auch ich für mich beanspruche – Präzision bei Jenseitskontakten. Eileen J. Garrett wurde am 22. Dezember 1893 in Irland geboren und wurde zu einer herausragenden Persönlichkeit im Bereich der Medialität, sie gilt als eines der bekanntesten Psychomedien des 20. Jahrhunderts. Bekannt für ihre außergewöhnliche Fähigkeit, klare und präzise Jenseitskontakte herzustellen, wurde sie schnell für ihre Talente anerkannt und trat vor einem breiten Publikum auf.

Garrett war nicht nur Medium, sondern auch engagierte Forscherin und Autorin, die ihr Leben der Erforschung der Medialität widmete. Sie gründete die „Parapsychology Foundation" in New York, um die Erforschung von Bewusstseins- und Medialitätsphänomenen zu fördern. Ihre Leidenschaft für Wissenschaft und ihr Bedürfnis, die spirituellen und psychologischen Aspekte der Medialität zu verstehen, halfen dabei, eine Brücke zwischen der spirituellen und der wissenschaftlichen Gemeinschaft zu schlagen.

In mehreren Büchern und Artikeln dokumentierte sie sowohl ihre eigenen Erfahrungen als auch die Ergebnisse ihrer Forschung über Medialität und das Jenseits. Ihre Arbeit brachte den Themen spirituelle Kommunikation und Leben nach dem Tod mehr Glaubwürdigkeit. Eileen J. Garretts Einfluss ist bis heute spürbar, da sie zahlreiche Nachfolger inspiriert hat, die ihre Lehren weiterverfolgen und das Verständnis von Medialität und Spiritualität vertiefen.

Gordon Mons Higginson: Mister Mediumship

Eine Auflistung dieser Art wäre nicht komplett, würde nicht auch von Gordon Mons Higginson berichtet. Geboren am 17. November 1918 in Longton, Stoke-on-Trent in England, war er eines der bedeutendsten Medien des 20. Jahrhunderts. Bereits in jungen Jahren zeigte sich sein außergewöhnliches Talent für Medialität, das er unter der Anleitung seiner Mutter Fanny, selbst ein angesehenes Medium, entwickelte. Mit nur 12 Jahren trat er erstmals öffentlich als Medium auf und wurde bald als „Wunderkind" bekannt.

Während des Zweiten Weltkriegs diente Higginson in den Streitkräften, kehrte jedoch nach dem Krieg zu seiner spirituellen Arbeit zurück und arbeitete als Medium in Belgien, Großbritannien und Frankreich. 1970 wurde er Präsident der Spiritualists' National Union (SNU), eine Position, die er 23 Jahre lang innehatte. In dieser Zeit setzte er sich unermüdlich für die Förderung und Verbreitung des Spiritualismus ein.

Eine seiner bedeutendsten Leistungen war seine Rolle als Principal des Arthur Findlay College in Stansted Hall, eine Position, die er von 1979 bis zu seinem Tod 1993 innehatte. Das College, oft als „Hogwarts für medial Begabte" bezeichnet, ist ein weltweit anerkanntes Zentrum für die Ausbildung und Entwicklung von Medien und spirituellen Heilern. Higginson widmete sich leidenschaftlich der Lehre und förderte die Entwicklung von Trance- und physischer Medialität.

Gordon Higginson war bekannt für seine außergewöhnlichen Fähigkeiten in der mentalen und physischen Medialität, sowie für seine beeindruckenden öffentlichen Demonstrationen. Er war ein begnadeter Redner und Lehrer, der viele Menschen inspirierte und ihnen half, ihre eigenen medialen Fähigkeiten zu entwickeln.

Sein Leben und Wirken hinterließen einen bleibenden Eindruck in der Welt des Spiritualismus. Higginson wird oft als „Mr. Mediumship" bezeichnet und bleibt eine zentrale Figur in der Geschichte der spirituellen Bewegung. Schlussendlich ist er auch eine wichtige Person in meinem eigenen persönlichen Lebenslauf, denn ohne sein Engagement und sein Zutun hätte mein Aufenthalt im Arthur Findlay College ja nie stattfinden können.

Kai Felix Mügge: Physikalische Medialität

Kai Mügge ist eines der renommiertesten Medien, das sich auf Physikalische Medialität spezialisiert hat. Ich habe auch schon selbst Erfahrungen mit seinen Séancen gemacht. Geboren in Deutschland, erlangte er große Bekanntheit durch seine außergewöhnlichen Fähigkeiten, Botschaften von Verstorbenen zu empfangen und zu übermitteln. Seine Tätigkeit als Medium ist von einer breiten Palette an Erfahrungen geprägt, die er in verschiedenen Veranstaltungen, Workshops und privaten Sitzungen teilt.

Seit über 35 Jahren studiert der aus Hanau in Deutschland stammende Kai die Physikalischen Erscheinungen des Mystizismus und der Parapsychologie. Seit seinem 15. Lebensjahr unterhält er Séancen für Physikalische Phänomene und Experimentelle Geister-Materialisation. 2012 heiratete Kai seine Julia, mit der er gemeinsam die Mediumschaft in seiner weltweiten Mission führt.

Das Besondere ist, dass sich bei den Séancen von Kai die Spirits in verschiedenen Graden körperlich manifestieren und dies für alle Teilnehmer im Séanceraum spürbar und sichtbar ist. Ich selbst habe mit meinem Mann 2024 in Österreich an seinen klassischen Kabinett-Séancen teilgenommen, es ist wirklich erstaunlich, wie sich die Spirits manifestieren, die seit Anbeginn der Menschheit existieren. Apropos: Als Kabinett wird ein abgetrennter Bereich des Séance-raums bezeichnet, der zum Aufladen ätherischer Energien dient.

Ebenso ist Kai Mügge für seine enorme Ektoplasma Produktion berühmt.

Was ist Ektoplasma?

Ektoplasma ist eine im Umgang mit Spirits auftretende Substanz, die möglicherweise eine grundlegende Rolle bei Materialisationen spielt, wie materialisierte Hände oder Gesichter oder die Silhouette eines Verstorbenen. Ektoplasma ist ein faszinierendes und oft diskutiertes Phänomen in der Parapsychologie und Spiritualismus. Der Begriff stammt aus dem Altgriechischen: „ektos" bedeutet „außen" und „plasma" bedeutet „das Gebildete" oder „Geformte". Ektoplasma, „das sich im Außen Formende", wird als substanzartige Erscheinung beschrieben, die angeblich bei spirituellen Sitzungen von Medien aus den Körperöffnungen austritt und spirituelle Energie materialisiert.

Wie materialisiert sich Ektoplasma?

Lichtempfindlichkeit: Ektoplasma soll sehr lichtempfindlich sein und ist daher meist nur in dunklen oder schwach beleuchteten Räumen sichtbar. Darum werden bei Kai Mügge diese Séancen immer bei Rotlicht abgehalten.

Konsistenz: Es kann von einer schaumigen bis zu einer festen Konsistenz variieren, abhängig von der Intensität der Materialisation.
Austritt: Berichten zufolge tritt Ektoplasma aus verschiedenen Körperöffnungen des Mediums aus, wie Mund, Nase oder Ohren.

Wissenschaftliche Perspektive

Der Begriff wurde von Charles Richet, einem französischen Physiologen und Nobelpreisträger, in die Parapsychologie eingeführt. Skeptiker betrachten Ektoplasma jedoch oft als Schwindel und vermuten, dass es sich um Materialien wie Gaze handelt, die im Dunkeln als Ektoplasma erscheinen, aber bei Licht als das erkannt werden können, was sie wirklich sind.

Bedeutung in der Parapsychologie

In der westlichen spirituellen Praxis wird Ektoplasma als eine Primordialsubstanz betrachtet, die eine grundlegende Rolle bei belebten Materialisationen spielt. Diese Materialisationen können als physische Manifestationen von Geistern oder anderen spirituellen Wesen interpretiert werden.

Kabinett-Séance mit Kai Mügge

Insgesamt stellt Kai Mügge eine bedeutende Figur im engen Bereich der Physikalischen Medialität dar, dessen Engagement und Fähigkeiten dazu beitragen, eine Brücke zwischen der irdischen und der spirituellen Welt zu schlagen – durch Kabinett-Séance mit Ektoplasma- und Objekt-Materialisation, Apporten, Klopf- und Lichtphänomenen und Phantom- und Vollmaterialisation. Durch seine Veranstaltungen und seine mediale Arbeit bietet er Trost und Ermutigung, während er gleichzeitig das Bewusstsein für die spirituellen Dimensionen des Lebens schärft.

Kai Felix Mügge und seine Frau Julia – bei der
Erklärung von Physikalischer Medialität

Kai Felix Mügge ist ein von jeglichen Institutionen und deren Dogmen unabhängiges Medium, das mit weitreichenden spirituellen Konzepten arbeitet und zeremoniellen Raum (Séanceraum) für alle wohlwollenden Entitäten des Multiversums öffnet. Demnach materialisieren sich Verstorbene, aber auch mächtige Torwächter können ihre Aufwartung machen.

Kai hält seine zeremoniellen Demonstrationen heute auf der ganzen Welt ab. Auf der Homepage www.kaimuegge.de finden Sie das gesamte Wissen und die Historie über die Séance, wie auch alle Termine für Kai Mügge-Séancen und mediale Workshops.

Es gibt auch einen spannenden Dokumentarfilm (2023): „Dem Okkulten auf der Spur: Die Erforschung des Paranormalen in Séancen" – Prof. Dr. Eckhard Kruse und Dr. Heike Bauder erforschen unter der Leitung von Kai Mügge Phänomene in Séancen.

Aus eigener Erfahrung kann ich sagen: Eine Séance bei Kai und Julia ist eine Bewusstseinserweiterung, aber auch eine Bereicherung fürs Leben! Gleich kommt mein persönlicher Erfahrungsbericht bei so einer klassischen Kabinett-Séance.

Meine persönliche Séance-Erfahrung mit Kai, Julia und Prof. Bender

Es ist erst wenige Wochen her. Ich hatte meinen ersten Séance-Abend gebucht. Ein unvergesslicher Abend mit Kai Mügge seiner Frau Julia Mügge und den Spirits. Ich muss Ihnen davon erzählen.

Um 19:00 Uhr startete Kai Mügge mit einer Einführung in den bevorstehenden Séance-Abend. Es wurden Fragen beantwortet und zwar auch von jenen Teilnehmern, die bereits 2 Tage zuvor dabei waren. Durch das große Wissen von Kai über den westlichen Spiritualismus und die damit verbundene Physikalische Medialität war es für mich sehr interessant und ein intensives Zuhören.

Natürlich hatte ich mich schon vorher informiert, mir viele Berichte, Dokumentationen und Bücher über die Geschichte der Séance in der westlichen Welt angesehen. Von den Fox-Schwestern über die großen Medien der Geschichte, bis zu den in Wachs manifestierten Händen, die im Arthur Findlay College ausgestellt sind und die ich noch vor wenigen Wochen mit meinen eigenen Augen im Museum vor Ort in England begutachten konnte.

Julia, die Séance-Leiterin, hat uns dann nochmals die Regeln für den Abend erklärt, dann ging es auch schon einzeln in den Séance-Raum. Mit einem Metalldetektor wurden alle Teilnehmer nochmals kurz gecheckt, damit niemand Kameras oder Handys in den Raum einschmuggelt, und ein Teilnehmer durfte sogar das Kabinett untersuchen. Wir waren 18 teilnehmende Personen, davon 4 Männer.

Die Séance beginnt

Jeder Teilnehmer wurde nun auf seinen Sitzplatz gebracht. Die Sitzplatzordnung ist deshalb wichtig, um die beste Qualität einer Séance zu garantieren. Ich selbst durfte auf der rechten Seite dieses Zirkels sitzen, sehr mittig innerhalb des Kreises.

Das Medium begann zu diesem Zeitpunkt bereits mit einer eigenen Art von Atmung, dem sogenannten „Holotropen Atmen". Diese Atmung bewirkt einen Volltrance-Zustand. Parapsychologe

Prof. DDr. Hans Bender übernahm das Medium und führte durch die gesamte kontrollierte Séance. Kai Mügge arbeitet mit seinen Spirits seit 40 Jahren. Prof. Bender sprach einige Worte über das aktuelle Weltgeschehen, alle lauschten gespannt und interessiert. Er führte uns in die Séance ein und es wurde zur Musik gesungen, um die Schwingung im Zirkel zu erhöhen.

Faszinierende Phänomene

Ja, die Energie war förmlich zu spüren und es kam zu aufflackernden Blitzen direkt vor diesem Séance-Kabinett. Auch kam es zu Berührungen an unterschiedlichen Körperstellen. Es fühlte sich an, als würde ich von einem Hund an meinen Knien angestupst. Es waren tatsächlich die „Spirits", die mich berührten. Ganz ehrlich, ich habe mich riesig über diese ersten Berührungen von den Spirits gefreut und musste zwischendurch laut auflachen vor Freude und – ich gebe es freimütig zu – Ekstase.

In der Mitte des Zirkels vor mir lag eine große Schamanentrommel. Diese wurde mit einem Mal eigenständig von den Spirits getrommelt. Der gesamte Boden vibrierte und es trommelte wirklich im Takt. Ab und zu spürte man einen kühlen Luftzug. Es war wirklich sehr „jenseitig" und jeder Teilnehmer teilte dann auch sein individuelles Befinden. Eine kleine Rassel, die vor uns lag, bewegte sich plötzlich und man sah auch wirklich die Spirit-Hand, die diese Rassel in Bewegung brachte. Als eingefleischte Kärntnerin konnte ich dazu nur noch eines von mir geben: Cool.

Das Taschentuch-Experiment

Über dieses Experiment hatte ich im Vorfeld schon viel gelesen und es war für mich ein Privileg, dies mit den Spirits durchzuführen. Bei diesem Experiment durfte ich das Taschentuch halten und den Anweisungen von Hans Bender folgen. Das Taschentuch war über und über mit Leuchtpunkten versetzt, es war aber aus normalem Stoff – ein gewöhnliches Tuch. Nach Aufforderung sollte ich es mitten in den Raum halten und festhalten, sodass die Spirits mir das Tuch nicht gleich aus der Hand nehmen konnten. Julia erklärte mir, dass die Spirits mir zweimal an den Knien eine Berührung geben werden, und dann könnte ich das Tuch in die Mitte des Zirkels halten – mit ausgestrecktem Arm. Ich freute mich wie ein kleines Kind. Was dann geschah übertraf meine kühnsten Erwartungen. Die Spirits zupften und spielten mit dem Taschentuch und ich bekam zusätzliche Berührungen auf meine nackten Hände. Die Spirit-Hände fühlten sich an wie echte menschliche Hände, vielleicht etwas fester und größer. Vor Freude hatte ich Tränen in den Augen.

Ich sollte dann kurz das Taschentuch auf meinem Oberschenkel ablegen und schon klopfte „Spirit" erneut, damit wir damit weitermachen. Schließlich kam jener Moment, an dem ich das Taschentuch auf einer Seite hielt und Spirit auf der anderen Seite. Dies war für mich ein atemberaubender Moment, denn dann durfte ich nach Anleitung von Hans Bender das Taschentuch loslassen und siehe da – es schwebte durch den Zirkel. Das war unglaublich schön und für mich total berührend. Auch, als es sich am Boden befand, sah man die Spirit Hand, wie sie mit dem Taschentuch die Bewegungen durchführte. Unglaublich!

Wieder wurde die Trommel eigenständig gespielt und man fühlte, dass sich eine Präsenz im Zirkel befand. Vibration und Dynamik waren wirklich bewundernswert.

Das Medium selbst war bei all diesen Phänomenen immer in der Haltekontrolle und es wurde ständig kontrolliert. Jeder weiß zu jeder Zeit, wo sich das Medium als auch die Séance-Leiterin befinden.

Das Portal öffnet sich

Dann gab es weitere Lichterscheinungen und ein Portal öffnete sich. Was soll ich sagen, sowas habe ich noch nie erlebt. Direkt vor meinen Augen öffnete sich ein blaues Portal und dieses war in einer Art Bewegung und Rotation. Alle Teilnehmer konnten es sehen und miterleben. Es war wirklich unglaublich. Für eine Teilnehmerin hat sich sogar ein Geschenk eines Jenseitigen im Portal materialisiert und sie durfte direkt ans Portal herantreten und mit ihren eigenen Händen das Geschenk herausnehmen. Es war ein besonderer Heilstein! Ich habe schon einiges erlebt in meinem medialen Werdegang. Aber dies war für alle ein ganz besonderer spiritistischer Moment.

Auch die Apporte mit den Steinen fanden in der Séance statt. Sie kamen direkt aus den Augen des Mediums und aus deren Händen. Jeder Teilnehmer bekam am Ende einige dieser Steine, wie man auf dem Foto auf dieser Seite sehen kann. Dieses Phänomen konnte ich im Rotlicht vor mir mit eigenen Augen beobachten ich kann nur sagen, man muss es selbst erleben, um es zu glauben. Ebenso war dann auch Ektoplasma zu sehen und wieder einige dramatische Lichterscheinungen.

Ganz ehrlich, jedem der sich mit der Physikalischen Medialität beschäftigt, kann ich diese Erfahrung mit Kai und Julia nur ans Herz legen. Es war immer eine positive und gutgelaunte Stimmung. Die Spirits sind wundervoll und wussten, dass sie mich gerne öfter berühren durften – danke dafür! Zu jedem Zeitpunkt habe ich mich sicher und richtig gut aufgehoben gefühlt. Danke, lieber Kai und liebe Julia, für dieses Erlebnis. Danke an die Spirits, die dies möglich machen. Und ein Danke an die Veranstalterin Heidemarie Englmaier.

Wie findet man nun einen guten Lehrer, eine gute Lehrerin, eine gute Ausbildung?

Wie schon berichtet ist der Bereich der Medialität und vor allem der Bereich der Jenseitskontakte extrem sensibel. Daher ist es entscheidend, einen guten Lehrer oder eine gute Lehrerin sowie eine fundierte Ausbildung zu finden, um die Fähigkeiten auf diesem Gebiet richtig zu entwickeln und zu verfeinern.

Die Ausbildung und auch die Menschen dahinter müssen höchste ethische Ansprüche vertreten, um die Weitergabe des Wissens auf hohem Niveau zu gewährleisten. Nicht zuletzt, um das noch immer skeptisch belächelte Gewerbe aus dem dunklen Eck zu befördern, in das es von Scharlatanen und Hokuspokus gedrängt wurde. Dort gehört es nämlich ganz und gar nicht hin.

Mir ist es ein großes Anliegen, Jenseitskontakte und Medialität jenen Stellenwert zu geben, den es in meinen Augen auch verdient. Wer mit dem Herzen am rechten Fleck seine Gabe lebt und anwendet, der läuft nie Gefahr, andere Menschen zu übervorteilen.

Hier sind einige Kriterien bei der Suche nach einem guten Lehrer oder einer guten Lehrerin:

1. Erfahrung und Reputation in der Branche

Ein wichtiger Faktor bei der Suche nach einem guten Lehrer oder einer guten Lehrerin ist deren Erfahrung und Reputation in der Branche. Ein qualifizierter Lehrer sollte nachweisbare Erfahrung im Bereich der Medialität und Jenseitskontakte haben und bestenfalls auch zertifiziert sein. Wobei ein „Zettel", auch wenn er von irgendjemandem unterschrieben wurde, noch keine Medialität ermöglicht.

Es ist ratsam, nach Referenzen und Bewertungen zu suchen, um die Glaubwürdigkeit und die Qualität der Ausbildung zu überprüfen. Dazu bietet das Internet heute Möglichkeiten genug. Einfach nicht den oder die erstbeste Person aus dem Internet buchen, sondern nach dem spezifischen Können und vor allem auch nach den eigenen

Wünschen einer Kontaktaufnahme selektieren. Nicht jede Frage kann von jedem Medium beantwortet werden. Das sollten Ihnen die Medien aber auch in jedem Fall VOR der Sitzung sagen.

2. Respektvoller Umgang

Des Weiteren ist es wichtig, dass der Lehrer oder die Lehrerin einen respektvollen und ethischen Umgang mit dem Thema Jenseits-kontakte pflegt. Medialität und Jenseitskontakte sind sensible Themen, die ein hohes Maß an Empathie und Einfühlungsvermögen erfordern. Ein guter Lehrer sollte in der Lage sein, eine unterstützende und vertrauenswürdige Lernumgebung zu schaffen.

3. Praxiserfahrung

Praxis ist das Wichtigste. Eine gute Ausbildung im Bereich der Medialität und Jenseitskontakte sollte eine ausgewogene Mischung aus theoretischem Wissen und vielen praktischen Übungen bieten. Die Studierenden sollten die Möglichkeit haben, ihre Fähigkeiten durch praktische Erfahrungen und Übungen zu entwickeln und zu stärken. Zudem sollte die Ausbildung ethische Richtlinien vermitteln, um sicherzustellen, dass die gewonnenen Fähigkeiten verant-wortungsbewusst und ethisch angewendet werden.

Genau darum habe ich mir jenen Lehrer ausgesucht, bei dem durchgehend angewandte Medialität am Lehrplan stand. Ganz nach dem Motto: Nur Übung macht den Meister!

4. Qualität nicht an Geld messen

Geld ist KEIN Kriterium – im Gegenteil! Wir haben es in diesem Buch ohnehin schon erwähnt, aber auch bei der Medialitäts-Ausbildung zeigt sich, wer nur auf den schnöden Mammon schielt, und weniger auf eine profunde Ausbildung. Wenn Sie also für ein Wochenende mehrere Tausend Euro zahlen müssen, oder für eine Ausbildung ein kleines Vermögen, dann sollten Sie hellhörig werden.

Zusammenfassend ist es wichtig, bei der Suche nach einem guten Lehrer oder einer guten Lehrerin sowie einer qualitativ hochwertigen Ausbildung im Bereich Medialität und Jenseitskontakte auf Erfahrung, Reputation, Ethik und Qualität der Ausbildung zu achten. Mit einer fundierten Ausbildung und einem kompetenten Lehrer kann man seine Fähigkeiten auf diesem Gebiet optimal entfalten und weiterentwickeln.

Gerade Lehrende müssen „höchste ethische Standards" erfüllen!

Die Richtlinien für Jenseitskontakte sind von großer Bedeutung, um sicherzustellen, dass diese Praktiken ethisch und verantwortungsbewusst ausgeführt werden.

Hier sind einige der wichtigsten ethischen Richtlinien für Jenseitskontakte:

1. Verantwortungsbewusstsein: Ein Medium sollte sich der Verantwortung bewusst sein, die mit der Kommunikation mit dem Jenseits einhergeht. Es sollte immer bedacht werden, dass die Informationen, die übermittelt werden, einen großen Einfluss auf die Ratsuchenden haben können und daher mit Sorgfalt und Respekt behandelt werden sollten.

2. Privatsphäre und Vertraulichkeit: Die Privatsphäre der Ratsuchenden sollte respektiert und geschützt werden. Alle erhaltenen Informationen sollten vertraulich behandelt und nur mit Zustimmung der Ratsuchenden weitergegeben werden.

3. Ethisches Verhalten: Ein Medium sollte sich ethisch verhalten und im Interesse des höchsten Wohls der Ratsuchenden handeln. Es sollte vermieden werden, Informationen weiterzugeben, die schädlich oder belastend sein könnten.

4. Klarheit und Transparenz: Es ist wichtig, ehrlich und transparent über die Natur des Jenseitskontakts zu sein, einschließlich der Grenzen und der möglichen Interpretationen der erhaltenen Informationen. Der Prozess sollte transparent gestaltet sein, um Missverständnisse zu vermeiden.

5. Selbstreflexion und Selbstfürsorge: Ein Medium sollte regelmäßig Selbstreflexion praktizieren und sicherstellen, dass es in der Lage ist, angemessen mit den emotionalen Belastungen umzugehen, die mit dem Kontakt mit dem Jenseits einhergehen können. Selbstfürsorge ist wichtig, um die eigene psychische Gesundheit zu erhalten.

6. Grenzen respektieren: Ein Medium sollte klare Grenzen setzen und diese auch gegenüber den Ratsuchenden deutlich kommunizieren. Es sollte sich bewusst sein, dass es nicht möglich ist, jedes Detail über das Leben nach dem Tod zu kennen, und dementsprechend vorsichtig mit Aussagen und Interpretationen umgehen.

Die Einhaltung dieser ethischen Richtlinien ist entscheidend, um sicherzustellen, dass Jenseitskontakte ethisch, respektvoll und verantwortungsbewusst durchgeführt werden und den Ratsuchenden einen positiven und unterstützenden Zugang bieten.

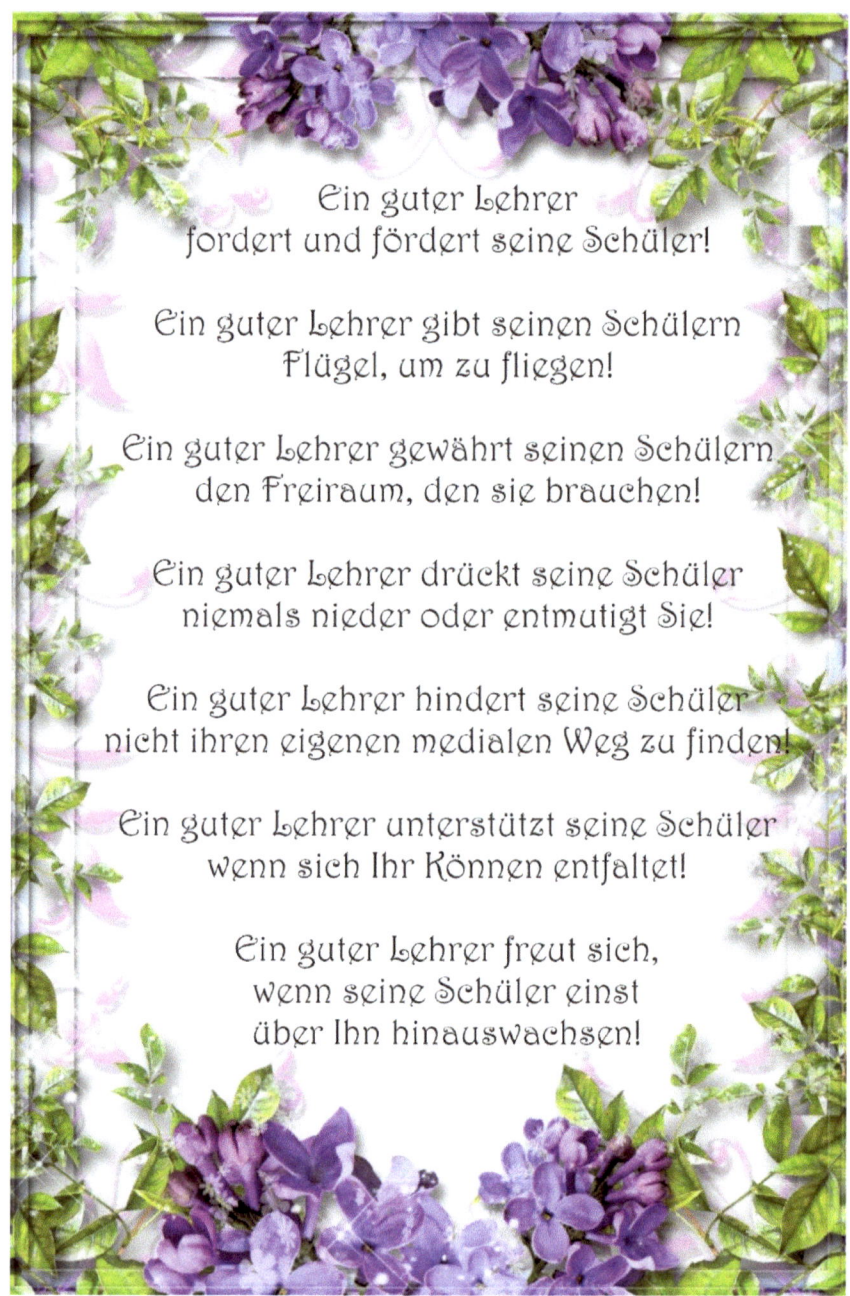

Ein guter Lehrer
fordert und fördert seine Schüler!

Ein guter Lehrer gibt seinen Schülern
Flügel, um zu fliegen!

Ein guter Lehrer gewährt seinen Schülern
den Freiraum, den sie brauchen!

Ein guter Lehrer drückt seine Schüler
niemals nieder oder entmutigt Sie!

Ein guter Lehrer hindert seine Schüler
nicht ihren eigenen medialen Weg zu finden!

Ein guter Lehrer unterstützt seine Schüler
wenn sich Ihr Können entfaltet!

Ein guter Lehrer freut sich,
wenn seine Schüler einst
über Ihn hinauswachsen!

Das sind für mich die wichtigsten Prinzipien, nach denen gelehrt werden sollte. Alles andere ist in meinen Augen keine Lehre, sondern es sind Neider, die Angst haben, dass die Schüler besser werden als sie selbst.

Ich freue mich, wenn mein Angebot von vielen Personen angenommen wird und ich Menschen Werkzeuge in die Hand geben kann, mit denen sie ihre medialen Fähigkeiten ausbauen können oder Kontakt zu Ihren Gegangenen aufnehmen können.

Ich freue mich vor allem darüber, dass Teilnehmer und Teilnehmerinnen an meinen Kursen und Workshops dann selbst tolle Erfolge mit ihren Jenseitskontakten haben und mir noch Wochen oder Monate nach den Seminaren oder Webinaren von ihren Erfolgen berichten.

DANKE DAFÜR AN ALLE!
EUER ERFOLG MACHT MICH GLÜCKLICH!

Kapitel 6:
Grundlagen der Medialität

Ist tot wirklich tot – oder gibt es mehr?

Die Frage, ob „tot wirklich tot ist" oder ob es mehr gibt, ist eine zentrale Fragestellung im Bereich der Medialität und spirituellen Praktiken. Letztlich ist es „die" Frage in jeder Religion. Für viele Menschen stellt der Tod das unumkehrbare Ende des Lebens dar, während für andere der Übergang in eine andere Form des Seins oder in das Jenseits möglich ist.

Medialität befasst sich mit der Kommunikation zwischen dem Diesseits und dem Jenseits und bietet möglicherweise Einblicke in die Existenz des Lebens nach dem Tod.

In verschiedenen Kulturen und spirituellen Traditionen gibt es unterschiedliche Vorstellungen über den Tod und das Leben danach. Einige glauben an die Reinkarnation, die Wiedergeburt oder die Existenz von Geistern und Seelen, die weiterhin existieren und mit den Lebenden in Verbindung treten können. Andere sehen den Tod als den endgültigen Abschluss des Lebens an und betrachten das Jenseits als unzugänglich oder undefinierbar.

Medialität bietet die Möglichkeit, persönliche Erfahrungen und Begegnungen mit Verstorbenen zu machen, die das Verständnis von Leben und Tod erweitern können. Medien können als Vermittler zwischen den Welten dienen und Botschaften, Zeichen oder Informationen aus dem Jenseits übermitteln. Diese Erfahrungen können Trost spenden, Heilung ermöglichen oder spirituelle Erkenntnisse vermitteln.

Was ist das – Medialität?

Es gibt verschiedene Ansätze und Theorien zur Erklärung von Medialität und der Existenz des Lebens nach dem Tod. Einige sehen

Medialität als eine Form der Energieübertragung oder telepathischen Kommunikation zwischen Lebenden und Verstorbenen. Andere betrachten Medialität als eine spirituelle Gabe oder Fähigkeit, die es ermöglicht, jenseitige Ebenen zu erforschen und spirituelle Botschaften zu empfangen.

Letztendlich bleibt die Frage, ob „tot wirklich tot ist" oder ob es mehr gibt, eine individuelle und existenzielle Frage, die jeder Mensch für sich selbst beantworten muss. Medialität kann dabei als Werkzeug dienen, um persönliche Erfahrungen zu sammeln, spirituelle Erkenntnisse zu gewinnen und das Verständnis von Leben und Tod zu vertiefen. Durch offene Neugierde und Respekt für das Mysterium des Lebens können Menschen neue Perspektiven und Einsichten gewinnen, die über den rein materiellen Aspekt des Seins hinausgehen.

Die Erforschung der Medialität und die Auseinandersetzung mit der Frage nach dem Leben nach dem Tod fordern uns dazu auf, über den materiellen Rahmen hinaus zu denken und offen für die Möglichkeit eines transzendenten Lebens zu sein. Medialität kann dabei helfen, eine Verbindung zu einer größeren spirituellen Realität herzustellen und die existenziellen Fragen des Lebens zu erforschen.

Alle wollen Kontakt – alle haben Sehnsucht nach Antworten

Die Vielfalt an Erfahrungen und Erzählungen von Menschen, die durch Medialität Kontakt mit dem Jenseits aufgenommen haben, zeugt von einer tiefen Sehnsucht nach Verbindung und einem tieferen Verständnis von Leben, Tod und dem Universum. Indem wir uns für die Möglichkeiten öffnen, die Medialität bietet, können wir uns auf eine Reise der Selbsterkenntnis, Heilung und spirituellen Entwicklung begeben.

Es ist wichtig zu betonen, dass die Erforschung der Medialität nicht nur das Streben nach Beweisen für ein Leben nach dem Tod bedeutet, sondern auch die Möglichkeit birgt, unsere eigene Spiritualität und Entwicklung zu fördern. Durch die Kommunikation mit höheren Ebenen des Bewusstseins können wir Einsichten gewinnen, die uns auf unserem Lebensweg unterstützen und bereichern.

Die Grundlagen der Medialität sind daher nicht nur in der Frage nach dem Leben nach dem Tod verankert, sondern auch in der Suche nach persönlicher Transformation, Selbstheilung und dem Streben nach spiritueller Erfüllung. Indem wir uns für die tieferen Ebenen der Wahrnehmung öffnen und die Verbindung zu unserem inneren Selbst und zur spirituellen Welt stärken, können wir eine tiefere Bedeutung und Erfüllung im Leben finden. Es bietet daher ein Tor zu einer erweiterten Realität, die über unsere begrenzte physische Existenz hinausgeht und uns Einblicke in die Unendlichkeit und das Mysterium des Lebens gewährt.

Durch die Anerkennung und Erforschung dieser Grundlagen können wir unseren Geist öffnen, unser Bewusstsein erweitern und eine tiefere Verbindung zu uns selbst, zu anderen und zur spirituellen Welt herstellen.

So können wir beginnen, die dualistische Sichtweise von Leben und Tod zu überwinden und ein umfassenderes Verständnis von Existenz zu entwickeln. Medialität eröffnet uns die Möglichkeit, uns mit unserem inneren Wissen und unserer Intuition zu verbinden, um Antworten auf Fragen zu finden, die über das Greifbare hinausgehen.

Die Grundlagen der Medialität sind ein Schlüssel zur Erweiterung des Bewusstseins und zur Verbindung mit den feinstofflichen Ebenen des Universums. Indem wir uns für die Möglichkeit einer fortbestehenden Existenz öffnen, können wir Trost, Heilung und spirituelle Erkenntnisse erhalten, die uns in unserem persönlichen Wachstum unterstützen.

Es liegt an uns, mit Offenheit und Respekt die Welt der Spiritualität zu erkunden und uns auf eine Reise der geistigen Entdeckungen zu begeben. Durch diese Auseinandersetzung können wir ein tieferes Verständnis für das Mysterium des Lebens entwickeln und uns in eine höhere Dimension des Seins wagen.

In einer Welt, die von Materie und Rationalität geprägt ist, kann uns Spiritualität und Medialität daran erinnern, dass es mehr gibt zwischen Himmel und Erde, als wir mit unseren leider oft beschränkten Sinnen wahrnehmen können. Es öffnet uns die Türen zu einer Welt voller Möglichkeiten, Wunder und magischer Verbindungen über Raum und Zeit hinaus. Es liegt an uns, ob wir den Mut haben, die Grenzen unserer Vorstellungskraft zu überschreiten und uns auf eine Reise ins Unbekannte zu begeben – eine Reise, die uns tiefer in das Geheimnis des Lebens führt.

Theorien der Existenz eines Lebens nach dem Tod

Die Theorien über die Existenz eines Lebens nach dem Tod sind in den verschiedenen Weltkulturen und Religionen vielfältig und tiefgreifend. Die Vorstellungen darüber, was mit der Seele oder dem Geist nach dem physischen Tod geschieht, spiegeln die unterschiedlichen Werte, Überzeugungen und kosmologischen Vorstellungen der jeweiligen Kulturen wider.

In der hinduistischen Tradition wird die Idee der Wiedergeburt oder Reinkarnation gepflegt. Nach dem Tod eines Individuums wird seine Seele in einen neuen Körper wiedergeboren, um weiterhin Erfahrungen und Lektionen zu sammeln, bis sie das höchste spirituelle Ziel – die Befreiung von der Wiedergeburt (Moksha) – erreicht. Die hinduistische Sichtweise auf das Leben nach dem Tod ist geprägt von der Seele, die als Atman bezeichnet wird. Sie gilt auch nach dem Tod nicht als endgültig erloschen, sondern sie kehrt in einem neuen Körper zur Erde zurück, um eine weitere Lebensreise anzutreten. Dieser ewige Zyklus von Geburt, Tod und Wiedergeburt wird als Samsara bezeichnet.

Gemäß dem hinduistischen Glauben hängt die Art der Wiedergeburt von den Taten (Karma) und der spirituellen Entwicklung des Individuums im vorherigen Leben ab. Jede Handlung, jede positive oder negative Tat, hinterlässt Spuren im kosmischen Gleichgewicht, welches das Schicksal der Seele im nächsten Leben beeinflusst. Durch die Erfüllung von Pflichten (Dharma) und die spirituelle Praxis soll das Karma geläutert und das höchste Ziel angestrebt werden – die Befreiung von der Wiedergeburt, das Moksha.

Moksha bedeutet die Erlösung von Samara und die Vereinigung der individuellen Seele mit dem kosmischen Bewusstsein, dem Brahman. Es ist das ultimative Ziel spiritueller Praxis im Hinduismus, bei dem die Seele die endlose Wiedergeburtskette hinter sich lässt, um in einem Zustand von vollkommener Harmonie, Frieden und Gleichgewicht zu verweilen.

Das Konzept der Wiedergeburt und des Karmas in der hinduistischen Weltsicht betont die Verantwortung des Individuums für sein Handeln und seine geistige Entwicklung. Der Glaube an die Reinkarnation erinnert die Gläubigen daran, dass das Leben ein kontinuierlicher Zyklus ist, in dem jede Erfahrung und jedes Handeln Auswirkungen auf das gegenwärtige und zukünftige Dasein hat.

Die hinduistische Sichtweise zum Leben nach dem Tod lehrt uns die Bedeutung der Selbstreflexion, der ethischen Prinzipien und des spirituellen Wachstums im Streben nach spiritueller Erleuchtung und der Befreiung von den Fesseln des sinnlichen Seins. Durch das Verständnis von Reinkarnation und Moksha erhält der Gläubige Hoffnung, dass die Seele auf dem Weg zur höchsten Verwirklichung von ihrem begrenzten Ich befreit wird und letztendlich in die Weite des universellen Bewusstseins eingehen kann.

Im Buddhismus wird das Konzept der Wiedergeburt ebenfalls akzeptiert, wobei der Kreislauf von Geburt, Tod und Wiedergeburt durchbrochen werden kann, wenn man das Leiden und die Unwissenheit überwindet. Die Erleuchtung oder das Erreichen des Nirwana markiert das Ende des endlosen Wiedergeburtszyklus. Dieses Glaubenskonzept ist eng mit dem Leidensdruck (Dukkha) und der Lehre der Erleuchtung oder des Nirwana verbunden. Im Buddhismus wird angenommen, dass die Seele oder der Geist eines Individuums nach dem körperlichen Tod in einem anderen Wesen wiedergeboren wird, abhängig von den Handlungen (Karma) und dem Geisteszustand des vorherigen Lebens.

Der endlose Zyklus von Geburt, Tod und Wiedergeburt, der als Samsara bezeichnet wird, wird als Quelle des Leidens und der Unvollkommenheiten des menschlichen Daseins betrachtet. Die buddhistische Lehre lehrt, dass die Wiedergeburt dazu führt, dass die Seele unzählige Male wiedergeboren wird, um die Lektionen des Lebens zu lernen und das Karma abzuarbeiten.

Das ultimative Ziel im Buddhismus ist die Erleuchtung oder das Erreichen des Nirwana, was den Ausstieg aus dem endlosen Wiedergeburtszyklus markiert. Nirwana steht für die Befreiung von allen Begierden, Leiden und Illusionen des Egos. Es ist ein Zustand reinen Bewusstseins, vollkommenen Friedens und zeitloser Existenz, der das Leiden und die Unvollkommenheiten des Samsara überwindet.

Der Weg zur Erleuchtung im Buddhismus beinhaltet die Praxis des Achtfachen Pfades, der die ethischen Grundsätze, mentale Disziplin und spirituelle Übung umfasst. Durch die Entwicklung von Mitgefühl, Weisheit und Gleichmut soll der Gläubige das Leiden und die Unwissenheit überwinden, die das Rad des Leidens (Samsara) in Bewegung halten.

Die buddhistische Sichtweise zum Leben nach dem Tod lehrt uns die Bedeutung von Achtsamkeit, Ethik und spiritueller Praxis, um den Weg zur Erleuchtung zu beschreiten und aus dem endlosen Kreislauf von Geburt und Tod auszusteigen. Indem wir die Ursachen des Leidens verstehen und nach spiritueller Vollendung streben, können wir hoffen, das Leiden zu überwinden und die wahre Natur unseres Seins zu erkennen.

Im Christentum gibt es eine tief verwurzelte Überzeugung, dass das Leben nach dem Tod eine zentrale Rolle spielt. Das entspricht sowohl den Erkenntnissen der englischen Medialität, als auch der modernen Physik, bei der ein Leitsatz lautet: Energie geht nicht verloren, sondern ändert nur den Aggregatszustand. Hier einige Aspekte der christlichen Sichtweise auf das Leben nach dem Tod:

Christen glauben an die Auferstehung der Toten. Dies basiert auf den Zeugnissen im Neuen Testament, insbesondere auf der Auferstehung Jesu Christi. Die Evangelisten berichten vom leeren Grab und von den Menschen, die dem Auferstandenen begegnet sind. Die Auferstehung Jesu ist ein zentrales Ereignis, das den Glauben an die Auferstehung der Gläubigen stärkt.

Begegnung mit Gott im Übergang vom Leben zum Tod: Moderne Theologen sind überzeugt, dass der Mensch im Moment des Übergangs vom Leben zum Tod Gott begegnet. In dieser Begegnung erhält die Seele Anteil an göttlicher Lebenskraft. Jesus selbst ist nicht aus eigener Kraft auferstanden, sondern wurde mit der göttlichen Kraft des Heiligen Geistes auferweckt. Ähnlich werden auch die Menschen auferweckt werden.

Endzeitgericht und Wiederauferstehung: Der Satz im Glaubensbekenntnis „zu richten die Lebenden und die Toten" hat bei Gläubigen oft Ängste ausgelöst. Er wurde missbraucht, um Menschen zu einem bestimmten Lebensstil zu erziehen. Tatsächlich bedeutet dieser Satz, dass Gott die Welt wieder „richtig" macht. Es geht darum, dass die Welt und die Menschen wieder in Harmonie mit Gottes ursprünglichem Plan kommen. Diese Wiederherstellung umfasst sowohl individuelle Heilung als auch die Heilung der Welt insgesamt.

Himmel, Hölle, Fegefeuer: Nach christlicher Vorstellung ist die Seele unsterblicher und spiritueller Teil des Menschen, die nach dem Tod ins Jenseits übergeht. In der traditionellen Vorstellung kommt die Seele entweder in den Himmel oder in die Hölle, je nachdem, ob man als Mensch ein „gutes" oder „böses" Leben geführt hat. Nach christlichem Glauben erfährt die Seele im Himmel ewige Freude und Glückseligkeit, es ist das Paradies in Gottes Gegenwart. Die Hölle hingegen ist ein Ort des Leidens und der Trennung von Gott. Das Fegefeuer gilt als Ort der Reinigung. Allerdings sehen viele Christen Himmel und Hölle nicht als Orte, sondern vielmehr als geistige Zustände der Gottesnähe und Gottesferne.

Untrennbarkeit von Körper, Geist und Seele: Die christliche Vorstellung von Auferstehung betont, dass Körper und Geist, Leib und Seele nach dem Tod in irgendeiner Form miteinander verbunden bleiben. Diese Untrennbarkeit ist in der Schöpfung begründet, da

Gott den Menschen als sein Ebenbild mit Leib, Seele und Geist erschaffen hat. Genau das besagt auch die moderne Spiritualität, wenn sie von feinstofflicher Wahrnehmung spricht.

Insgesamt glauben Christen, dass der Tod nicht das Ende ist, sondern der Übergang zu einem ewigen Leben in Gemeinschaft mit Gott. Die Auferstehung und die Hoffnung auf Wiederherstellung sind zentrale Elemente dieses Glaubens.

Im Islam gibt es die Vorstellung eines Jenseits, in dem die Seelen der Verstorbenen auf ein göttliches Gericht warten – sehr ähnlich dem Christentum. Je nach ihren Taten im diesseitigen Leben werden sie entweder belohnt oder bestraft. Die Paradiesvorstellung im Christentum steht im Gegensatz zur Hölle als Straf- und Reinigungsort. Die islamische Sichtweise auf das Leben nach dem Tod ähnelt in einigen Aspekten der christlichen Vorstellung, beinhaltet jedoch auch einzigartige Konzepte und Details bezüglich des Jenseits, des göttlichen Gerichts und der Belohnungen bzw. Bestrafungen für die Seelen.

Jenseits: Im Islam glaubt man an ein Leben nach dem Tod, in dem die Seelen der Verstorbenen auf das göttliche Gericht am Jüngsten Tag warten. Dieser Tag des Gerichts wird als Yawm al-Qiyamah bezeichnet und markiert das Ende der Welt und die Auferstehung der Toten für die Verhandlung über ihr diesseitiges Verhalten und ihre spirituelle Reife.

Göttliches Gericht: Am Yawm al-Qiyamah wird jeder Mensch vor Allah, dem allwissenden Richter, erscheinen und über seine Taten, Glauben und Absichten befragt werden. Basierend auf seinen guten oder schlechten Taten wird das Schicksal jedes Einzelnen entschieden und die Belohnungen oder Bestrafungen im Jenseits festgelegt.

Belohnung und Bestrafung: Im Islam gibt es die Vorstellung von Paradies und Hölle als Belohnungsorte für diejenigen, die gerechte und tugendhafte Leben geführt haben, beziehungsweise Bestrafungsorte für diejenigen, die sündhaft und ungerecht gelebt haben. Das Paradies (Jannah) wird als Ort der ewigen Freuden, Glückseligkeit und Nähe zu Allah beschrieben, während die Hölle (Jahannam) als Ort des Feuers, der Qualen und der Trennung von Gott gilt.

Die islamische Vorstellung von Jenseits, göttlichem Gericht und Belohnung bzw. Bestrafung baut auf dem Glauben an Gerechtigkeit, Barmherzigkeit und Befolgung der göttlichen Gebote auf. Gläubige streben danach, ein rechtschaffenes Leben zu führen, um am Tag des Gerichts Wohlgefallen bei Allah zu finden und Eintritt ins Paradies zu erlangen.

Die Kernaussagen islamischer Texte und Überlieferungen betonen die Bedeutung von Glauben, Taten und Absichten, da diese über das Ewige Schicksal der Seele im Jenseits entscheiden. Die islamische Vision von einem gerechten und barmherzigen Gott, der über das Schicksal aller Wesen wacht und sie gemäß ihren Taten belohnt oder bestraft, prägt die muslimische Vorstellung von der Ewigkeit und dem Leben nach dem Tod. Wobei es hier – wie auch im Christentum – viele unterschiedliche Interpretationen des Koran gibt.

Apropos! Da ich ja ein weibliches Wesen bin, hat mich natürlich auch interessiert, wie das nun ist mit den Jungfrauen und dem Himmel. Das hat meine kurze Recherche ergeben: Die Vorstellung, dass im Islam auf den „wahren Moslem" im Paradies viele Jungfrauen warten, stammt aus bestimmten Interpretationen einiger islamischer Texte, insbesondere aus Hadithen, die unterstützen, dass männliche Gläubige im Paradies von Huri, himmlischen Jungfrauen, umgeben sein können. Huri werden im Islam als rein und schön beschrieben, geschaffen, um den rechtschaffenen Männern als Belohnung im Paradies zu dienen. Diese Vorstellung spiegelt sich in einigen Interpretationen wider, die besagen, dass männliche Gläubige im Paradies mit Jungfrauen belohnt werden, die ihnen als Gefährtinnen und Quelle der Freude dienen sollen.

Dabei ist aber anzumerken, dass die Interpretationen in der islamischen Theologie vielfältig sind und es unterschiedliche Sichtweisen und Debatten über die genaue Bedeutung von Texten und Aussagen gibt. Einige Gelehrte betonen, dass diese Beschreibungen metaphorisch zu verstehen sind und symbolisch für die Freuden und

Belohnungen stehen, die im Paradies auf die Gläubigen warten. Daher scheint diese Vorstellung vor allem aus dem innigen Wunsch der Männer heraus zu sehen zu sein, wie das Paradies wohl aussehen könnte.

In der jüdischen Religionslehre gibt es die Vorstellung einer Auferstehung der Toten am Ende der Zeit, in der die Seelen der Verstorbenen wieder mit ihren physischen Körpern vereint werden, um an einem göttlichen Gericht teilzunehmen. Dieses Konzept der Auferstehung und des göttlichen Gerichts spielt eine wichtige Rolle in der Eschatologie des Judentums.

Die jüdische Lehre besagt, dass am Ende der Tage, dem sogenannten „Tag des Gerichts" (Jom ha-Din), alle Seelen der Verstorbenen von den Toten auferstehen werden, um vor Gott gerichtet zu werden. Dieses Gericht wird darüber entscheiden, wie die Seelen ihrer Taten im diesseitigen Leben würdig sind und ob sie ins ewige Leben eingehen oder nicht.

Die Auferstehung der Toten im Judentum umfasst die Vorstellung, dass die Seelen wieder in ihre körperliche Form zurückkehren werden, um an einem göttlichen Gericht teilzunehmen. Dieses Gericht wird über das Gute und das Schlechte in den Leben der Verstorbenen urteilen und die Belohnungen oder Strafen im Jenseits entsprechend festlegen.

Nach der jüdischen Eschatologie wird die Auferstehung der Toten als ein Akt göttlicher Gnade und Gerechtigkeit betrachtet, der die Vollendung und Erfüllung der Schöpfung symbolisiert. Die Gerichtsentscheidungen werden als Ausdruck der göttlichen Barmherzigkeit und Gerechtigkeit angesehen, die die Seelen entsprechend ihrer Taten belohnen oder bestrafen.

Die jüdische Vorstellung eines Lebens nach dem Tod betont die Verantwortung jedes Individuums für sein Handeln, seinen Glauben und seine Beziehungen zu Gott und zur Schöpfung. Die Idee der Auferstehung und des göttlichen Gerichts erinnert die Gläubigen daran, dass sie für ihre Taten Rechenschaft ablegen müssen und dass ihre Entscheidungen Auswirkungen auf ihr Leben im Diesseits und im Jenseits haben.

Es gibt so gut wie keine Kulturen oder auch indigenen Völker, die „nicht" an irgendeine Vorstellung von einem Leben nach dem Tod glauben, das in einer anderen spirituellen Dimension stattfindet, in der die Seelen der Verstorbenen weiterexistieren und mit den lebenden Menschen in Verbindung treten können.

Die vielfältigen Theorien über die Existenz eines Lebens nach dem Tod verdeutlichen die tief verwurzelten spirituellen Überzeugungen und die Suche des Menschen auf der ganzen Welt und in allen Zeitperioden nach Sinn, Trost und Hoffnung jenseits des physischen Endes. Und jenseits des physischen Seins.

Himmel, Hölle und alles dazwischen

Wir haben also gesehen, in den verschiedensten Kulturen und Religionen auf der Welt existieren Vorstellungen von Leben nach dem Tod und dem Jenseits. Diese Vorstellungen variieren und reichen von einem paradiesischen Himmel über eine grauenvolle Hölle bis hin zu einem Zwischenreich, in dem die Seelen verweilen, bevor sie ihren endgültigen Platz finden. Auch in der esoterischen und medialen Welt gibt es viele Menschen, die angestrebt haben, Kontakt zu Verstorbenen aufzunehmen und Einblicke in das Jenseits zu erhalten.

In der christlichen Religion wird der Himmel oft als ein Ort der Glückseligkeit und des Friedens beschrieben, in dem die Gläubigen nach ihrem Tod ein ewiges Leben bei Gott verbringen. Die Hölle hingegen wird als Ort der Qual und der Verdammnis gesehen, an den diejenigen kommen, die sich von Gott abgewandt haben. Viele Christen haben Angst davor, dass ihre Verstorbenen in die Hölle kommen könnten und machen sich Sorgen um ihr Wohlergehen im Jenseits. Genau das ist auch die Angst der Hiergebliebenen, wenn sie an den aktuellen Aufenthaltsort ihrer Gegangenen danken. Geht es ihnen gut? Wo sind sie? Wie „leben" sie?

Esoteriker und Jenseits-Medien glauben und beschreiben die Geistige Welt oft als ein Zwischenreich, in dem die Seelen nach ihrem Tod noch eine Zeitlang verweilen, bevor sie sich endgültig entscheiden, wohin sie gehen wollen. Medien versuchen, Kontakt mit diesen Seelen aufzunehmen und Informationen aus dem Jenseits zu vermitteln. Sie berichten von persönlichen Mitteilungen der Verstorbenen, die ihren Liebsten Trost spenden und ihnen helfen, mit dem Verlust umzugehen.

Interessant ist, das niemand von einem „bösen" Jenseits berichtet. Wenn überhaupt, dann wird die Existenz an diesem Ort als Metapher für die individuellen seelischen Zustände interpretiert und als ein Ort der Emotions- und Schmerzlosigkeit.

Es scheint, als ob die Vorstellungen vom Leben nach dem Tod stark von den persönlichen Glaubensvorstellungen und spirituellen Erfahrungen geprägt sind. Für manche ist das Jenseits ein Ort der Harmonie und des Trostes, während es für andere eine Fortsetzung der irdischen Leiden darstellt. Die Vielfalt der Vorstellungen von einem Leben nach dem Tod zeigt, wie tief verwurzelt der Wunsch nach einer Existenz über den Tod hinaus in der menschlichen Kultur ist. Dies wirft die Frage auf, ob diese Vorstellungen lediglich eine tröstliche Illusion sind oder ob sie tatsächlich eine tiefere Wahrheit über die Existenz nach dem Tod widerspiegeln. Am Ende des Tages bleibt das Jenseits ein Mysterium, das uns immer wieder zum Nachdenken und Spekulieren anregt.

Letztendlich bleibt die Frage nach dem Jenseits und dem Leben nach dem Tod wohl für immer ein Geheimnis, das kein Mensch vollständig beantworten kann. Jeder muss für sich selbst entscheiden, woran er glaubt und wie er mit dem Thema umgeht. Vielleicht ist es am wichtigsten, in der Gegenwart zu leben und die Zeit, die man hat, bestmöglich zu nutzen, anstatt sich zu sehr über das Unbekannte im Jenseits Gedanken zu machen. Manchmal ist es vielleicht einfacher, an ein Leben nach dem Tod zu glauben, als sich den Gedanken an das unvermeidliche Ende unseres jetzigen Daseins zu stellen. Doch vielleicht liegt gerade darin die eigentliche Herausforderung: bewusst im Hier und Jetzt zu leben und die Vergänglichkeit des Lebens anzunehmen.

Wiedergeburt und Reinkarnation

Werfen wir einen kurzen Blick auf den aktuellen Wissensstand zum Thema Wiedergeburt und Reinkarnation. Es sind Konzepte, die in vielen Kulturen und Religionen (eigentlich in den meisten) auf der ganzen Welt eine entscheidende Rolle spielen. Es beschreibt den Glauben, dass die Seele nach dem Tod in einem neuen Körper wiedergeboren wird, um auf diese Weise einen Kreislauf von Leben und Tod zu durchlaufen.

Der aktuelle Wissensstand zu diesem Thema ist vielfältig, daher nur ein kurzes Exzerpt und Überblick über einige kulturelle, religiöse und wissenschaftliche Perspektiven. Ich selbst bin überzeugt von der jenseitigen Welt und dass die Seelen unserer Verstorbenen dort verweilen und „ein wachendes Auge" auf uns haben. Ich sehe es als tröstlich an, wenn man dies als allgegenwärtig annimmt. Nichts geht auf dieser Welt endgültig verloren. Es verändert nur seine Hülle oder seine Stofflichkeit.

In vielen östlichen Religionen und Philosophien, wie dem Hinduismus und Buddhismus, ist die Lehre der Wiedergeburt ein zentraler Bestandteil. Im Hinduismus wird sie als Samsara bezeichnet, der ewige Kreislauf von Geburt, Tod und Wiedergeburt, in dem die Seele Karma ansammelt und sich auf diese Weise weiterentwickelt. Im Buddhismus hingegen zielt die Lehre der Reinkarnation darauf ab, den Kreislauf von Wiedergeburten zu durchbrechen und die Erleuchtung zu erlangen.

Bei uns Christen ist es ja „fast" ebenso. Bei uns allerdings dauert es bis zum jüngsten Tag, bevor wir in Glorie wiederkehren dürfen – an der Seite Gottes.

Auch in einigen esoterischen Strömungen und bei Medien ist der Glaube an Wiedergeburt und Reinkarnation stark verbreitet. Hier wird angenommen, dass die Seele nach dem Tod in einem neuen Körper wiedergeboren wird, um ihre spirituelle Entwicklung fortzusetzen.

Medien berichten oft von Begegnungen mit Verstorbenen, die über ihre früheren Leben sprechen und Hinweise auf eine mögliche Reinkarnation geben.

Was denken die Menschen über ein Leben nach dem Tod?

Immer schon wurde über das „Danach" nachgedacht. Eigentlich kein Wunder, ist doch die Angst vor dem Tod immer mit dem Unbekannten verbunden. Die Urangst des Menschen: Was wird sein, was passiert mit uns? Kommen wir in den Himmel, werden wir zu einem Tier oder ein anderer Mensch, oder werden wir gar in einer Simulation an den Start zurückgesetzt? Wie es uns der Film „Matrix" weismachen will. Ob Hinduismus, Rastafari oder buddhistische Theorien – sie alle versuchen zu erklären, was nach dem Tod passiert. Und es gibt auch sehr abstruse und durchaus originelle Erklärungen zu diesem Thema, das die Menschheit schon von Anbeginn umtreibt.

Meine Theorie-Fundstücke zum Leben nach dem Tod

Ich kann es ja immer noch nicht glauben, aber meine Recherche hat 30 (!) Überlegungen und philosophische Betrachtungen über das Leben nach dem Tod zu Tage gebracht. Aus allen Zeiträumen und aus allen Erdteilen.

Die Simulationstheorie – wir leben in einer Matrix

Die „moderne" Simulationstheorie wirft die Frage auf, ob alles in unserem Leben vorherbestimmt ist. Die Idee, in einer Matrix zu leben, in der unser Dasein nur als digitale Information existiert, mag auf den ersten Blick absurd erscheinen. Doch die Vorstellung, dass unser Leben von einer höheren Instanz gesteuert wird, bringt einen gewissen Trost, da sich dadurch alles, auch der Tod, in einen größeren Plan einfügt.

Wissenschaftler haben festgestellt, dass es bestimmte Muster und Gesetzmäßigkeiten gibt, die unser Leben zu bestimmen scheinen. Diese Erkenntnis lässt Raum für die Möglichkeit, dass unser Schicksal tatsächlich schon vorherbestimmt ist. Manche glauben sogar, dass wir uns in einer Art Experiment befinden, durch das wir lernen sollen und uns weiterentwickeln können. Die Vorstellung, dass es einen übergeordneten Plan gibt, der unsere Existenz lenkt, verleiht vielen Menschen ein Gefühl von Sicherheit und Geborgenheit in einer scheinbar chaotischen Welt. Vielleicht gibt es also die Kämpfer für unsere Befreiung aus der Matrix, wie es Neo im Film so eindrucksvoll versucht. Nun, ganz ehrlich, ich habe bei meinen Jenseitskontakten noch keinerlei Hinweise auf diese Theorie gefunden. Wäre auch ziemlich beängstigend und frustrierend.

Die Rastafari-Theorie

In der Rastafari-Kultur wird das Leben als ewig betrachtet. Die Vorstellung ist, dass nur diejenigen, die sich von der Rechtschaffenheit abwenden, tatsächlich sterben. Daher werden Beerdigungen in ihrer Gemeinschaft nicht als traurige Anlässe angesehen, sondern vielmehr als Feiern des Lebens und des Übergangs in eine andere Existenzform.

Die Rastafari glauben fest daran, dass der Tod nicht das Ende bedeutet, sondern vielmehr ein neuer Beginn ist. Sie sehen den Tod als eine Art Transformation und Übergang zu einem anderen Zustand des Seins. Diese Überzeugung gibt den Rastafari Trost und Hoffnung und hilft ihnen, die Angst vor dem Unbekannten zu überwinden.

Durch ihre Philosophie des ewigen Lebens nach dem Tod ermutigen die Rastafari ihre Anhänger dazu, ein rechtschaffenes Leben zu führen und sich auf das Jenseits vorzubereiten. Dieser Glaube an die Kontinuität des Lebens auch über den physischen Tod hinaus prägt ihr gesamtes Weltbild und ihre Sichtweise auf Existenz an sich.

In einer Welt, in der der Tod oft mit Furcht und Unsicherheit verbunden ist, bietet die Rastafari-Theorie einen erfrischend positiven und hoffnungsvollen Blick auf das Leben nach dem Tod.

Die Theorie des unendlichen Lebens

Die Theorie des unendlichen Lebens ist eine faszinierende Vorstellung, die viele Menschen zum Nachdenken bringt. Sie besagt, dass nach dem Tod die Seele sofort in einen neuen Körper geboren wird, ohne Erinnerung an das vorherige Leben. Diese Idee wirft Fragen auf über die Kontinuität des Selbst und die Natur des Bewusstseins.

Menschen, die an diese Theorie glauben, finden Trost in der Vorstellung, dass ihr Leben niemals endet und dass sie immer wieder die Chance haben, sich zu verbessern und weiterzuentwickeln. Andererseits kann es auch beängstigend sein zu denken, dass man sich nicht an vergangene Erfahrungen erinnert und somit keine Kontinuität zwischen den verschiedenen Inkarnationen hat.

Ein Leben nach dem Tod im Sinne der Theorie des unendlichen Lebens stellt unsere Vorstellungen von Zeit und Identität auf den Kopf. Es fordert uns heraus, unsere Einstellung zum Tod und zur Vergänglichkeit zu überdenken und möglicherweise eine tiefere spirituelle Verbundenheit mit dem Universum zu entwickeln.

In dieser Theorie liegt eine gewisse Schönheit in der Idee der ewigen Wiedergeburt und der Möglichkeit zur ständigen Transformation. Es ist ein Gedanke, der sowohl Trost als auch Herausforderung bietet und uns dazu anregt, über unser Dasein in einem größeren Zusammenhang nachzudenken.

Die kosmische Theorie

Die kosmische Theorie zum Leben nach dem Tod basiert auf der Vorstellung, dass unser Bewusstsein nicht an unseren individuellen Körper gebunden ist, sondern eine Verbindung zum gesamten Universum hat. Nach dem Tod löst sich unser Bewusstsein von unserem physischen Körper und vereinigt sich wieder mit dem kosmischen Ganzen.

Diese Vorstellung impliziert eine Art von Unsterblichkeit oder Fortbestehen nach dem physischen Tod. Das individuelle Bewusstsein existiert nicht mehr als eigenständige Einheit, sondern wird Teil des größeren Bewusstseins des gesamten Universums. Dies kann Trost spenden und die Angst vor dem Tod lindern, da es bedeutet, dass wir Teil eines größeren Ganzen sind und nicht einfach aufhören zu existieren.

Die kosmische Theorie hat in verschiedenen spirituellen Traditionen und Philosophien ihren Platz gefunden. Zum Beispiel gibt es Parallelen zur hinduistischen Vorstellung von Atman, das individuelle Selbst, das letztendlich mit Brahman, dem universalen Selbst, verschmilzt. Auch in der buddhistischen Lehre vom Nirwana, einem Zustand der Befreiung von den Begrenzungen des individuellen Selbst, finden sich Ähnlichkeiten zur kosmischen Theorie.

Insgesamt bietet die kosmische Theorie eine metaphysische Erklärung für das Leben nach dem Tod, die über die Vorstellung eines persönlichen Himmels oder einer Hölle hinausgeht. Sie betont die Verbundenheit aller Dinge im Universum und das Aufgehen des individuellen Bewusstseins in etwas Größerem und Zeitlosem.

Die buddhistische Theorie

Buddhisten vertreten das Konzept der Reinkarnation nach dem Tod. Nach dem Tod können Menschen in verschiedenen Bereichen wiedergeboren werden, darunter Götter, Halbgötter, Menschen, Tiere oder Geister. Diese Wiedergeburt hängt von den Taten und dem Karma ab, das im vorherigen Leben gesammelt wurde. Karma ist dabei die Summe der guten und schlechten Handlungen eines Menschen und beeinflusst seine künftige Existenz.

Die buddhistische Vorstellung vom Leben nach dem Tod unterscheidet sich somit grundlegend von der Vorstellung eines ewigen Lebens im Himmel oder einem ewigen Höllenfeuer, wie es in einigen anderen Religionen gelehrt wird. Stattdessen glauben Buddhisten an einen Zyklus von Leben, Tod und Wiedergeburt, der durch das Streben nach spiritueller Erleuchtung und Erlösung durchbrochen werden kann.

Ein zentraler Bestandteil der buddhistischen Lehre ist das Streben nach Nirwana, einem Zustand der vollkommenen inneren

Ruhe, Freiheit und Erleuchtung. Durch das Loslassen von weltlichen Wünschen und das Erlangen von Weisheit und Mitgefühl können die Menschen laut der buddhistischen Lehre dem endlosen Kreislauf der Wiedergeburten entkommen und die Befreiung vom Leiden erlangen.

Die buddhistische Theorie zum Leben nach dem Tod verdeutlicht somit die Bedeutung von moralischem Handeln und bewusstem Leben, um positive Konsequenzen in zukünftigen Existenzen zu erlangen. Sie lädt die Menschen ein, über ihr eigenes Verhalten und ihre Spiritualität nachzudenken, um letztendlich in einem Zustand von Frieden und innerer Harmonie zu enden.

Die Theorie der Paralleluniversen

Das Konzept der Paralleluniversen wurde in zahlreichen Science-Fiction-Filmen und Comics dargestellt und wirft die Frage nach seiner Plausibilität auf. Nach dieser Theorie setzt sich unsere Existenz nach dem Tod fort, wenn auch in einer anderen Region von Raum und Zeit innerhalb desselben Universums, in dem wir zuvor gelebt haben.

Die Theorie der Paralleluniversen besagt, dass es unendlich viele Universen gibt, die parallel zueinander existieren. Jedes Universum ist eine Variation des anderen, in dem unterschiedliche Entscheidungen getroffen wurden und somit verschiedene Realitäten entstehen. Im Zusammenhang mit dem Leben nach dem Tod besagt diese Theorie, dass unsere Existenz nach dem physischen Tod in einem anderen Universum weitergeht.

In einem solchen Paralleluniversum könnten die gleichen Menschen existieren, aber in einem anderen Kontext oder an einem anderen Ort. Es wird argumentiert, dass unsere Bewusstseinselemente, Erinnerungen und Persönlichkeitsmerkmale in einem anderen Universum fortbestehen, obwohl wir in unserem aktuellen Universum physisch gestorben sind.

Die Theorie der Paralleluniversen bietet somit eine mögliche Erklärung für ein Leben nach dem Tod, das nicht von religiösen Vorstellungen abhängig ist, sondern auf wissenschaftlichen Konzepten basiert. Sie ermöglicht es, die Angst vor dem Tod zu verringern, da sie die Vorstellung unterstützt, dass unsere Existenz in irgendeiner Form fortbesteht.

Allerdings ist diese Theorie spekulativ und es gibt bisher keine wissenschaftlichen Beweise für die Existenz von Paralleluniversen. Daher bleibt die Frage nach einem Leben nach dem Tod weiterhin offen und wird von verschiedenen Kulturen und Philosophien unterschiedlich interpretiert.

Die Theorie des Jenseits als ewiger Traum

Was wäre, wenn alles nur ein Traum wäre? Die Traumtheorie besagt, dass wir, wenn wir sterben, nur aus einem sehr verwirrenden, lebhaften und langen Traum erwachen. Kneifen Sie sich selbst. Die Theorie des Jenseits als Traum ist eine faszinierende philosophische Überlegung, die die Vorstellung eines Lebens nach dem Tod in einem neuen Licht betrachtet. Nach dieser Theorie erwachen wir nach unserem Tod nur aus einem langen und verwirrenden Traum, ähnlich wie wir aus einem normalen Schlaf erwachen.

Diese Vorstellung wirft interessante Fragen auf. Was wäre, wenn unser derzeitiges Leben tatsächlich nur ein Traum ist und wir erst nach unserem Tod die Wirklichkeit erkennen? Oder könnte es sein, dass unser Traumleben nach dem Tod genauso real ist wie unser jetziges Leben?

Die Idee eines Lebens nach dem Tod als Traum kann verschiedene Reaktionen hervorrufen. Einige Menschen könnten Trost darin finden, dass ihr Leben nach dem Tod möglicherweise nicht so endgültig ist, sondern nur eine andere Form von Existenz darstellt. Andere könnten diese Theorie als beunruhigend empfinden, da sie die Frage aufwirft, was denn dann die wirkliche Wirklichkeit ist und ob es überhaupt eine gibt.

Die Traumtheorie bietet eine interessante Perspektive auf die Frage nach dem Leben nach dem Tod und regt dazu an, über die Natur unserer Existenz und Realität nachzudenken. Letztendlich bleibt es jedoch eine spekulative Theorie, die uns dazu anregt, unsere eigenen

Überzeugungen und Vorstellungen über den Tod und das Jenseits zu überdenken.

Die Theorie der Azteken

Die Azteken glaubten, dass das Leben nach dem Tod eine Fortsetzung des irdischen Lebens war und dass es verschiedene Pfade gab, je nach den Umständen des Todes. Diese Vorstellung deutet darauf hin, dass das Verhalten und die Taten eines Menschen zu Lebzeiten einen direkten Einfluss darauf hatten, welches Schicksal sie im Jenseits erwartete.

Im Glaubenssystem der alten Azteken gab es drei verschiedene Pfade, die das Leben nach dem Tod bestimmten: die Sonne, Mictlan und Tlalocan. Welches Leben im Jenseits man erlebte, hing von den Umständen des eigenen Todes ab.

Der Pfad der Sonne wurde als der edelste betrachtet und war für diejenigen reserviert, die im Kampf starben oder bei der Geburt eines Kindes. Diese Seelen wurden zu Kolibris, einem Symbol für Schönheit und Freiheit. Der Pfad der Sonne versprach ein Leben im Licht und in Harmonie mit den Gottheiten.

Der Pfad nach Mictlan hingegen war für diejenigen gedacht, die auf weniger ehrenhafte Weise gestorben waren. Mictlan war eine düstere Unterwelt, in der die Seelen Prüfungen durchlaufen mussten, um in das Reich der Toten einzutreten. Dieser Pfad wird oft mit dem christlichen Konzept von Himmel und Hölle verglichen, in dem die Seelen entsprechend ihrer Taten gerichtet werden.

Der dritte Pfad, Tlalocan, war für diejenigen vorgesehen, die durch Ertrinken gestorben waren. Tlalocan war das Reich des Regengottes Tlaloc und war mit Fruchtbarkeit und Lebenserneuerung verbunden. Es war ein Ort des Überflusses und der Fülle, an dem die Seelen Ruhe und Frieden fanden.

Insgesamt zeigt die aztekische Vorstellung vom Leben nach dem Tod, dass der Tod als Übergang in eine andere Realität angesehen wurde, in der die Taten und das Verhalten zu Lebzeiten entscheidend dafür waren, welches Schicksal die Seelen erwartete. Diese Vorstellung kann als eine Art moralisches Konzept interpretiert werden, das die Bedeutung von Ethik und Tugend im Leben der Azteken hervorhebt.

Platons Theorie

Platon war der Ansicht, dass unser Wissen durch die physische Welt begrenzt ist. Er vertrat die Ansicht, dass sich der Mensch nach dem Tod auf eine erfülltere Reise begibt, auf der seine Seele ihre wahre Existenz entdecken kann. Seiner Theorie zufolge bietet der Tod eine Gelegenheit für diese Erkundung. Platons Theorie zum Leben nach dem Tod beruht auf seiner Idee der Unsterblichkeit der Seele. Für ihn war die Seele etwas, das unabhängig vom Körper existiert und in der physischen Welt nur vorübergehend gefangen ist. Nach dem Tod befreit sich die Seele von ihrem materiellen Gefängnis und kehrt in ihre ursprüngliche, rein geistige Existenz zurück.

Platon glaubte, dass die Seele verschiedene Stufen durchläuft, bevor sie letztendlich in die wahre Realität eintreten kann. Auf dieser Reise soll die Seele die Welt der Ideen erkunden und damit zu einem tieferen Verständnis und Weisheit gelangen. Durch diese Reise soll die Seele letztendlich die Vollkommenheit erreichen, die sie während ihres irdischen Lebens nicht erreichen konnte.

Für Platon war der Tod also nicht das Ende, sondern vielmehr der Beginn einer neuen Reise für die Seele. Er sah den Tod als eine Möglichkeit für die Seele, sich von den Begrenzungen der physischen Welt zu lösen und ihre wahre Natur zu erkennen.

Diese Sichtweise bietet einen tröstlichen Gedanken für diejenigen, die Angst vor dem Tod haben. Sie legt nahe, dass der Tod nicht nur ein Verlust ist, sondern vielmehr eine Chance für Wachstum und Erkenntnis darstellt. Platon lehrt uns, dass das Leben nach dem Tod nicht nur eine Fortsetzung, sondern auch eine Erweiterung unseres jetzigen Daseins sein kann. In dieser Hinsicht eröffnet seine Theorie neue Perspektiven und gibt Hoffnung auf eine erfüllende Existenz über den Tod hinaus.

Die Theorie des Nichts

Was wäre, wenn nach dem Tod alles völlig dunkel wird und man aufhört zu existieren? Nicht unbedingt ein beruhigender Gedanke. Genau das besagt aber die Theorie des Nichts. Es ist eine philosophische Überlegung, die besagt, dass nach dem Tod nichts mehr kommt. Es gibt kein Leben nach dem Tod, keine Seele, die weiterexistiert, keine Wiedergeburt, kein Leben in einer anderen Welt. Für manche Menschen kann diese Vorstellung beängstigend sein, da sie mit dem Gedanken konfrontiert werden, dass ihr Leben und ihre Existenz endlich sind und mit dem Tod einfach aufhören. Ich für mich kann diese Variante ausschließen, denn meine täglichen Begegnungen mit Verstorbenen zeigen das genaue Gegenteil.

Dennoch, die Theorie des Nichts kann aus verschiedenen Perspektiven betrachtet werden. Einige Menschen finden sogar Trost in dem Gedanken, dass nach dem Tod nichts mehr kommt und sie nicht mit den Problemen und dem Schmerz des Lebens konfrontiert sind. Sie sehen den Tod als ein friedliches Ende, als eine Erlösung, an dem sie einfach aufhören zu existieren und nichts mehr spüren oder denken.

Andere hingegen finden diese Vorstellung beunruhigend und beängstigend. Sie haben Angst davor, dass ihr Leben bedeutungslos ist, wenn es nach dem Tod einfach aufhört. Sie fragen sich, ob es wirklich alles gewesen sein soll und ob es einen Zweck oder eine Bedeutung in ihrem Leben gab.

Insgesamt ist die Theorie des Nichts eine sehr persönliche und individuelle Überlegung, die stark von den eigenen Glaubensvorstellungen, Werten und Ängsten abhängt. Manche Menschen können Trost darin finden, während es für andere große Unsicherheit und Angst mit sich bringt. Es bleibt letztlich eine der vielen Möglichkeiten, wie Menschen über ein Leben nach dem Tod denken können.

Die Theorie der Mormonen

Die Kirche der Heiligen der Letzten Tage ist der Ansicht, dass verstorbene Mormonen, die gut und rechtschaffen lebten, zu Göttern werden. Ungläubige hingegen müssen im Jenseits mit Verdammnis rechnen. Tja, auch eine Sichtweise! Vor allem die Verdammung von Ungläubigen klingt leider sehr bekannt.

Die Theorie der Mormonen zum Leben nach dem Tod basiert auf ihrem Glauben an die ewige Fortdauer der Seele. Mormonen glauben, dass die Seelen der Verstorbenen entweder in das Paradies oder in das Geistliche Gefängnis gelangen. Im Paradies erhalten die Gläubigen die Möglichkeit, sich weiterzuentwickeln und zu wachsen, während die Ungläubigen im Geistlichen Gefängnis auf ihre Auferstehung warten. Die einzig wahren Gläubigen aber werden am Tag des Weltuntergangs „abgeholt" und dürfen in den Himmel auffahren.

Ein zentrales Element der mormonischen Lehre ist die Idee der Endlichkeit. Die Mormonen glauben, dass jeder Mensch die Chance hat, sein Verhalten im Leben zu ändern und sich dem Glauben anzuschließen, auch nach dem Tod. Durch die Verordnungen und Bündnisse, die im Namen der Toten durchgeführt werden können, haben auch bereits Verstorbene die Möglichkeit, Errettung zu finden.

Eine weitere wichtige Lehre der Mormonen ist die Aussicht auf eine göttliche Erhöhung für diejenigen, die treu sind. Verstorbene Mormonen, die ein rechtschaffenes Leben geführt haben, haben die Chance, zu Göttern zu werden und ihr eigenes Universum zu erstellen. Dieses Konzept der göttlichen Erhöhung und der möglichen Teilnahme an der Schöpfung wird von den Mormonen als ein wesentlicher Bestandteil ihres Glaubens betrachtet.

Insgesamt zeigt die mormonische Theorie zum Leben nach dem Tod ein starkes Vertrauen in die Möglichkeit der Errettung und Erhöhung der Gläubigen sowie die Überzeugung, dass jeder die Freiheit hat, sich auch nach dem Tod für das Gute zu entscheiden.

Interessant zu erwähnen: Die Mormonen, insbesondere einige ihrer Medien und Anhänger, haben in der Vergangenheit bereits mehrere sehr konkrete Weltuntergangsvorhersagen gemacht. Hier sind einige bemerkenswerte Beispiele – und äh, wie wir wissen, sind sie nie eingetroffen. Glück gehabt?

1891: Joseph Smith, der Gründer der Kirche Jesu Christi der Heiligen der Letzten Tage sagte voraus, dass Jesus Christus innerhalb von 56 Jahren nach dem Fund des Buches Mormon auf die Erde zurückkehren würde und damit die Welt auch enden würden. Dies wurde für das Jahr 1891 festgelegt. Leider (oder besser gesagt, Gott sei Dank), war das Datum ein Fehler.

1975: Ein neuer Versuch, diesmal mit 100% göttlicher Gewissheit. Die Mormonen machten sich im Jahr 1975 wieder bereit, das Ende der Welt willkommen zu heißen. Basierend auf bestimmten Interpretationen der Schriften von Joseph Smith. Wieder nix!

2000: Die Jahrtausendwende war nicht nur ein Y2K Problem, sondern wurde von den Mormonen als „jetzt aber wirklich" Datum für das Ende der Welt proklamiert. Genauso wie der Y2K-Bug keine elektronische Steinzeit bescherte, war auch der Weltuntergang wieder mal abgesagt. Seither halten sich die Mormonen mit den Vorhersagen merkbar zurück. Wieso? Bitte nachfragen.

Die ägyptische Pharaonentheorie

Die Mumifizierung war für die alten ägyptischen Pharaonen von entscheidender Bedeutung, da sie glaubten, dass der Tod nicht von Dauer war, und versuchten, ihre Körper für das Leben nach dem Tod zu erhalten. Die ägyptische Pharaonentheorie besagt daher, dass nach dem Tod der Körper erhalten bleiben muss, um dem Verstorbenen ein „normales" Leben im Jenseits zu ermöglichen. Die Ägypter glaubten an ein Leben nach dem Tod, in dem die Seele des Verstorbenen ins Reich der Toten gelangt, um dort mit den Göttern zu leben. Dabei war es wichtig, dass der Körper des Verstorbenen nicht verfiel, damit die Seele weiter existieren konnte.

Die Mumifizierung war ein überaus aufwendiger Prozess, der darauf abzielte, den Körper des Verstorbenen zu konservieren. Dabei wurden die Eingeweide entfernt und der Körper mit verschiedenen Substanzen behandelt, um Verwesung zu verhindern. Anschließend wurde der Körper in Bandagen gewickelt und mit Amuletten versehen, die dem Verstorbenen Schutz im Jenseits bieten sollten.

Für die Pharaonen war die Vorstellung einer Fortsetzung des Lebens nach dem Tod von großer Bedeutung, da sie glaubten, dass ihr Einfluss und ihre Macht auch im Totenreich weiter bestehen würden. Durch die Errichtung von Grabanlagen, wie den Pyramiden, und die Ausstattung mit wertvollen Grabbeigaben sollten die Verstorbenen auf ihrem Weg ins Jenseits unterstützt werden.

Insgesamt zeigt die ägyptische Pharaonentheorie, wie stark der Glaube an ein Leben nach dem Tod die Handlungen und Rituale einer Kultur prägen kann. Durch die Aufrechterhaltung der physischen Existenz im Jenseits konnten die Ägypter die Unsterblichkeit ihrer Seele sicherstellen und somit den Tod als Übergang in ein neues Leben ansehen.

Die Theorie der Ungewissheit

Unser Verständnis des Todes ist auf die Phänomene beschränkt, die der physische Körper erlebt. Die Theorie der Ungewissheit erkennt diese harte Wahrheit an, lässt aber gleichzeitig Raum für Diskussionen über die übrigen Aspekte. Menschen, die an die Theorie der Ungewissheit glauben, akzeptieren, dass der Tod ein unvermeidlicher Bestandteil des Lebens ist. Sie sind sich bewusst, dass der physische Körper zu Asche wird und dass das Bewusstsein des Individuums mit dem Tod endet. Dennoch sind sie offen für die Idee, dass es möglicherweise noch mehr gibt, was über den Tod hinausgeht.

Für Anhänger dieser Theorie besteht die Möglichkeit, dass es eine Art Fortbestehen des Bewusstseins nach dem physischen Tod geben könnte. Dies könnte in Form von Reinkarnation, dem Leben in einer anderen Dimension oder einer spirituellen Existenz erfolgen. Obwohl diese Ideen nicht empirisch nachgewiesen werden können, bieten sie den Menschen Trost und Hoffnung, dass das Leben nach dem Tod nicht einfach aufhört.

Die Theorie der Ungewissheit bedeutet auch, dass Menschen offener für verschiedene religiöse und spirituelle Überzeugungen sind. Sie erkennen an, dass es zahlreiche Ansichten darüber gibt, was nach dem Tod passiert, und respektieren die Vielfalt der Überzeugungen anderer Menschen.

Insgesamt ermöglicht die Theorie der Ungewissheit den Menschen, mit der Angst vor dem Unbekannten umzugehen, während sie gleichzeitig Raum für offene Diskussionen und Reflexion über das Leben nach dem Tod lässt. Es ist eine philosophische Überlegung, die es den Menschen ermöglicht, das Mysterium des Todes in all seiner Komplexität zu erforschen.

Die Theorie des Paranormalen

Dieses Konzept bildet typischerweise die Grundlage vieler Horrorfilme. Befürworter des Übernatürlichen argumentieren, dass unsere Seelen nach dem Tod auf der Erde verbleiben. Außerdem wird allgemein angenommen, dass die Kommunikation mit diesen Geistern mit verschiedenen Methoden möglich ist.

Ein Leben nach dem Tod aus Sichtweise des Paranormalen betrachtet basiert auf dem Glauben an das Übernatürliche. Menschen, die dieser Theorie folgen, glauben daran, dass die Seele eines Verstorbenen auf der Erde bleibt, entweder als Geist oder als Energieform. Diese Vorstellung ist eng mit dem Konzept von Geistern und Spuk verbunden, wie es häufig in Horrorfilmen dargestellt wird.

Für Befürworter der Theorie des Paranormalen bietet der Tod keine endgültige Grenze, sondern lediglich einen Übergang in eine andere Existenzform. Sie glauben daran, dass die Kommunikation mit Verstorbenen durch verschiedene Methoden wie z. B. Séancen oder Medien möglich ist. Diese Kommunikation soll dazu dienen, den Verstorbenen zu kontaktieren, um offene Fragen zu klären oder auch Trost und Unterstützung zu finden.

Die Theorie des Paranormalen kann für manche Menschen eine tröstliche Vorstellung sein, da sie Hoffnung und Gläubigkeit in eine Kontinuität des Lebens nach dem Tod bietet. Andererseits kann sie auch Angst und Unsicherheit hervorrufen, da sie das Unbekannte und Unerklärliche betont. Skeptiker dieser Theorie argumentieren, dass es keine wissenschaftlichen Beweise für die Existenz von Geistern oder paranormalen Phänomenen gibt.

Insgesamt kann die Theorie des Paranormalen eine interessante Perspektive auf das Leben nach dem Tod bieten und zeigt die Vielfalt der Überzeugungen und Ansichten, die Menschen in Bezug auf dieses mysteriöse und faszinierende Thema haben. Letztendlich bleibt es jedoch eine Frage des Glaubens und der persönlichen Überzeugung, was nach dem Tod passiert.

Die Hindu-Theorie

Der Hinduismus glaubt an die Reinkarnation, bei der der künftige Status oder die Gestalt einer Person im nächsten Leben von ihren Handlungen in ihrem jetzigen Leben bestimmt wird. Diese Theorie des Hinduismus basiert auf dem Konzept des Karma, was bedeutet, dass die Handlungen einer Person Auswirkungen auf ihr zukünftiges Leben haben. Laut dieser Lehre strebt jede Seele danach, sich durch verschiedene Lebenszyklen zu entwickeln und letztendlich Erlösung zu erlangen.

Im Hinduismus wird der Tod nicht als das Ende des Lebens gesehen, sondern als Übergang zu einem neuen Lebenszyklus. Der Körper mag sterben, aber die Seele ist unsterblich und geht in eine andere Form über. Es wird geglaubt, dass die Seele nach dem Tod durch verschiedene Reinkarnationen geht, um schließlich Moksha zu erreichen, den Zustand der Befreiung von der Wiedergeburt und dem endlosen Kreislauf des Leidens.

Die Vorstellung eines Lebens nach dem Tod im Hinduismus bietet Trost und Hoffnung und gibt den Gläubigen eine klare Richtlinie für moralisches Handeln. Indem sie sich bewusst sind, dass ihre Handlungen Konsequenzen in zukünftigen Leben haben können, werden die Menschen dazu ermutigt, ethisch zu handeln und gutes Karma anzusammeln.

Insgesamt vermittelt die Hindu-Theorie des Lebens nach dem Tod eine tiefgreifende Philosophie, die die moralische Entwicklung und das Streben nach spiritueller Vollendung betont. Sie bietet eine alternative Sichtweise auf den Tod und ermutigt die Gläubigen, ein moralisches und bewusstes Leben zu führen, um letztendlich die Erlösung zu erlangen.

Die egozentrische Theorie

Wenn Sie glauben, dass Sie der Mittelpunkt von allem sind, dann könnte die egozentrische Theorie des Todes für Sie von Interesse sein. Ich nenne diese Theorie auch scherzhaft „Donald-Trump-Theorie" – nicht ohne Grund. Nach dieser Theorie beginnt das Universum mit Ihrer Geburt und endet mit Ihrem Tod. Die egozentrische Theorie des Lebens nach dem Tod basiert auf der Annahme, dass das Individuum der Dreh- und Angelpunkt des Universums ist. Dies bedeutet, dass das Leben jedes Einzelnen die zentrale Rolle in der Existenz spielt und dass mit dem Tod eines Menschen auch das Universum endet. Diese Theorie reflektiert eine extrem egozentrische Sichtweise, die die Wichtigkeit und Bedeutung des individuellen Lebens über alles andere stellt.

Für Menschen, die der egozentrischen Theorie des Lebens nach dem Tod folgen, kann dies eine beruhigende Vorstellung sein, da sie sich in der Überzeugung wiederfinden, dass ihr Leben von größter Bedeutung ist und dass ihr Tod das Ende von allem markiert. Es kann ihnen ein Gefühl von Kontrolle über ihr eigenes Schicksal geben und die Angst vor dem Unbekannten mildern.

Allerdings kann die egozentrische Theorie auch zu einer sehr isolierenden Sichtweise führen, da sie die Verbindung und Interaktion mit anderen Menschen und dem Universum als Ganzes vernachlässigt. Sie kann zu einer Selbstzentriertheit führen, die das Individuum von der Gemeinschaft und der Welt um sich herum entfremdet.

Insgesamt kann die egozentrische Theorie des Lebens nach dem Tod für einige Menschen Trost bieten, für andere jedoch zu einer verstärkten Distanzierung von anderen und einer Reduzierung des Mitgefühls und der Empathie führen. Es ist wichtig, diese Theorie in Bezug auf individuelle Überzeugungen und Werte zu betrachten und zu hinterfragen, wie sie die Perspektive auf das Leben und den Tod beeinflusst.

Die „Stranger Things"-Theorie

Wenn Sie die beliebte Netflix-Serie „Stranger Things" kennen, sind Sie wahrscheinlich mit dem Konzept des Upside Down vertraut. Die Serie suggeriert die Existenz eines alternativen Reichs innerhalb unseres eigenen Universums, in dem Menschen in einem Zustand zwischen Leben und Tod gefangen sein können.

In Anlehnung an dieses Konzept könnte eine philosophische Überlegung zum Leben nach dem Tod darin bestehen, dass Menschen nach ihrem physischen Tod in einer Art Zwischenreich oder Paralleluniversum existieren. Ähnlich wie in der Serie „Stranger Things" könnten sie dort in einer anderen Form weiterleben, ohne jedoch wirklich tot oder lebendig zu sein.

Diese Theorie des Lebens nach dem Tod basiert auf der Idee, dass der Übergang vom Leben zum Tod nicht zwangsläufig das Ende der Existenz bedeutet, sondern vielmehr einen neuen Zustand des Seins einleitet. Es wird angenommen, dass die Seelen der Verstorbenen in diesem Zwischenreich verbleiben und weiterhin irgendwie mit der realen Welt interagieren können.

Die Menschen könnten dort auf verschiedene Weise existieren, je nach ihren individuellen Glaubenssystemen, Werten und Handlungen im Leben. Vielleicht haben sie die Möglichkeit, ihr vergangenes Leben zu reflektieren, sich weiterzuentwickeln oder sogar Einfluss auf die Welt der Lebenden zu nehmen.

Diese Theorie könnte dazu dienen, die Angst vor dem Tod zu lindern, da sie die Vorstellung eines endgültigen, unveränderlichen Zustands nach dem Leben vermeidet. Stattdessen bietet sie die Möglichkeit einer fortwährenden Existenz, die es den Menschen ermöglicht, auch nach dem Tod eine gewisse Verbindung zur Welt aufrechtzuerhalten. Oder Sie schauen erst einmal die Serie und machen sich selbst ein Bild.

Die Theorie der Kryonik – „medizinische" Wiedererweckung

Manche Menschen glauben, dass sie sich für die Zukunft absichern können, indem sie sich nach ihrem Ableben einer kryonischen Behandlung unterziehen. Sie stellen sich also einen Zustand vor, in dem sie zwar tiefgefroren, aber dennoch noch potenziell lebendig sind. Die Theorie der Kryonik – und das ist der gruselige und fast schon absurde Teil – basiert auf der Idee, sich meist sogar „vor" dem eigentlichen Tod einfrieren zu lassen, um nicht bei einem „natürlichen" Tod die vielen nötigen Vorbereitungen auf den Einfrierprozess zu verpassen. Denn schon Stunden nach dem Tod beginnt der Verwesungsprozess, egal wie gut der Körper kühl gehalten wird.

Die Kryoniker glauben, in der Zukunft den Körper wieder zum Leben erwecken zu können. Fakt ist, es konnte bisher noch kein einziges Mal an einem Menschen erfolgreich durchgeführt werden. Daher glauben Kryoniker, dass durch die Fortschritte in der medizinischen Wissenschaft und Technologie eines Tages die Möglichkeit besteht, die eingefrorenen Körper wiederzubeleben und ihnen ein neues Leben zu ermöglichen.

Diese Theorie basiert also auf der Annahme einer schönen und fortschrittlichen Zukunft unserer Erde. Und auf der Ehrlichkeit jener, die die Krynoik als Geschäftsmodell für sich gefunden haben. Denn die müssen über all die Jahrzehnte und vielleicht sogar Jahrhunderte die Kühlgeräte am Laufen halten. Tag und Nacht und Jahr für Jahr – ununterbrochen. Sonst wäre alle Mühe vergebens.

Menschen, die an die Kryonik glauben, könnten dies als eine Möglichkeit sehen, der Angst vor dem Tod zu entkommen. Sie erhoffen sich, dass sie in der Zukunft die Chance haben werden, all die Dinge zu erleben, die sie im Leben verpasst haben, und dass sie die Möglichkeit haben werden, mit ihren Liebsten wieder vereint zu werden. Diese Theorie basiert auf dem Glauben an die Unsterblichkeit der Seele und die Möglichkeit, das Bewusstsein und die Persönlichkeit auch nach dem Tod zu bewahren.

Kritiker der Kryonik argumentieren jedoch, dass es sich um eine unrealistische und pseudowissenschaftliche Theorie handelt. Sie bezweifeln, dass es jemals möglich sein wird, einen Menschen aus einem tiefgefrorenen Zustand wieder zum Leben zu erwecken, ohne dass dabei schwerwiegende Schäden entstehen. Zudem wird kritisiert, dass die Kryonik nur für wohlhabende Menschen eine Option darstellt, da die Behandlung sehr kostenintensiv ist.

Insgesamt handelt es sich bei der Theorie der Kryonik um eine kontroverse und spekulative Überlegung, die viele ethische, moralische und wissenschaftliche Fragen aufwirft. Letztendlich bleibt es jedem selbst überlassen, ob er an diese Idee glaubt und ob er bereit ist, sich einer solchen Behandlung zu unterziehen.

Die Solipsismus-Theorie

Gibt es jenseits unserer eigenen Gedanken etwas, das tatsächlich existiert? Das Konzept des Solipsismus gilt sowohl für das Leben als auch für den Tod. Die einzige unbestreitbare Realität ist das, was der Einzelne wahrnimmt und was ihm begegnet. Folglich ist es möglich, dass mit dem Tod des Individuums auch alles andere aufhört zu existieren.

Der Solipsismus ist eine philosophische Position, die besagt, dass nur das eigene Bewusstsein als wirklich existent angesehen werden kann, während die Existenz anderer Bewusstseine (schreibt man das so?), Lebewesen, oder Objekte nicht mit Sicherheit nachgewiesen werden kann. Diese radikale Form des Subjektivismus führt zu dem Gedanken, dass alles, was außerhalb des eigenen Bewusstseins liegt, möglicherweise nur Illusion oder Einbildung ist.

Wenn man diese Idee auf das Thema Leben nach dem Tod anwendet, ergibt sich eine interessante Perspektive. Gemäß dem Solipsismus gibt es keine Möglichkeit, die Existenz eines Lebens nach dem Tod nach dem physischen Tod des Individuums zu beweisen. Denn alle Erfahrungen, die wir machen, sind nur Produkte unseres eigenen Geistes. Somit könnte es sein, dass mit unserem Tod auch die gesamte Welt und alle anderen Bewusstseine aufhören zu existieren.

Diese Theorie wirft viele Fragen auf und kann in der Betrachtung des Lebens nach dem Tod eine besondere Furcht vor dem Unbekannten hervorrufen. Wenn man davon ausgeht, dass nur das eigene Bewusstsein existiert, kann der Gedanke an das Nichts nach dem Tod erschreckend sein. Manche Menschen mögen in dieser Theorie Trost finden, da sie davon ausgehen können, dass sie weiterexistieren, während andere Menschen sich durch diese Vorstellung isoliert und alleine fühlen könnten.

Insgesamt bietet die Solipsismus-Theorie eine interessante philosophische Reflexion über das Thema Leben nach dem Tod und verdeutlicht, wie unterschiedlich Menschen dieses Thema betrachten können. Letztendlich bleibt jedoch die Frage offen, ob es eine (un)bekannte Wahrheit darüber gibt, was nach dem Tod geschieht.

Die Abstoßungs- oder Ausscheidungstheorie

Nach der Ausscheidungstheorie stellt das Universum einen kolossalen Körper oder ein Gehirn ähnlich einem menschlichen Körper dar, und die Menschen sind mit Zellen vergleichbar. Ähnlich wie eine Zelle in einem menschlichen Körper eliminiert wird, wenn sie zugrunde geht, könnte den Menschen irgendwann ein vergleichbares Schicksal widerfahren.

Die Ausscheidungstheorie basiert auf der Vorstellung, dass das Universum selbst ein lebendiges Wesen ist, mit den Menschen als Zellen oder Teilen dieses Wesens. Ähnlich wie eine defekte Zelle im Körper abgestoßen oder ausgeschieden wird, könnten auch die Menschen irgendwann nach ihrem Tod aus dem Universum ausscheiden.

Diese Theorie impliziert somit, dass der Tod nicht das Ende ist, sondern eher eine Art Ausscheidungsprozess, bei dem die individuelle Identität aufgelöst und in das größere Ganze des Universums assimiliert wird. Dies könnte bedeuten, dass es nach dem Tod keine persönliche Existenz mehr gibt, sondern eine Art Verschmelzung mit dem kosmischen Bewusstsein oder der Energie.

Für manche Menschen mag diese Vorstellung Trost bringen, da sie darauf hindeutet, dass ihr Geist und ihre Energie nicht einfach verschwinden, sondern Teil eines größeren Ganzen werden. Andererseits kann dies auch Ängste vor dem Verlust der eigenen Identität oder Individualität auslösen. Und ob „Ausscheidungen" noch ein eigenes Bewusstsein haben, darf bezweifelt werden.

In Bezug auf die Angst vor dem Tod bietet die Ausscheidungstheorie eine interessante Perspektive, da sie den Tod als natürlichen Teil des Lebens und als Übergang zu einer anderen Form des Seins betrachtet. Damit kann sie den Menschen helfen, sich mit dem unvermeidlichen Ende auseinanderzusetzen und möglicherweise eine andere Einstellung zum Tod zu entwickeln. Ganz im Sinne des Spruchs: „Life's a bitch, and then you die – that's really shit."

Die christliche Theorie

In der christlichen Weltanschauung glauben die Menschen an die Existenz von Himmel und Hölle. Diejenigen, die tugendhaft und integer leben, werden mit dem Eintritt in das glückselige Paradies belohnt, das als Himmel bekannt ist. Umgekehrt sind diejenigen, die sündige Handlungen und moralische Übertretungen begehen, für die Hölle bestimmt.

Aber wo sind die Seelen bis dahin? Das jüngste Gericht lässt ja noch lange auf sich warten. Genau das wollen Menschen wissen, wenn es um ihre lieben Verstorbenen geht. Wo gehen sie hin, wo sind sie, was machen sie?

Der Himmel wird oft als Ort des Friedens, der Freude und des ewigen Lebens beschrieben. Hier finden die Gläubigen Erlösung und Harmonie, sie führen ein Leben in Gottes Gegenwart und sind für immer von Leid und Sünde befreit. Auf der anderen Seite wird die Hölle als Ort des Leidens, der Qual und der Trennung von Gott angesehen. Hier werden diejenigen bestraft, die sich für ein Leben in Sünde entschieden haben und keine Reue zeigen.

Ich habe es in diesem Buch schon beschrieben, aber ich finde es wichtig und richtig, es mehrfach klarzustellen: Ich selbst habe noch keine Anzeichen für eine Hölle in meinen Jenseitskontakten gefunden. Auch keine Angst der Verstorbenen nach dieser Art von Strafe.

Daher dient diese dualistische Vorstellung von Himmel und Hölle wohl eher seit jeher dazu, die Schäfchen im Zaum zu halten. Gleichzeitig wird sie als Trost für diejenigen angesehen, die an ein Leben nach dem Tod glauben und sich darauf freuen, im Paradies vereint zu sein. Übrigens glaubt fast niemand wirklich an Hölle, wenn es um die eigenen Verstorbenen geht.

Die nihilistische Theorie

Der Nihilismus vertritt die Auffassung, dass alle Werte ohne Sinn und Grundlage sind. Eine echte nihilistische Perspektive auf den Tod und das Leben nach dem Tod legt folglich nahe, dass es ein absolutes Nichts im Jenseits gibt, da das Leben selbst bereits Leere umfasst.

Die Nihilisten glauben, dass das Leben keinen inhärenten Sinn oder Wert hat, und so ziehen sie den Schluss, dass es nach dem Tod auch kein Leben oder Bewusstsein mehr gibt. Für sie ist der Tod das endgültige Ende, und es gibt keine Fortsetzung des Lebens in irgendeiner Form.

In der nihilistischen Perspektive gibt es kein Leben nach dem Tod, kein Paradies, keine Hölle, keine Wiedergeburt oder Reinkarnation. Nichts – gar nichts. Die Vorstellung von einem Leben nach dem Tod wird als reine Illusion oder Wunschdenken betrachtet, um dem unvermeidlichen Ende des Lebens einen Sinn zu geben.

Für Nihilisten ist der Tod die endgültige Auslöschung des individuellen Bewusstseins und der Persönlichkeit. Sie betrachten das Leben als rein zufällig und unbedeutend in einem universellen, unveränderlichen und unerbittlichen Chaos. Die Idee einer weiteren Existenz nach dem Tod wird als Trost für diejenigen abgetan, die Angst vor der Endlichkeit des Lebens haben.

Der Nihilismus kann sowohl eine lähmende als auch eine befreiende Wirkung auf Menschen haben, je nachdem, wie sie mit der Vorstellung des endgültigen Todes umgehen. Einige können durch die Aussicht auf ein Nichts nach dem Tod verängstigt sein, während andere eine gewisse Freiheit und Befreiung in der Absenz jeglicher Konsequenzen nach dem Tod finden.

Letztendlich bleibt es eine persönliche und existenzielle Frage, wie man mit dem Tod und der Vorstellung eines Lebens nach dem Tod umgeht. Die Überlegung, dass sowohl für die aufopfernde Altenhelferin, als auch für den prassenden Millionär, als auch für den brutalen Massenmörder das gleiche Ende folgt, ist durchaus interessant. Aus Sicht derer, die sich das ganze Leben nichts gegönnt haben oder „nicht gelebt" haben, ist diese Überlegung äußerst frustrierend.

Die Stufentheorie

Die Stufentheorie besagt, dass der Mensch nach dem Tod in ein neues Stadium der Existenz übergeht, was darauf hindeutet, dass das Menschsein nur der Ausgangspunkt im großen Plan ist. Die Stufentheorie geht davon aus, dass das Leben nach dem Tod nicht das Ende, sondern vielmehr eine Art Übergang zu einer neuen Phase des Seins ist. Diese Theorie findet sich in verschiedenen Kulturen und Religionen wie dem Hinduismus, Buddhismus und auch in einigen esoterischen Lehren.

Nach der Stufentheorie durchläuft die Seele verschiedene Entwicklungsstufen, in denen sie sich weiterentwickelt und lernt, bevor sie in einem neuen Leben wiedergeboren wird. Dabei hängt der Wiedergeburtsprozess von den Taten und Erfahrungen des vorherigen Lebens ab. Das Ziel ist es, sich im Laufe der verschiedenen Inkarnationen zu vervollkommnen und letztendlich die Erlösung zu erlangen.

Einerseits bietet die Stufentheorie einen tröstlichen Gedanken für diejenigen, die sich vor dem Tod fürchten, da sie die Vorstellung eines endgültigen Abschlusses des Lebens negiert. Sie betont die Kontinuität des Seins und die Möglichkeit einer spirituellen Weiterentwicklung über mehrere Lebenszyklen hinweg. Es kann also – wenn ich mich in diesem Leben gut verhalte – nur besser werden. Dieses Konzept wurde aber seit Jahrhunderten genutzt, um die unteren Schichten dort zu halten, wo sie waren. Denn wer reich ist, der war in seinem vorherigen Leben ja ein guter Mensch, und wer heute hungert, der hat in seinem letzten Leben sicher etwas Böses verbrochen.

Dennoch bleibt die Stufentheorie eine faszinierende philosophische Überlegung, die viele Menschen tröstet und ihnen Hoffnung auf ein Leben nach dem Tod gibt. Ich selbst habe noch keine Beweise gefunden, die diese These unterstützen könnten.

Die Baumhypothese

Haben Sie schon einmal vom Baum des Lebens gehört? Es gibt Menschen, die sich dieses Konzept zu eigen machen und sich dafür entscheiden, ihre sterblichen Überreste in einer Baumkapsel zu begraben. Auf diese Weise wird ihr Körper der Erde zurückgegeben, und sie glauben, dass sie in ihr zukünftiges Leben als blühender Baum zurückkehren werden. Es ist dies einerseits eine uralte menschliche Glaubensvariante vom Übergang des Menschen in die jenseitige Welt. Andererseits ist der Trend zu Baumbestattungen in den letzten Jahren nicht zu unterschätzen.

Die Baumhypothese basiert auf der Idee, dass der Tod nicht das Ende ist, sondern ein Übergang zu einem neuen Leben in Form eines Baumes. Diese Vorstellung passt durchaus auch in die christliche Symbolik von „Asche zu Asche" und spiegelt die Symbolik des Baumes als lebendiges, wachsendes Wesen wider, das mit Leben und Beständigkeit verbunden ist. Daher haben Pfarrer auch kein Problem damit, christliche Begräbnisse in Baumfriedhöfen abzuhalten.

Für viele ist der Tod ohnehin nicht das Ende, sondern ein natürlicher Teil des Kreislaufs des Lebens. Durch die Bestattung in einer Baumkapsel wird der Verstorbene buchstäblich zu einem Teil der Natur, da sein Körper der Erde zurückgegeben wird und somit die Grundlage für das Wachstum eines neuen Baumes bildet. Auf diese Weise wird der Verstorbene symbolisch wiedergeboren und kann als lebendiges Wesen in einem neuen Lebenszyklus weiter existieren.

Die Baumhypothese kann als Trostspender dienen, da sie die Vorstellung eines endgültigen Todes in Frage stellt und eine kontinuierliche Verbundenheit mit der Natur und dem Leben betont. Sie bietet eine alternative Perspektive auf den Tod, die Hoffnung und Trost spenden kann, indem sie den Glauben an ein Leben nach dem Tod auf eine poetische und symbolische Weise zum Ausdruck bringt.

Die Theorie der vielen Welten

Die Theorie der vielen Welten besagt, dass unser Tod nur in diesem einen, bereits existierenden Universum eintritt. Jenseits davon liegen zahlreiche alternative Universen, die auf unseren Übergang warten. Diese Theorie basiert darauf, dass es unendlich viele parallele Universen gibt, in denen alternative Realitäten existieren. Es wird sogar darüber spekuliert, ob wir zeitgleich in anderen Welten und anderen Universen existieren. In Bezug auf das Leben nach dem Tod bedeutet dies, dass unser Bewusstsein nach dem Tod in eine dieser alternativen Realitäten oder Welten übergehen könnte.

Ein zentraler Gedanke dieser Theorie ist, dass der Tod nicht das endgültige Ende ist, sondern vielmehr eine Art Übergang zu einem anderen Daseinszustand. Das Bewusstsein oder die Seele bleibt demnach nach dem physischen Tod weiterhin existent, nur in einer anderen Form oder an einem anderen Ort. Die moderne Theorie der vielen Welten kann Menschen trösten, die Angst vor dem Tod haben, da sie die Vorstellung bietet, dass wir nach dem Tod in eine andere Realität oder Dimension übergehen, in der wir weiterleben können. Sie impliziert auch, dass wir möglicherweise Einfluss auf unser zukünftiges Dasein nehmen können, indem wir bewusste Entscheidungen im aktuellen Leben treffen.

Allerdings ist diese Theorie natürlich spekulativ und nicht wissenschaftlich bewiesen. Sie beruht auf philosophischen Überlegungen und Konzepten aus der Quantenphysik. Dennoch kann sie Menschen dabei helfen, eine positive und weniger angstbesetzte Einstellung zum Thema Tod zu entwickeln, indem sie eine alternative Perspektive auf das Leben nach dem Tod bietet.

Die Illusionstheorie

Nach der Illusionstheorie ist die Welt in erster Linie ein Produkt unseres Geistes und nicht eine konkrete Realität, was darauf hindeutet, dass sie im Wesentlichen eine Illusion ist. Nach dieser Sichtweise ist der Tod ein von Menschen erdachtes Konzept, und selbst nachdem wir physisch aufgehört haben zu existieren, bleibt eine Essenz unseres Seins bestehen.

Die Illusionstheorie betrachtet das Leben nach dem Tod als eine Art Fortsetzung unseres Bewusstseins, die über den physischen Tod hinausgeht. In dieser Vorstellung existiert eine Art spirituelle Essenz oder Bewusstsein, die auch nach dem Tod weiterlebt. Diese Essenz könnte verschiedene Formen annehmen, je nach dem individuellen Glauben oder kulturellen Hintergrund.

Ein zentraler Gedanke der Illusionstheorie ist, dass unsere Realität nur eine Illusion ist, die durch unseren Geist erschaffen wird. In diesem Sinne wird der Tod als Übergang in eine andere Ebene oder Dimension betrachtet, in der das Bewusstsein weiter besteht. Es wird angenommen, dass diese Essenz nach dem Tod frei von materiellen Einschränkungen ist und möglicherweise in einem Zustand der Reinheit oder Erleuchtung existiert.

Die Illusionstheorie bietet eine interessante Perspektive auf das Leben nach dem Tod, da sie die Idee einer unsterblichen Seele oder eines fortbestehenden Bewusstseins auf eine metaphysische Ebene hebt. Sie lädt dazu ein, über die Grenzen der materiellen Welt hinauszudenken und sich mit Fragen nach dem Sinn und Zweck des Lebens auseinanderzusetzen. Diese Theorie kann Trost spenden, da sie die Vorstellung vermittelt, dass der Tod nicht das endgültige Ende ist, sondern nur ein Übergang in eine andere Form des Seins.

Insgesamt fordert die Illusionstheorie die Menschen auf, über ihre Vorstellungen von Leben, Tod und Spiritualität nachzudenken und eröffnet einen Raum für tiefere philosophische Untersuchungen über das Wesen der Realität und des Bewusstseins.

Die „Beetlejuice"-Theorie

Die beliebte Filmkomödie „Beetlejuice" von Tim Burton aus dem Jahr 1988 erzählt die Geschichte eines verstorbenen Ehepaars, das in seinem ehemaligen Haus und dessen neuen Bewohnern spukt. Um diesem Zwischenreich zu entkommen, müssen sie sich an einen unkonventionellen Exorzisten wenden. Können Sie sich das Leben nach dem Tod ähnlich wie in diesem skurrilen Film vorstellen? Die „Beetlejuice"-Theorie spielt mit der Vorstellung eines Lebens nach dem Tod, das viel turbulenter und chaotischer sein kann, als man es sich traditionell vorstellt. Der Film nimmt die Idee eines Geisterreichs auf, in dem Verstorbene noch eine Art „Zwischenexistenz" führen, bevor sie endgültig ins Jenseits übergehen können. Diese Vorstellung unterscheidet sich deutlich von den klassischen religiösen Vorstellungen eines Himmels oder einer Hölle, in denen die Seelen entweder belohnt oder bestraft werden.

Der Humor und die Skurrilität des Films laden dazu ein, das Thema Leben nach dem Tod mit einer gewissen Leichtigkeit zu betrachten. Statt Angst und Trauer zu empfinden, kann man sich hier vorstellen, dass das Leben nach dem Tod vielleicht sogar spannend und aufregend sein könnte. Die „Beetlejuice"-Theorie zeigt auf, dass es verschiedene Möglichkeiten gibt, das Jenseits zu interpretieren und dass keine davon unbedingt der „Wahrheit" entsprechen muss.

Der Einfluss von Medien und Popkultur auf die Vorstellungen vom Leben nach dem Tod sollte nicht unterschätzt werden. Natürlich beeinflussen Hollywood, Medien und heute noch viel stärker das Internet die Vorstellungen von einem Leben danach. So wie es bereits in den letzten Jahrhunderten und Jahrtausenden passiert ist. Technologien, Lebensumstände, Religionen, politische Bewegungen, etc. verändern auch die Sichtweisen auf das Leben im Jenseits.

Die „The Good Place"-Theorie

Und gleich noch eine moderne Leben-Danach-Theorie nach einer TV-Serie, die sich wunderbar mit althergebrachten Jenseitsvorstellungen vermischt hat. Die beliebte Fernsehserie „The Good Place" präsentiert ein faszinierendes Konzept des Lebens nach dem Tod. Im Mittelpunkt stehen Figuren, die sich durch einen glücklichen Zufall im Himmel wiederfinden, der liebevoll „The Good Place" genannt wird. Mit leckerem gefrorenem Joghurt, personalisierten Wohnungen und der Aussicht auf ein Treffen mit dem Seelenverwandten sehnen sich die Zuschauer danach, dass diese hypothetisch verführerische Ideologie Wirklichkeit wird.

Das Konzept von „The Good Place" greift auf eine utilitaristische Philosophie zurück, die besagt, dass das Ziel des Lebens darin besteht, das größtmögliche Glück für die größte Anzahl von Menschen zu erreichen. Im Leben nach dem Tod in „The Good Place" werden die Menschen nach ihren Taten und ihrem Charakter beurteilt und entsprechend belohnt. Dieses Konzept basiert auf dem Glauben, dass jeder Mensch die Chance hat, sich zu verbessern und moralisch zu handeln, um ein „gutes" Leben zu führen.

Die Theorie von „The Good Place" bietet somit eine optimistische und motivierende Sichtweise auf ein Leben nach dem Tod. Sie schafft einen Anreiz für die Menschen, sich moralisch korrekt zu verhalten und Gutes zu tun, um eine Belohnung im Jenseits zu erhalten. Dies kann ein starkes Gefühl von Sinngebung und Zweck im Leben vermitteln.

Allerdings wirft diese Theorie auch Fragen auf und regt zum Nachdenken an. Zum Beispiel könnte die Vorstellung eines „guten" Lebens nach dem Tod zu einer repressiven Moral führen, bei der Menschen aus Angst vor einer Strafe im Jenseits handeln, anstatt aus intrinsischer Motivation.

Insgesamt zeigt die „The Good Place"-Theorie, wie unterschiedliche Sichtweisen auf ein Leben nach dem Tod die Art und Weise beeinflussen können, wie Menschen ihr Leben führen. Es verdeutlicht, wie die Vorstellung von Belohnungen oder Bestrafungen im Jenseits die ethischen und moralischen Entscheidungen beeinflussen kann.

Die pessimistische Theorie

Vielleicht ist diese Diskussion irrelevant, da wir bereits tot sind? Zumindest geht die pessimistische Theorie davon aus. Die pessimistische Theorie zum Leben nach dem Tod ist geprägt von einer nihilistischen Haltung, die besagt, dass es nach dem Tod nichts mehr gibt. Diese Theorie argumentiert, dass das Leben einfach endet und jegliche Existenz danach aufhört. Menschen, die dieser Theorie folgen, glauben, dass es keine Form von Leben nach dem Tod gibt und dass der Tod das endgültige Ende ist.

Diese pessimistische Sichtweise kann auf verschiedenen Grundlagen basieren. Ein Grund dafür könnte die wissenschaftliche Rationalität sein, die behauptet, dass das Bewusstsein einen rein materiellen Ursprung hat und deshalb mit dem physischen Tod des Körpers endet. Eine weitere mögliche Begründung könnte die Beobachtung des Leidens in der Welt sein, die zu dem Schluss führt, dass es keinen gerechten oder sinnvollen Grund für ein Leben nach dem Tod geben kann.

Menschen, die dieser Theorie folgen, könnten dazu neigen, das Leben als sinnlos oder gar als qualvoll zu betrachten, da es letztendlich kein übergeordnetes Ziel, keinen höheren Zweck gibt. Diese Sichtweise kann zu Existentialismus oder Nihilismus führen, da der Tod als endgültiger Ausgangspunkt angesehen wird.

Insgesamt betrachtet die pessimistische Theorie das Leben nach dem Tod als einen Endpunkt, die die Endlichkeit des menschlichen Daseins betont. Sie kann dazu führen, dass Menschen ihre Existenz als bedeutungslos betrachten und sich möglicherweise mit einem Gefühl der Leere konfrontiert sehen.

Und was sagt die Wissenschaft zu Reinkarnation oder Nahtoderfahrungen?

Ja, ja, ich weiß – wirklich wiedergekommen „von drüben" ist noch niemand ...

Stopp!

Stimmt das überhaupt?

Ich sage, das stimmt keineswegs, denn seit es die moderne Medizin gibt, ist die Rückholung von bereits tot geglaubten Menschen kein ungewöhnlicher Einzelfall mehr, sondern fast schon Normalität auf den Krankenstationen und in den Notfallambulanzen dieser Welt. Und es ist faszinierend, was diese Menschen so von ihren Erlebnissen als bereits Tote zu berichten wissen.

Auf der anderen Seite stehen die wissenschaftlichen Perspektiven auf Wiedergeburt und Reinkarnation. Die Reinkarnationsforschung untersucht Phänomene wie Nahtoderfahrungen, Rückführungen und Spontanerinnerungen an frühere Leben. Zahlreiche Wissenschaftler versuchen, diese Phänomene zu erklären und den Zusammenhang zwischen diesen Phänomenen und der Idee der Wiedergeburt zu erforschen.

In einem interdisziplinären Ansatz werden die verschiedenen Ansichten und Erklärungsansätze zu Wiedergeburt und Reinkarnation miteinander verglichen und kontrastiert. Wobei aktuelle wissenschaftliche Untersuchungen und Studien zu Nahtoderfahrungen und Reinkarnation in den letzten Jahren zunehmend an Bedeutung gewonnen haben. Diese Phänomene werfen Fragen nach dem Leben nach dem Tod auf und fordern Wissenschaftler heraus, neue Erklärungsansätze zu finden.

Studien zu Nahtoderfahrungen haben gezeigt, dass Menschen, die eine Nahtoderfahrung erlebt haben, oft ähnliche Elemente wie das Verlassen des Körpers, das Durchqueren eines Tunnels oder das Treffen mit Verstorbenen berichten. Einige Studien haben sogar festgestellt, dass diese Erfahrungen das Bewusstsein und die Wahrnehmung der Betroffenen erweitern können. Forscher haben versucht, diese Phänomene mithilfe neurowissenschaftlicher Erklärungen zu deuten, doch viele Fragen bleiben ungeklärt.

Die Reinkarnationsforschung hingegen beschäftigt sich mit Fällen, in denen Menschen von Erinnerungen an frühere Leben berichten. Kinder sind häufig die Protagonisten solcher Geschichten und erzählen detaillierte und überprüfbare Informationen über

Personen oder Ereignisse, die weit über ihre eigenen Erfahrungen hinausgehen. Forscher haben versucht, diese Fälle zu dokumentieren und miteinander zu vergleichen, um mögliche Muster oder Beweise für Reinkarnation herauszufinden.

3000 Kinder berichten über ein früheres Leben

Eine bedeutsame Studie zu Reinkarnation wurde vom Psychologen Dr. Ian Stevenson durchgeführt, der über 3000 Fälle von Kindern untersuchte, die angeblich Erinnerungen an frühere Leben hatten. Stevenson sammelte detaillierte Informationen, führte Interviews mit den betroffenen Personen und verifizierte die gemachten Aussagen, indem er historische Daten überprüfte. Obwohl seine Forschungsmethoden kritisiert wurden, lieferte er interessante Ergebnisse, die die wissenschaftliche Gemeinschaft weiterhin beschäftigen.

Die Bedeutung und Implikationen dieser Studien für die Jenseitsforschung sind weitreichend. Sie fordern unsere bisherigen Vorstellungen vom Leben nach dem Tod heraus und zeigen, dass es möglicherweise mehr zwischen Himmel und Erde gibt, als wir bisher angenommen haben. Diese wissenschaftlichen Erkenntnisse könnten dazu beitragen, dass das Thema Reinkarnation und Nahtoderfahrungen in der Gesellschaft ernster genommen wird und zu einem umfassenderen Verständnis von Leben und Tod führt.

Auch wenn sich viele Forscher weigern, der Dialog zwischen Wissenschaft und Jenseitsforschung ist wichtig, um neue Erkenntnisse zu gewinnen und bestehende Annahmen zu überprüfen.

Letztendlich bleibt die Frage von Wiedergeburt und Reinkarnation ein faszinierendes und komplexes Thema, das Menschen auf der ganzen Welt seit Jahrhunderten beschäftigt. Durch das Zusammentragen aktueller Erkenntnisse aus verschiedenen Disziplinen können wir einen tieferen Einblick in diese Thematik gewinnen und ein fundiertes Verständnis für die Vielfalt der Perspektiven auf Wiedergeburt und Reinkarnation entwickeln.

Wie „passieren" Jenseitskontakte? Ein Blick hinter die Kulissen

Jenseitskontakte, das Phänomen der Kommunikation mit Verstorbenen, fasziniert und polarisiert die Menschen seit jeher. Doch wie genau kommen diese Kontakte zustande? Welche Mechanismen und Theorien liegen ihnen zugrunde?

Ich kann ganz klar bestätigen: Jenseitskontakte „passieren"! So einfach und so simpel wie es sich anhört. Nur die wenigsten Medien wachen eines Tages auf und sagen sich: „So, jetzt will ich mal mit den Verstorbenen in Kontakt treten." Nein, es „passiert" einfach. Irgendwann, wenn man es gar nicht erwartet. So war es bei mir und so war es auch bei vielen meiner Kommilitonen auf dem College in England. Fast jeder wurde von seiner Medialität eines Tages „überrascht" und erst dann begann die nähere Beschäftigung mit dem Phänomen.

Was sagen Psychologen dazu?

Eine gängige Theorie zur Erklärung von Jenseitskontakten basiert auf dem Konzept des kollektiven Unbewussten, das vom Psychologen Carl Gustav Jung geprägt wurde. Nach dieser Theorie sind „alle menschlichen Erfahrungen und Erinnerungen in einem gemeinsamen, transpersonalen Raum gespeichert, auf den wir im Zustand der Trance oder Meditation zugreifen können. Durch dieses kollektive Unbewusste könnten Medien und Sensible Informationen über Verstorbene empfangen und kontakten". Klingt für mich sehr plausibel.

Von Jenseitskontakten zum Medium

Medien spielen eigentlich immer eine zentrale Rolle bei der Vermittlung von Jenseitskontakten. Wenig „sensible" Menschen können keine Kontakte aufbauen. Daher sind es diese speziell begabten Personen, die die Fähigkeit haben, mit der (nennen wir sie) feinstofflichen Welt zu kommunizieren und Botschaften von Verstorbenen zu überbringen. Ein Medium kann dabei als Kanal dienen, durch den die Energie und die Informationen aus dem Jenseits fließen und sich manifestieren können.

Eine Verstärkung sind spirituelle Praktiken wie Meditation, Trancearbeit und Channeling, um sich schneller und intensiver mit Jenseitskontakten in Verbindung zu setzen. Ich persönlich sehe diese „Praktiken" eher als „Taktiken", um Menschen von ihrem auf Realismus getrimmten rationalen Verstand abzulenken und den Empathie-Schalter oder das Baugefühl einzuschalten und auf Empfang zu stellen. Oft braucht es diese Ablenkung vom normalen Leben, um Menschen empfänglicher für die unsichtbare Welt zu machen. Indem Menschen in einen veränderten Bewusstseinszustand eintreten, öffnen sie sich für die feinsinnigen Botschaften und Eindrücke aus der Geistigen Welt. Diese Praktiken ermöglichen es, die Schleier zwischen Diesseits und Jenseits zu durchdringen und direkte Verbindungen herzustellen.

Persönliche Erfahrungen spielen eine entscheidende Rolle bei der Entstehung von Jenseitskontakten. Viele Menschen berichten von spontanen Begegnungen mit Verstorbenen in Form von Träumen, Zeichen oder medialen Botschaften. Diese Erlebnisse können Trost spenden, Hoffnung geben und den Glauben an ein Leben nach dem Tod stärken. Genau daraus haben sich dann auch die verschiedenen Techniken der Kontaktaufnahme entwickelt.

Trotz der vielfältigen Erklärungsansätze und Erfahrungen bleiben Jenseitskontakte ein umstrittenes Thema, das Skeptiker und Gläubige gleichermaßen beschäftigt. Skeptiker argumentieren oft, dass viele Jenseitskontakte auf betrügerische Machenschaften oder suggestive Techniken zurückzuführen sind. Sie fordern wissenschaftliche Beweise und rationale Erklärungen für diese Phänomene. Dennoch gibt es zahlreiche Berichte und Studien, die die Echtheit von Jenseitskontakten belegen.

Die Kommunikation mit Verstorbenen eröffnet Perspektiven

Das Konzept der Jenseitskontakte kann einen tieferen Sinn für das Leben vermitteln, Angehörige im Trauerprozess unterstützen und die spirituelle Entwicklung fördern. Es liegt an jedem Einzelnen, sich mit diesem Thema auseinanderzusetzen und eigene Erfahrungen zu sammeln.

Insgesamt zeigen die verschiedenen Mechanismen und Theorien von Jenseitskontakten die Vielschichtigkeit und Komplexität dieses Phänomens. Ob durch Medien, spirituelle Praktiken oder persönliche Erfahrungen – die Möglichkeit der Kommunikation mit Verstorbenen öffnet neue Perspektiven und regt dazu an, über die Grenzen des Sichtbaren hinauszudenken. Möglicherweise liegt in den Jenseitskontakten ein Schlüssel zur Erweiterung unseres Verständnisses von Leben, Tod und dem Mysterium der Existenz.

Wie kommt man also in Kontakt mit dem Jenseits?

Die Vielfalt der Jenseitskontakte ist auch für mich immer noch hochinteressant. Wie das Jenseits versucht, mit uns in Kontakt zu treten, oder wie wir Menschen versuchen, mit dem Jenseitigen zu kommunizieren.

Schauen wir uns einmal den Weg der Kontaktaufnahme vom Diesseits ins Jenseits an. Denn dieser Weg wird ja meist bewusst gewählt, um eine Begegnung möglich zu machen. Lassen Sie uns im nächsten Kapitel einen Blick auf einige der Methoden werfen.

Kapitel 7:
Die verschiedenen Arten der Kontaktaufnahme

Fakt ist, in der spirituellen Welt gibt es verschiedene Wege, um mit dem Jenseits in Kontakt zu treten. Diese unterschiedlichen Methoden ermöglichen es uns, Botschaften von Verstorbenen zu empfangen, Einsichten zu gewinnen und unsere spirituelle Verbindung zu vertiefen.

1. Spontane Medialität und Botschaftsempfang

Medialität ist ein faszinierendes Phänomen, das seit Jahrhunderten die Menschen fasziniert und gleichzeitig verunsichert. Spontane Medialität bezieht sich auf die Fähigkeit, auf spontane Weise in Kontakt mit der spirituellen Welt zu treten. Oft geschieht dies durch visionäre Erscheinungen, auditive Botschaften oder plötzliche Intuitionen. Spontane Nachtodkontakte können in ihrer Intensität und Wirkung variieren, sind aber nach wissenschaftlicher Untersuchung normal und oft ein natürlicher Teil des Trauerprozesses. Menschen erleben unerwartete Zeichen, Träume oder intuitive Eingebungen, die auf die Anwesenheit von Verstorbenen hinweisen.

Besonders interessant ist das Phänomen des Botschaftsempfangs im Kontext der Medialität. Menschen, die über diese Gabe verfügen, können auf unerklärliche Weise Informationen und Botschaften aus dem Jenseits empfangen und weitergeben. Diese Botschaften können Trost und Unterstützung für diejenigen bringen, die einen geliebten Menschen verloren haben, und ihnen helfen, mit ihrer Trauer umzugehen. Der Botschaftsempfang kann auch anderen Menschen helfen, Antworten auf Fragen zu finden, die sie belasten, und ihnen einen neuen Blick auf ihr Leben und ihre Situation geben.

Es ist wichtig zu betonen, dass spontane Nachtodkontakte und der Botschaftsempfang in der Medialität normal sind und oft ein natürlicher Teil des Trauerprozesses sein können. Menschen erleben unerwartete Zeichen, Träume oder intuitive Eingebungen, die auf die Anwesenheit von Verstorbenen hinweisen und sie darauf aufmerksam machen, dass sie weiterhin mit ihnen in Verbindung stehen. Diese Kontakte können Trost spenden und den Glauben an ein Leben nach dem Tod stärken.

Wichtig ist es zu verstehen, dass jeder über eine gewisse Sensibilität für die spirituelle Welt verfügt, und dass es möglich ist, diese Fähigkeiten zu stärken und bewusst zu nutzen. Durch Meditation, Visualisierungsübungen und Achtsamkeitspraktiken können Menschen lernen, sich für die feinen Signale und Botschaften aus dem Jenseits zu öffnen und diese zu empfangen.

Menschen, die mit ihrer medialen Gabe in Kontakt treten, sollten lernen mit Skeptikern und Kritikern umzugehen. Medialität ist oft mit Vorurteilen und Zweifeln konfrontiert, doch durch eine offene und respektvolle Kommunikation können Missverständnisse aufgelöst und das Verständnis für dieses Phänomen gefördert werden. Wichtig sind auch ethische Fragen im Umgang mit medialen Botschaften und Kontakten, es ist sehr wichtig, diese Fähigkeiten verantwortungsvoll und mit Mitgefühl einzusetzen.

Meine Erlebnisse mit „spontanen" Kontakten

Auch mir „passieren" immer wieder spontane Kontakte und der Empfang von Botschaften. Immer bei näherem Kontakt mit Personen. Oft geschieht es beispielsweise, dass ich beim Einkaufen plötzlich eine Botschaft für eine Person erhalte, die ich dort sehe, oder an der ich vorbei gehe.

Das würde ich als „spontane Medialität" interpretieren. Solche Erfahrungen machen sich immer mal wieder bemerkbar. Dabei ist es aber wichtig zu betonen, dass ich nicht wie der kleine Junge in dem bekannten Hollywoodfilm „The Sixth Sense" durch den Supermarkt gehe und „ich sehe tote Menschen" denke. Der Film, der 1999 veröffentlicht wurde, mit Bruce Willis und Haley Joel Osment in den Hauptrollen, vermittelt einen bestimmten Eindruck von medialer Wahrnehmung, der nicht meine Erfahrung widerspiegelt. Glücklicherweise erlebe ich keine physischen Erscheinungen von Verstorbenen. Stattdessen empfange ich Signale und Botschaften auf subtile Weise.

Spontane Medialität ist aber ein tatsächlich auftretendes Phänomen. Es kann vorkommen, dass ich jemanden sehe und plötzlich ein Bild übermittelt bekomme, oder ein bestimmtes Wort oder Gefühl empfange. In solchen Momenten stellt sich mir auch immer die Frage nach der Ethik: Soll ich diese Informationen mit dieser mir „fremden" Person im Supermarkt teilen? Es birgt Risiken, einfach hinzugehen und zu sagen: „Hey sorry, wenn ich Sie beim Einkaufen störe, aber ich habe gerade ein Signal von einer Frau bekommen, könnte das Ihre verstorbene Mutter sein?" Das würde ich persönlich niemals tun. Es wäre ein Eingriff in das Leben einer Person, die dann möglicherweise Angst oder Unsicherheit empfindet. Das wäre nicht korrekt, auch wenn die Möglichkeit besteht, dass es sich um positive Signale handelt. Solche Situationen passieren, und ich habe sie selbst erlebt.

Ein unglaubliches Beispiel für diese Art der spontanen Medialität erlebte ich während einer Maniküre. Als mir meine Nageldesignerin die Nägel machte, erhielt ich eine klare Botschaft von ihrer verstorbenen Großmutter. Das Gefühl, das ich dabei hatte, war stark, doch ich zögerte ... So eine Information beim Nagelfeilen mit dem jungen Mädel teilen? Schien mir unangemessen.

Allerdings sprach meine Nageldesignerin beim nächsten Termin dann tatsächlich über ihre Großmutter, was mich dazu brachte, von meinem spontanen Jenseits-Kontakt mit ihrer Oma zu berichten. Es hat mich kaum überrascht, wie perplex sie war. Sie konnte aber alle Details, die ich übermittelt bekommen habe, bestätigen. Wir entschieden uns für einen Termin und eine Sitzung, und es stellte sich heraus, dass die Großmutter tatsächlich eine Botschaft für sie gehabt hatte. Nichts Negatives, sondern im Gegenteil, sehr positive Worte der Liebe und Zugewandtheit.

Trotz solcher positiven Erfahrungen würde ich niemals einfach so zu jemandem gehen und sagen: „Hallo, ich habe gerade eine Botschaft von Ihrem Opa erhalten." Solche plötzlichen Informationen können Menschen völlig durcheinanderbringen, insbesondere wenn sie nicht auf diese Art von Erfahrung vorbereitet sind.

In diesem Kontext finde ich die englischsprachige TV-Doku-Serie „Long Island Medium" interessant und auch sehr verstörend. In der Dokumentation überrascht das Medium Theresa Caputo Menschen überraschend mit Botschaften von verstorbenen Verwandten oder Freunden aus dem Jenseits. Die Serie erfreut sich großer Beliebtheit, doch ich empfinde Unbehagen dabei, da ich der Meinung bin, dass man niemanden auf diese Weise überrumpeln sollte.

Der Sinn der Medialität liegt nicht darin, andere in ihrer Trauer zu überfahren oder zu verunsichern. Diese Erfahrungen sollten respektvoll und einfühlsam behandelt werden, um den Menschen die Möglichkeit zu geben, in einem geschützten Rahmen zu heilen und zu wachsen.

2. Physikalische Medialität

Die Physikalische Medialität ist ein hochinteressantes Gebiet der Parapsychologie. Hier geht es um die Manifestation von spirituellen Phänomenen in der physischen Welt. Dazu gehören beispielsweise das Anheben von Möbeln, Klopfgeräusche oder das Materialisieren von Objekten.

Diese Art der Kontaktaufnahme kann sehr beeindruckend und faszinierend sein, da sie direkt erlebbar ist. In Séancen werden oftmals Phänomene wie umherfliegende Gegenstände, Materialisationen (sog. Apporte), körperlose Stimmen oder Ektoplasma beobachtet. Diese Phänomene werden von Medien als Kanal genutzt, um Informationen aus der Geistigen Welt zu übermitteln. Beispiele für Physikalische Medien sind Gary Mannion und Kai Felix Mügge (bei dem ich übrigens so eine Manifestations-Séance mit Edelsteinen und

Ektoplasma miterlebt habe – mein Erlebnisbericht in diesem Buch). Die englische Medialitäts-Schule steht dem durchaus aufgeschlossen gegenüber.

Im Gegensatz zur mentalen Medialität, bei der Informationen über Gedanken und Wahrnehmungen übermittelt werden, geht es bei der Physikalischen Medialität um direkte physische Manifestationen von spirituellen Energien oder Entitäten. Also, etwas profaner ausgedrückt: Es kommt zum Bewegen von Dingen.

Phänomene der Physikalischen Medialität können vielfältig sein und reichen von subtilen Erscheinungen wie Klopfgeräuschen oder Temperaturveränderungen bis hin zu spektakulären Manifestationen wie dem Anheben von Möbeln, dem Materialisieren von Objekten oder dem Erscheinen von Ektoplasma. Ein bekanntes Phänomen der Physikalischen Medialität ist, dass Gegenstände scheinbar aus dem Nichts erscheinen. Ebenso werden häufig umherfliegende Gegenstände oder körperlose Stimmen beobachtet, die auf die Anwesenheit von geistigen Entitäten hinweisen.

Es ist wichtig anzumerken, dass die Physikalische Medialität sowohl auf Begeisterung als auch Skepsis stößt. Während einige Menschen von den faszinierenden Manifestationen beeindruckt sind und darin eine direkte Verbindung zur spirituellen Welt sehen, stehen andere dem skeptisch gegenüber und bezweifeln die Authentizität und Echtheit der Phänomene der Physikalischen Medialität.

Was da passiert, darf eigentlich gar nicht passieren

Die Materialisation von Objekten in der Physikalischen Medialität ist ein faszinierendes Phänomen – die direkte Manifestation von Gegenständen aus der Geistigen Welt in der physischen Welt. Während dieses Phänomen für viele Menschen schwer vorstellbar und skeptisch betrachtet wird, gibt es zahlreiche Berichte von Medien und Zeugen, die solche Materialisationen bezeugen und erleben.

Gegenstände erscheinen scheinbar aus dem Nichts, sie werden aus spirituellen Energien generiert. Diese Objekte können vielfältig sein und reichen von kleinen Accessoires wie Schmuckstücken oder

Münzen bis hin zu größeren Gegenständen wie Kristallen oder Blumen. Die Art und Weise, wie diese Objekte materialisiert werden, variiert und kann von Medium zu Medium unterschiedlich sein.

Während des Materialisationsprozesses können Zeugen selbst beobachten, wie die Gegenstände langsam Form annehmen und im Raum erscheinen. Oftmals wird berichtet, dass die Materialisation von Objekten von intensiven Energiefeldern, Lichterscheinungen oder sogar Geräuschen begleitet wird. Die Medien, die als Kanal für diese Manifestationen dienen, können dabei eine aktive Rolle einnehmen, indem sie ihre Fähigkeiten nutzen, um die geistigen Energien zu kanalisieren und die Materialisation zu ermöglichen.

Der Klassiker aus unzähligen Horrorfilmen – das Ouija-Brett

Gleich zu Beginn – ich habe das Ouija-Brett (auch bekannt als Witchboard oder Hexenbrett) nie benutzt. Ich habe dazu auch keine Erfahrungen. Es ist aber ein weltweit beliebtes spirituelles Hilfsmittel, das zur Kontaktaufnahme und Kommunikation mit der Geisterwelt verwendet wird.

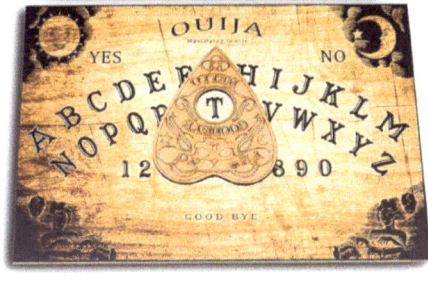

Ursprünglich wurde das Ouija-Brett im 19. Jahrhundert als Spielzeug vermarktet, aber im Laufe der Zeit hat es sich als Werkzeug für spirituelle Praktiken etabliert. Es besteht aus einem Brett mit Buchstaben, Zahlen und Wörtern, auf dem eine Planchette, ein beweglicher Zeiger, platziert wird. Die Benutzer des Ouija-Bretts platzieren ihre Finger auf die Planchette und lassen sie von spirituellen Kräften bewegen, um Botschaften aus dem Jenseits zu empfangen.

Die Verwendung des Ouija-Bretts zur Kontaktaufnahme mit der Geisterwelt ist umstritten und wird von vielen sowohl skeptisch als auch mit Vorsicht betrachtet. Einige glauben, dass das Ouija-Brett ein Tor zu ungeahnten Dimensionen öffnen kann, während andere es als bloße Unterhaltung oder Schwindel betrachten.

Die Herkunft des Ouija-Bretts ist nicht eindeutig geklärt, aber es wird angenommen, dass es seine Wurzeln in alten spiritistischen und okkulten Praktiken hat, die darauf abzielen, mit den Toten zu kommunizieren. Daher sollte der Verwendung des Ouija-Bretts auch eine sorgfältige Vorbereitung und eine respektvolle Herangehensweise vorausgehen, um die Kommunikation mit der Geisterwelt sicher und effektiv zu gestalten.

3. Trance-Medialität

Die Trance-Medialität bezeichnet einen Zustand, in dem sich das Medium in eine Art Trancezustand versetzt und somit Botschaften aus dem Jenseits empfangen kann. Dabei wird das Bewusstsein des Mediums erweitert und es ist in der Lage, Kontakt mit spirituellen Wesen aufzunehmen und ihre Botschaften zu übermitteln. Trance-Medialität ermöglicht es, durch den Übergang in einen veränderten Bewusstseinszustand eine tiefere Verbindung zur Geistigen Welt herzustellen. In der Trance können Medien einerseits Signale, Informationen, Kommunikation und Führung von der geistigen Ebene empfangen, aber andererseits sind auch echte Heilungen bekannt, die durch diese Art der Medialität zustande gekommen sind.

Trance-Medien können unterschiedliche Grade von Trancezuständen erreichen, von leichter Trance bis hin zu tiefer Trance, in der das Bewusstsein des Mediums fast vollständig außer Kraft gesetzt ist. Während des tranceartigen Zustands kann das Medium mit spirituellen Wesen, Engeln, Verstorbenen oder anderen geistigen Entitäten in Kontakt treten und ihre Botschaften empfangen. Diese Informationen können wichtige Hinweise, Ratschläge, Trost oder Erkenntnisse für den Ratsuchenden oder den Menschen, der die Botschaft empfängt, enthalten.

Trance-Medialität ermöglicht es, eine tiefere Verbindung zur Geistigen Welt herzustellen und Einblicke in die spirituelle Realität zu gewinnen. In diesem veränderten Bewusstseinszustand können Medien Signale deuten, Informationen sammeln, Kommunikation empfangen und Führung von der geistigen Ebene erfahren. Die Botschaften, die während der Trance übermittelt werden, können Trost spenden, helfen, Entscheidungen zu treffen oder einfach nur zeigen, dass die Geistige Welt in ständiger Verbindung mit uns ist.

Neben der Übermittlung von Botschaften sind auch echte Heilungen durch Trance-Medialität bekannt. Durch die Kanalisierung von spirituellen Energien und Heilungsströmen können Trance-Medien helfen, physische, emotionale oder spirituelle Blockaden zu lösen und Heilung zu fördern. Diese Form der Heilung geschieht auf energetischer Ebene und kann dazu beitragen, Körper, Geist und Seele in Einklang zu bringen.

Trance-Medialität erfordert ein hohes Maß an Hingabe, Training und Disziplin, um den Trancezustand sicher und effektiv zu erreichen und zu halten. Das Medium muss in der Lage sein, sich vollständig auf den Kontakt mit der Geistigen Welt einzulassen und seine eigene Persönlichkeit und das eigene Ego zurückzustellen, um den reinen und klaren Kanal für die spirituellen Botschaften zu öffnen. Es ist wichtig, dass das Medium vor und nach der Trance-Medialität für eine gute Erdung und Schutz sorgt, um sich vor negativen Energien zu schützen und die eigene Energie wieder ins Gleichgewicht zu bringen.

4. Channeling

Beim Channeling handelt es sich um die Übermittlung von Botschaften aus dem Jenseits durch ein Medium. Das Medium fungiert dabei als Kanal für die spirituellen Wesen, die ihre Botschaften und Weisheiten über das Medium kommunizieren. Diese Art der Kontaktaufnahme erfordert eine klare Verbindung zwischen dem Medium und den geistigen Wesen. Das Medium stellt sich und seinen diesseitigen Körper de facto als Überbringer von Botschaften aus der Geistigen Welt zur Verfügung. Übernatürliche Wesen nutzen den

Körper des Mediums, um Informationen zu übermitteln. Channeling kann in Form von Bildern, Gerüchen, Stimmen usw. geschehen. Es erfordert Offenheit, Geduld und die Fähigkeit, den Verstand auszuschalten.

Beim Channeling wird also eine Verbindung zwischen dem Medium und den spirituellen Wesen in der Geistige Welt hergestellt, um deren Weisheiten, Ratschläge, Erkenntnisse und Botschaften in unsere reale Welt zu übermitteln. Das Medium öffnet sich dabei bewusst für die Energien und Schwingungen aus der Geistigen Welt, um die Kommunikation zu ermöglichen. Die Art und Weise der Übermittlung kann dabei vielfältig sein – es können Bilder, Geräusche, Gefühle, Gedanken, Stimmen oder sogar körperliche Empfindungen durch das Medium wahrgenommen und weitergegeben werden.

Die Rolle des Mediums beim Channeling besteht darin, sich in einen Zustand der Offenheit, Geduld und Empfänglichkeit zu begeben, um die eingehenden Informationen klar, präzise und unverfälscht weitergeben zu können. Es erfordert eine tiefe Vertrauensbeziehung zwischen dem Medium und den geistigen Wesen, um eine klare und authentische Kommunikation zu ermöglichen. Das Medium muss in der Lage sein, seinen eigenen Verstand, seine Zweifel und seine persönlichen Überzeugungen loszulassen, um den reinen Kanal für die spirituellen Botschaften zu öffnen.

Während des Channelings ist es wichtig, dass das Medium einen ruhigen und geschützten Raum schafft, um die Verbindung zur Geistigen Welt aufrechtzuerhalten und sich vor negativen Energien zu schützen. Es ist auch entscheidend, dass das Medium nach dem Channeling Zeit für Erdung und Selbstfürsorge einplant, um wieder ins Gleichgewicht zu kommen und die eigene Energie zu harmonisieren.

Durch Channeling können wichtige Informationen, Erkenntnisse und Botschaften aus der Geistigen Welt empfangen werden, die hilfreich, tröstend oder inspirierend für den Empfänger sein können. Es ist eine Form der spirituellen Kommunikation, die es ermöglicht, den Kontakt zur jenseitigen Realität zu vertiefen und neue Einsichten und Perspektiven zu gewinnen. Channeling erfordert ein hohes Maß an Sensibilität, Vertrauen und Hingabe, um die spirituelle Verbindung aufrechtzuerhalten und die Botschaften der geistigen Wesen klar und authentisch zu übermitteln.

Für eine erfolgreiche Channeling-Sitzung ist eine sorgfältige Vorbereitung notwendig, um eine klare Verbindung zur Geistigen Welt herzustellen und die Kommunikation mit den spirituellen Wesen zu ermöglichen.

5. Instrumentelle Transkommunikation (ITK)

Die instrumentelle Transkommunikation nutzt als Transportmittel technische Geräte wie Radios, Fernseher oder Computer, um Botschaften aus dem Jenseits zu empfangen. Friedrich Jürgenson entdeckte das Stimmenphänomen, bei dem Verstorbene über Tonbandgeräte allem Anschein nach kommunizieren.

Durch Manipulation elektromagnetischer Wellen sollen geistige Wesen in die Lage versetzt werden, Nachrichten zu übermitteln. ITK gilt zwar als umstrittene Methode, da die Interpretation der erhaltenen Nachrichten oft schwierig ist. Jedoch verweisen die Anhänger dieser Methode auf die objektiv nachweisbaren Paraphänomene, da die Funktion elektronischer Kommunikationssysteme sichtbar und nachweisbar beeinflusst werden.

Ein zentrales Element der ITK sind die sogenannten ITK-Stimmen, sprachliche Äußerungen, die auf analogen und digitalen Tonträgern aufgezeichnet werden und deren Ursprung nicht physikalisch erklärt werden kann. Diese Stimmen gelten als Beweis für die Kommunikation mit der Geistigen Welt über technische Geräte. Die übermittelten Nachrichten können nicht nur in Form von Stimmen, sondern auch als Texte, Bilder oder andere Formen erscheinen, je nachdem, welche Geräte zum Einsatz kommen. Die Praktizierenden der ITK suchen nach Mustern und Zusammenhängen in den empfangenen Botschaften, um sie zu interpretieren und zu verstehen.

Instrumentelle Transkommunikation ist zwar eine faszinierende Methode, die technische Geräte wie Radios, Fernseher oder Computer nutzt, um Botschaften und Kommunikation mit der Geistigen Welt zu empfangen. Ich selbst bin hier jedoch eher skeptisch, denn es kann auch viel Schindluder damit getrieben werden. Und nur weil es in einem technischen Gerät knackst, oder sogar Flüstern oder sonst etwas zu hören ist, ist das noch keine Kontaktaufnahme.

Wie gesagt, diese Form der Transkommunikation basiert auf der Annahme, dass geistige Wesen in der Lage sind, elektromagnetische Wellen zu manipulieren, um Nachrichten an die physische Welt zu senden. Aber das könnten „normale" Menschen genauso, oder? Wie auch immer, ITK ist eine hoch kontrovers diskutierte Methode, da die Interpretation der empfangenen Botschaften oft schwierig ist und skeptisch betrachtet wird. Dennoch verweisen die Befürworter dieser Technik auf objektiv nachweisbare Phänomene, bei denen die Funktion elektronischer Geräte sichtbar und messbar beeinflusst wird.

Kritiker der ITK weisen auf die Unsicherheiten und Schwierigkeiten bei der Verifikation und Validierung der erhaltenen Botschaften hin. Die Interpretation der übermittelten Informationen kann subjektiv sein und ist oft schwer zu überprüfen. Dennoch sind die objektiv nachweisbaren Veränderungen an elektronischen Geräten und die physisch nicht erklärbaren ITK-Stimmen ein faszinierendes und kontroverses Feld, das weiterhin erforscht und diskutiert wird.

Ein weiteres faszinierendes Element der ITK sind die sogenannten „visuellen Transkommunikationen", bei denen geistige Wesen angeblich in der Lage sind, Bilder und Videos auf elektronischen Geräten wie Fernsehern oder Computerbildschirmen zu projizieren.

Diese visuellen Botschaften werden von den Praktizierenden als direkter Kontakt mit der Geistigen Welt interpretiert und haben bereits zu einigen spektakulären Beobachtungen geführt. Dabei treten häufig Symbole, Gesichter oder sogar ganze Szenen auf, die nicht auf herkömmliche Weise erklärt werden können. Obwohl diese Phänomene von Skeptikern angezweifelt werden, sind sie für die Befürworter der ITK ein weiterer Beweis für die Möglichkeiten der Kommunikation jenseits unserer physischen Realität.

Die Erforschung und Analyse dieser visuellen Transkommunikationen eröffnet neue Perspektiven für die Verbindung zwischen Technologie und Spiritualität und wirft gleichzeitig weitere Fragen über die Natur des Bewusstseins und der Existenz auf.

Ein besonders interessantes Phänomen im Bereich der visuellen Transkommunikation ist die Projektion von sogenannten „Lichtzeichen" auf fotografischen Aufnahmen. Dabei sollen geistige Wesen in der Lage sein, Lichterscheinungen oder Symbole auf Fotos zu erzeugen, die mit bloßem Auge nicht sichtbar waren.

Diese Lichtzeichen werden von den Anhängern der ITK als direkte Hinweise auf eine übernatürliche Kommunikation interpretiert und haben bereits zu zahlreichen Diskussionen und Spekulationen geführt. Kritiker bemängeln jedoch die Subjektivität bei der Interpretation solcher Phänomene und fordern eine streng wissenschaftliche Überprüfung. Trotzdem beflügeln diese Lichtzeichen die Fantasie vieler Menschen und tragen zur anhaltenden Faszination für die instrumentelle Transkommunikation bei.

Ganze TV-Serien leben vom ITK-Hype

Trotz der umstrittenen Natur der ITK und der Schwierigkeiten bei der Interpretation der empfangenen Botschaften haben viele Anhänger dieser Methode bemerkenswerte Erfahrungen gemacht und berichten von beeindruckenden Phänomenen.

Auch in einigen aktuellen TV-Formaten werden diese Botschaften über technische Geräte im wahrsten Sinn des Wortes – zelebriert. Natürlich eröffnet die Verbindung von Technologie und Spiritualität neue Möglichkeiten für den Kontakt mit der Geistigen Welt – ganz klar. Und es kann eine zusätzliche Quelle für Erkenntnisse, Trost und Heilung für Angehörige bieten. Aber ich bin wahrscheinlich zu sehr von der strikt beweisführenden Schule der Engländer geprägt. Und das ist bei technischen Geräten eben nur für echte Technikprofis möglich – das bin ich nicht, und will daher auch nicht meinen Stab über dieser Methode brechen.

6. Klassische Séancen

Die klassische Séance ist wohl die bekannteste Methode der Kontaktaufnahme mit dem Jenseits. Dabei versammeln sich mehrere Personen in einem Raum, um gemeinsam Kontakt mit Verstorbenen herzustellen. Das Medium fungiert als Vermittler zwischen den beiden Welten und übermittelt die Botschaften der Verstorbenen an die Anwesenden.

Séancen sind spirituelle Sitzungen, bei denen Medien versuchen, mit oftmals unterschiedlichen Verstorbenen zu kommunizieren. Diese Zusammenkünfte können in Gruppen oder individuell stattfinden und dienen dazu, Botschaften zu empfangen oder Fragen zu klären.

„Klassische Séancen" haben eine lange Geschichte und es gibt sie schon seit der Urzeit der Menschheit. Die Teilnehmer der Séance bilden einen geschützten Raum, in dem die Energie für die spirituelle Verbindung aufgebaut werden kann. Die Atmosphäre ist oft ruhig, gedämpft und konzentriert, um die feinen Schwingungen aus dem Jenseits zu empfangen. Das Medium kann dabei unterschiedliche Techniken nutzen, um die Verbindung zur Geistigen Welt herzustellen, wie zum Beispiel Trance, Medialität oder automatisches Schreiben.

Während einer Séance können verschiedene Phänomene auftreten, wie zum Beispiel Kältegefühle, unerklärliche Geräusche, Lichterscheinungen oder Bewegungen von Gegenständen. Diese Phänomene werden oft als Zeichen der Anwesenheit von geistigen Wesen interpretiert und dienen als Bestätigung für die Kommunikation mit dem Jenseits. Das Medium kann auch spezifische Informationen, Namen, Persönlichkeitsmerkmale oder Erinnerungen übermitteln, um die Identität der Verstorbenen zu bestätigen.

Séancen können in unterschiedlichen Formen und Settings stattfinden – von kleinen privaten Sitzungen bis hin zu öffentlichen Veranstaltungen mit einer größeren Gruppe von Teilnehmern. Die Ziele einer Séance können vielfältig sein, wie zum Beispiel das Empfangen von persönlichen Botschaften, das Klären von Fragen, das Lösen von Konflikten oder das Einholen von spirituellem Rat. Die Sitzungen dienen dazu, Trost, Heilung und Verbindung mit der Geistigen Welt zu ermöglichen.

Während klassische Séancen von Skeptikern oft kritisch betrachtet werden und mit Vorurteilen belastet sind, haben viele Menschen positive und bereichernde Erfahrungen in solchen Sitzungen gemacht. Die Zusammenkunft in einer Séance kann ein Raum der Spiritualität, des Trostes und des Verständnisses sein, der dazu beiträgt, die Beziehung zwischen Diesseits und Jenseits zu vertiefen und die Kontinuität des Lebens und der Liebe über den Tod hinaus zu erleben.

Séancen sind ein zugänglicher und bewährter Weg, um den Schleier zwischen den beiden Welten zu lüften und die Verbundenheit mit unseren Lieben im Jenseits zu spüren. Eine Séance kann auch als eine Art spirituelles Ritual betrachtet werden, bei dem die Teilnehmer sich bewusst der Anwesenheit der Verstorbenen öffnen und in einen Zustand der Empfänglichkeit versetzen. Durch gezielte Meditation und Konzentration können die Energie und Schwingungen aus dem Jenseits besser wahrgenommen werden. Das Medium fungiert dabei als Kanal für die Botschaften und Informationen der

Verstorbenen, wobei es seine Fähigkeiten nutzt, um die Kommunikation zwischen den Welten zu erleichtern.

Die Sitzung kann somit eine tiefe spirituelle Erfahrung sein, die Trost, Erkenntnis und Heilung bringt. Die Teilnehmer einer Séance erfahren oft ein Gefühl einer intensiven Verbindung mit ihren verstorbenen Angehörigen und spüren, dass ihre Liebe und ihre Beziehungen über den Tod hinaus bestehen bleiben. Dieses Erlebnis kann dazu beitragen, Ängste vor dem Tod zu überwinden und die Gewissheit zu stärken, dass wir alle Teile eines größeren Ganzen sind, das über die materielle Welt hinausreicht. Während also die Teilnehmer einer Séance in einem geschützten Raum zusammenkommen, um durch das Medium Kontakt zur Geistigen Welt aufzunehmen, können sie sich auf eine einzigartige und tiefe spirituelle Erfahrung einlassen.

Die Atmosphäre ist dabei von Ruhe und Konzentration geprägt, um die feinen Schwingungen und Botschaften aus dem Jenseits empfangen zu können. Das Medium nutzt seine Fähigkeiten, sei es durch Trance, Medialität oder automatisches Schreiben, um als Vermittler zwischen den Welten zu dienen. Durch gezielte Meditation öffnen sich die Teilnehmer für die Anwesenheit der Verstorbenen und ermöglichen so eine Verbindung, die Trost, Erkenntnis und Heilung bringen kann. Diese Erfahrung stärkt oft das Bewusstsein für die Kontinuität des Lebens über den Tod hinaus und kann Ängste vor dem Sterben mindern. So wird in einer Séance die Brücke zwischen Diesseits und Jenseits spürbar und die Verbundenheit mit den Verstorbenen fühlbar.

7. Mediales Schreiben

Jetzt kommen wir zu jenem Thema, das für mich persönlich das wichtigste ist. Mediales Schreiben beinhaltet das Empfangen von Botschaften durch das Schreiben oder Zeichnen. Beim medialen Schreiben kommt es zu einer Art Automatisierung, bei der das Medium unbewusst Botschaften aus dem Jenseits niederschreibt. Diese Technik wird oft zur Kommunikation mit Verstorbenen verwendet und kann sehr persönliche und einzigartige Informationen enthalten.

Die Praxis des medialen Schreibens erfordert eine hohe Sensibilität, Konzentration und Offenheit seitens des Mediums, um den Kontakt mit der Geistigen Welt herzustellen und die empfangenen Botschaften klar und genau aufzuzeichnen. Es ist wichtig, dass das Medium in einem entspannten und ruhigen Zustand ist, um den Fluss der Informationen nicht zu stören und die Kommunikation mit den spirituellen Wesen zu ermöglichen. Durch das mediale Schreiben kann eine direkte Verbindung zur Geisterwelt hergestellt und eine Brücke zwischen Diesseits und Jenseits geschaffen werden.

Das Automatische Schreiben kann eine bereichernde Erfahrung sein, die dem Medium und dem Empfänger tiefe Einsichten, Trost und spirituelle Führung bietet. Die erhaltenen Botschaften können persönliche Fragen klären, verborgene Gefühle ans Licht bringen oder spirituelle Anleitungen für den eigenen Weg geben. Es ist wichtig, die niedergeschriebenen Informationen mit Respekt zu behandeln und sie als wertvolle Hinweise aus der Geistigen Welt zu betrachten.

In einer Zeit, in der der Kontakt mit dem Jenseits oft tabuisiert oder als fragwürdig betrachtet wird, kann mediales Schreiben eine wertvolle Möglichkeit sein, um die spirituelle Verbindung und den Glauben an eine höhere Realität zu vertiefen. Durch das mediale Schreiben können Menschen eine direkte Erfahrung mit der Geisterwelt machen und die Präsenz und Weisheit der spirituellen Wesen unmittelbar spüren.

Es ist eine Erinnerung daran, dass die Grenzen zwischen Diesseits und Jenseits fließend sind und dass die Geistige Welt uns mit Liebe, Führung und Unterstützung umgibt.

Ich sehe mediales Schreiben als meine Brücke zur Geisterwelt

Ich selbst nutze Schreiben bei jeder meiner Sitzungen und dabei schreibe ich nicht nur, sondern ich zeichne auch die Botschaften oder Bilder, die ich übermittelt bekomme, um mir selbst klarer zu werden, was ich gerade erlebe und sehe.

Es ist aber auch ein Beweis der Kontaktaufnahme für die Klienten, wenn sie Namen, Zeichen oder Bilder oder Botschaften auf Papier gebannt vor sich sehen.

Das mediale Schreiben ermöglicht es dem Medium, eine direkte Verbindung zur Geisterwelt herzustellen und sich von spiritualen Wesen führen zu lassen. Während des Schreibens oder Zeichnens werden Botschaften aus dem Jenseits übermittelt, die persönliche Erkenntnisse, Trost und spirituelle Führung bieten können.

Es ist eine kraftvolle Methode, um verborgene Gefühle ans Licht zu bringen und Antworten auf persönliche Fragen zu erhalten. Die hohe Sensibilität und Konzentration des Mediums sind entscheidend, um die empfangenen Informationen klar und genau aufzuzeichnen. Durch das mediale Schreiben wird eine Brücke zwischen Diesseits und Jenseits geschaffen, die den Glauben an eine höhere Realität vertieft und uns die Weisheit der spirituellen Welt unmittelbar spüren lässt.

Normalerweise übernimmt das Medium beim medialen Schreiben eine ausschließlich passive Rolle und lässt sich von geistigen Wesen die Schreibhand im wahrsten Sinn des Wortes – führen. Das ist zwar auch bei mir so, aber nur in eingeschränktem Maße. Ich bin durchaus aktiv, wenn es darum geht nachzufragen oder nachzufühlen und auch tatsächlich nachzu-„sehen", und dabei dennoch die Niederschrift durchzuführen.

Dabei entstehen Botschaften, Zeichnungen, Symbole, Gedichte oder sogar längere Texte, die aus der Geistigen Welt stammen. Das niedergeschriebene Material kann eine tiefe spirituelle Bedeutung haben und dem Empfänger wichtige Erkenntnisse vermitteln.

Wichtig beim medialen Schreiben ist aber tatsächlich das bewusste Zulassen und intuitive Empfangen von Informationen aus dem Jenseits, während man es niederschreibt.

Die Technik des medialen Schreibens wird seit Jahrhunderten zur Kommunikation mit Verstorbenen verwendet und kann sehr persönliche, einzigartige und berührende Informationen enthalten.

Ich bemerke das immer wieder während Sitzungen, wenn ich einen Satz oder ein paar Worte, die ich gerade auf Papier gebannt habe, vorlese. Es sind Sprüche, Zitate, oft auch satirische Bezeichnungen und witzige Bemerkungen, die die Verstorbenen übermitteln. Genau diese höchst persönlichen Textfragmente sind es, die dem Klienten tatsächlich zeigen, dass er es mit „seinem" Verstorbenen zu tun hat. Es ist für mich immer wieder beeindruckend, wenn ich Tränen der Rührung, aber auch schockierte und weit geöffnete Augen sehe, wenn solche Botschaften aus der Geistigen Welt durch meinen Kugelschreiber auf das Blatt transkribiert werden.

Ganz allgemein kann ich sagen, dass die Informationen bereits vor der Sitzung bei mir ankommen, daher bin ich schon vor der Sitzung konzentriert. Durch das mediale Schreiben erfahre ich die ersten Kontaktaufnahmen von den Verstorbenen, die – so erkläre ich es mir – schon vorher „spüren" können, wenn Verwandte oder Freunde den Kontakt suchen wollen.

Während der Sitzung kommen dann natürlich die meisten Details und Informationen. Aber die Sitzungen starten meist, indem ich meine Klienten mit den ersten bereits empfangenen Details überrasche, dann sind sie immer sehr erstaunt. Wenn ich dann immer mehr Details verrate, die ich mir durch das mediale Schreiben (und Zeichnen) am Papier notiere, dann wird die Person, die von meinen Klienten im Jenseits gesucht wird, extrem klar und detailliert. Da darf es dann auch keine Zweifel an der Identität geben, sonst breche ich den Kontakt ab. Das habe ich mir angewöhnt, um mir und meinen Klienten Enttäuschungen zu ersparen.

Hier einige meiner Zeichnungen und Texte von „echten" Sitzungen:

Erklärung zu dieser Sitzung vom Juli 2024

Jenseitskontaktaufnahme – Freundin bucht Sitzung mit dem verstorbenen Lebensgefährten.

Der Verstorbene war erst 27 Jahre alt, als er seinen Heimgang antreten musste, eine tragische Tatsache, die Herz und Seele der Hinterbliebenen schwer belastete.

Die Erinnerungen an ihre gemeinsame Jugendzeit wurden mir durch Baumsymbole übermittelt (auf dem Papier sind Baumkronen und Baumstämme zu sehen). Sie erzählte mir danach, wie sie sich zum ersten Mal unter einem alten Baum küssten – ein romantischer Moment. Doch in dieser Zeit gab es auch viel Chaos, und gerade in diesen stürmischen Momenten war er für sie ein Ruhepol. Seine

Präsenz schenkte ihr Halt und Stabilität, was in den Erinnerungen an ihre jugendliche Verliebtheit deutlich wurde.

Der Lebensgefährte war bekannt dafür, dass sein Frühstück aus Kaffee und Zigaretten bestand – eine kleine Anekdote, die zugleich seine leicht rebellische, aber auch lebenszugewandte, charmante Seite widerspiegelte. Seine Leidenschaft für das Dart-Spielen wurde klar übermittelt. Zudem liebte er Musik, insbesondere die Heavy-Metal-Klänge von AC/DC, die seine ungezügelte Freude am Leben unterstrichen. Erinnert wurde auch an einen gemeinsamen Urlaub an der Nordsee, der für beide eine unvergessliche Zeit war. Diese Erinnerungen waren gefüllt mit Lachen, tiefen Gesprächen und der Freude, Zeit miteinander zu verbringen.

Die Umstände seines frühen Todes waren tragisch; er war an Bauchspeicheldrüsenkrebs erkrankt, der sich bedauerlicherweise in den Magen- und Darmbereich ausgebreitet hatte. Diese erschütternde Diagnose war auch bestimmend für die restliche gemeinsame Zeit und sein Tod hinterließ eine schmerzhafte Lücke im Leben seiner Freundin. In der Sitzung übermittelte er der Freundin seinen aufrichtigen Dank für den Zusammenhalt in dieser schwierigen Zeit und während seiner Krankheit. Diese Botschaft war nicht nur ein Ausdruck der Wertschätzung, sondern auch ein Hinweis darauf, wie wichtig Liebe und Unterstützung in schweren Zeiten für uns alle sind.

Ein weiterer bedeutender Punkt während der Sitzung war das T, das ich auf das Papier notiert habe – es war der Anfangsbuchstabe seines Namens, mehr wurde mir in diesem Fall aber nicht offenbart.

Im Verlauf der Sitzung flossen viele Tränen, weil auch viele weitere Details aus der Geistigen Welt ankamen. Es bestätigte die Verbundenheit und das tiefe Gefühl zwischen den beiden. Es war ein berührendes Erlebnis, das nicht nur die Trauer um den Verlust, sondern auch die unvergängliche Liebe und die vielen gemeinsamen Erinnerungen zwischen einem Mann und einer Frau zu Tage brachten. Durch diese Sitzung wurde der Lebensgefährte für die Freundin wieder lebendig und das Herz der jungen Frau wurde wieder mit Licht und Frieden gefüllt.

Dieses Blatt kennen Sie schon aus dem vorderen Teil des Buches.

Erklärung zu dieser Sitzung vom April 2024

Jenseitskontaktaufnahme – mit verstorbenem Ehemann, die seine Frau bei mir gebucht hatte. Es war ein zutiefst emotionales Ereignis.

Auch hier bekam ich schon vor der eigentlichen Sitzung erste Signale. Der Ehemann musste zwischen 50 und 70 Jahre alt gewesen sein, als er starb. War ein technisch versierter und sportbegeisterter Mann. Seine Leidenschaft für den Radsport wurde signalisiert (man sieht meine oftmaligen kreisförmigen Symbole). Er hatte sein Leben in vollen Zügen genossen. Ein bedeutender Teil seines Lebens war die Freude an seinem großen Hund, der mir als Schäferhund übermittelt wurde (die Frau bestätigte dies dann).

228

Während der Sitzung tauchte die Zahl 1982 auf, die sofort mit der Geburt eines der Kinder des Paares in Verbindung gebracht werden konnte. Diese Zahl schien auch generell eine tiefere Bedeutung zu haben. Auch die Zahl 9 wurde genannt, und die Ehefrau verband auch dies mit einem besonderen Datum, das für die Familie von großer Wichtigkeit war – ein symbolischer Anker in ihrer gemeinsamen Geschichte. Der Mann erschien mir in seiner Berufsuniform, was auf seine Identität und seine Wertschätzung für die Arbeit hinwies, die ihm Zeit seines Lebens wichtig war. Seine beiden Kinder konnten ebenfalls im Rahmen der Sitzung zugeordnet werden.

Es wurde schnell deutlich, dass er eine große Vorliebe für klassische Musik hatte. In diesem Kontext kam der Name Manfred zur Sprache, der in der Familie bekannt war und mit einer liebevollen Erinnerung verbunden wurde.

Ein weiterer bedeutungsvoller Aspekt war die Verbindung zur Schweiz, die mit einem unvergesslichen Urlaub in Verbindung gebracht werden konnte. Erinnerungen an ein Foto am Meer, das seine Frau und ihn in fröhlicher Umarmung festhielt, schufen ein Bild von gemeinsamen, glücklichen Tagen, die das Band zwischen ihnen gestärkt hatten.

Während der Sitzung kamen weitere Details über seinen Heimgang und seine Botschaft an seine Frau zum Vorschein. Seine liebevollen Worte zeugten von seiner unvergänglichen Verbundenheit zur eigenen Frau und konnten ihr Trost und Hoffnung spenden. In diesem tiefen Moment des Jenseitskontaktes erlebte die Frau, dass die Erinnerungen und die Liebe zu ihrem Ehemann weit über den Tod hinaus bestehen bleiben würden.

Erklärung zu dieser Sitzung vom Juni 2024

Online-Sitzung, in der zwei Töchter den sehnlichen Wunsch hatten, mit ihrer verstorbenen Mutter in Kontakt zu treten.

Die Atmosphäre war von anfänglicher Nervosität, aber auch von einer tiefen Sehnsucht nach Klarheit und Hoffnung auf Trost geprägt. Bevor die Sitzung begann, versammelten sich die beiden Frauen vor ihren Bildschirmen, bereit, sich der emotionalen Reise des Jenseitskontakts zu stellen. Ich hatte bereits vor der Sitzung einige Informationen von der Mutter bekommen, die ich mir auf mein Papier schrieb.

Die verstorbene Mutter, die 1952 geboren wurde und im Alter von etwa 70 Jahren an einer Lungenkrankheit verstorben war, trat dann sehr schnell in den Vordergrund. Ihre Krankheit war durch Sauerstoffprobleme geprägt gewesen, was für die Töchter in den letzten Lebensjahren eine herausfordernde Zeit darstellte. Während der Sitzung war die Präsenz der Mutter ständig stark für mich spürbar, geradezu lebendig. Sie strahlte ein Gefühl von Liebe und Geborgenheit auf mich aus und diese Signale gab ich an die Töchter weiter, was dann sofort beruhigend auf die beiden Frauen wirkte.

Die Mutter offenbarte den Töchtern, dass sie als Großmutter stolz auf ihre Enkelkinder sei. Sie ließ durchscheinen, dass es bereits mehrere Enkelkinder gibt und erwähnte einen speziellen Geburtstag im Dezember. Die Töchter waren überrascht, als sie hörten, dass ihr Familienmitglied, eine Enkelin, in der Ausbildung zur Krankenschwester ist – eine Information, die besonders gut in die warmherzige Erinnerung an die Mutter passte, die stets ein großes Herz für soziale Berufe hatte.

Während der Sitzung wurden zudem wichtige Details offenbar. Der April wurde als bedeutender Monat benannt, und die Töchter konnten dies sofort bestätigen. Dieser Monat schien ein emotionaler Anker für die Familie zu sein, in dem wichtige Ereignisse stattgefunden hatten. Der Hund einer Tochter, der im Garten beerdigt worden war, wurde ebenfalls in die Kommunikation einbezogen. Als die Mutter dies erwähnte, erfüllte eine Welle der Emotion den Raum; die Tochter bestätigte mit einem sanften Lächeln und einem Hauch von Traurigkeit, dass der geliebte Vierbeiner der Familie im Garten seinen letzten Ruheplatz gefunden hatte. Umgeben von all den schönen Erinnerungen und weiterhin in der Nähe der Familie.

Die Botschaft der Mutter war eine der liebevollen Ermutigung. Sie drängte ihre Töchter, sich keine Vorwürfe zu machen, und stellte klar, dass sie für alles, was sie tat, und für all das, was in der Familie geschah, keinen Zorn hegte. Ihre Worte klangen tröstlich und gelassen: „Für mich wurde alles gemacht!" Diese Botschaft ging tief, denn die Töchter hatten sich in der Zeit nach dem Verlust ihrer Mutter immer wieder Vorwürfe gemacht. Unsicher darüber, ob sie alles richtig und gut gemacht hatten, waren sie emotional belastet.

Der Raum füllte sich mit einer intensiven Energie, während sie versuchten, die liebevollen Worte ihrer Mutter in sich aufzunehmen. Es war ein Moment des tiefen Verständnisses, der die Schatten der Trauer und des Zweifels linderte.

Die Sitzung zog sich über eine Stunde hinweg und während dieser Zeit kamen viele weitere Details und Informationen ans Licht. Jede neue Offenbarung verwob sich mit den Erinnerungen der Töchter, die alle ihre eigene Bedeutung hatten.

Bei jedem Kontakt, den ich leite, beginne ich mit einem Stift und einem Blatt Papier, und der Rest entfaltet sich organisch während der Sitzung. Dies führt oft zu überraschenden Erkenntnissen und emotionalen Klärungen, die das Herz erreichen und Trost spenden.

Die Sitzung endete mit einem Gefühl der Verbundenheit und Dankbarkeit, als die Töchter sich mit dem Wissen verabschiedeten, dass ihre Mutter immer an ihrer Seite war, und dass ihrer liebevollen Botschaft nichts im Wege stand.

8. Mediales Träumen

Mediales Träumen ist eine der wenigen außersinnlichen Wahrnehmungen, die wahrscheinlich jeder von uns bereits ein- oder mehrmals erlebt hat. Auch wenn Er oder Sie nicht daran geglaubt hat. Aber passiert ist es sicher  schon. Es geschieht im Traumzustand, dass Verstorbene Informationen übermitteln, oder dass Informationen über bevorstehende Unfälle, Ereignisse oder besondere Momente übermittelt werden.

In medialen Träumen werden Medien von geistigen Wesen besucht, oder es werden Botschaften empfangen. Diese Träume können besonders deutlich und intensiv sein und dienen oft als direkter Kontakt zur spirituellen Welt. Durch das Erinnern und Interpretieren der medialen Traumsequenzen nach dem Erwachen können wichtige Einsichten, Hinweise und Botschaften aus der spirituellen Welt gewonnen werden. Es ist daher besonders wichtig, genaue Notizen zu machen oder die Traumerlebnisse durch Zeichnungen oder schriftliche Aufzeichnungen festzuhalten. Die Visualisierung und Reflexion der medialen Träume kann helfen, die vermittelten Informationen zu verstehen, zu integrieren und für das persönliche und spirituelle Wachstum zu nutzen.

Mediales Träumen: Die Verbindung zur Geisterwelt im Schlaf

Während des medialen Träumens öffnet sich das Medium auf einer tieferen Bewusstseinsebene und ermöglicht den geistigen Wesen, in Kontakt zu treten. In diesen Träumen können Verstorbene erscheinen, Zeichen senden, Botschaften übermitteln oder wichtige Informationen mitteilen. Die erlebten Eindrücke sind oft so lebhaft und außergewöhnlich, dass sie sich von normalen Träumen deutlich unterscheiden.

Das mediale Träumen erfordert eine offene und empfängliche Einstellung des Mediums, um die Verbindung zur Geisterwelt im Traumzustand herzustellen. Es ist ratsam, vor dem Schlafengehen eine klare Absicht zu setzen, um Kontakt mit Verstorbenen aufnehmen zu können. Während des Träumens kann das Medium durch gezielte Übungen oder Visualisierungen versuchen, die geistige Kommunikation zu fördern und die Traumerfahrungen bewusster wahrzunehmen.

Mediales Träumen bietet eine einzigartige Möglichkeit, direkten Kontakt zur spirituellen Welt herzustellen und wichtige Erkenntnisse und Führung aus dem Jenseits zu erhalten. Die Erfahrungen in medialen Träumen können tiefe Emotionen, spirituelle Erlebnisse und transformative Erkenntnisse vermitteln, die das Medium auf seinem spirituellen Weg unterstützen. Die Auseinandersetzung mit den medialen Traumsequenzen kann zu einem tieferen Verständnis der eigenen spirituellen Praxis, der Verbindung zum Jenseits und der persönlichen Entfaltung führen.

Mediales Träumen ist eine besondere Form der spirituellen Erfahrung, die es dem Medium ermöglicht, die Grenzen zwischen Traumwelt und Realität zu überwinden und eine direkte Verbindung zur Geisterwelt im Schlaf herzustellen. Es ist eine Erinnerung daran, dass die spirituellen Dimensionen des Lebens tief in unserem Unterbewusstsein verankert sind und uns auf vielfältige Weise unterstützen und führen können.

9. Aura-Reading

Das Aura-Reading bezeichnet die Fähigkeit, die Aura einer Person zu lesen und somit auch Informationen über ihre Potenziale und aktuelle Situation zu erhalten. Beim Aura-Reading kann das Medium die feinstoffliche Energie oder Aura einer Person lesen und interpretieren. Durch das Lesen der energetischen Felder kann das Medium Einblicke in das „Heute und Hier" der Person gewinnen und diese bei ihrer spirituellen Entwicklung unterstützen. Auch interpretiert beim Aura-Reading das Medium die Energie- und Informationsfelder im Umkreis einer Person herum.

Die Aura eines Menschen wird oft als farbliches oder leuchtendes Energiefeld wahrgenommen, das den Körper umgibt und verschiedene Ebenen der Persönlichkeit, des Geistes und der Gesundheit widerspiegelt. Beim Aura-Reading kann das Medium die unterschiedlichen Farben, Muster, Dichte und Schwingungen der Aura eines Individuums lesen und interpretieren. Jede Farbe und jedes Muster in der Aura kann auf spezifische Eigenschaften, Emotionen oder Potenziale hinweisen.

Durch das Lesen der Aura und Informationsfelder können persönliche Informationen, emotionale Zustände, Blockaden oder Potenziale erkannt werden. Diese Methode dient dazu, die spirituelle Entwicklung und Selbstreflexion zu fördern und dem Fragenden wichtige Einsichten zu bieten. Aura-Reading dient dazu, die spirituelle Entwicklung, das Wachstum und die Selbstakzeptanz zu fördern.

Aura-Reading: Lesen feinstofflicher Energien oder die Chemie zwischen zwei Personen

Ich bin der Meinung, Aura-Reading hat viel mit unserem Bauchgefühl zu tun, das jeder hat, wenn er eine Person zum ersten Mal sieht. Auch hier dringen wir ja in die Aura der Person ein und „lesen" sie. Man kann es auch die „Chemie" zwischen zwei Menschen bezeichnen. Das kann sehr gut und schnell trainiert werden, aber dient kaum dem Kontakt zum Jenseits, obwohl es allerorten so gepredigt wird.

Daher bezeichnet Aura-Reading eigentlich nur die Fähigkeit, die feinstoffliche Energie oder Aura einer vor einem stehenden Person zu lesen (also einer realen Person) und Informationen über deren Potenziale, aktuelle Situation und emotionale Zustände zu erhalten. Man erfährt nichts über das Jenseits, oder über einen Verstorbenen. Weder die Vergangenheit, noch das Umfeld, noch die Zukunft der Person kann gedeutet oder interpretiert werden.

Das Lesen der Aura geht über die rein visuelle Wahrnehmung hinaus und erfordert eine feine Sensorik, Intuition und Sensibilität seitens des Mediums, um die feinsten Schwingungen und Energiestrukturen wahrnehmen zu können. Das Medium kann durch gezielte Übungen und Meditationen seine Fähigkeit des Aura-Readings weiterentwickeln und verfeinern, um noch genauer und präziser Informationen aus der Aura einer Person zu erhalten.

Aura-Reading kann auch dazu dienen, die Beziehung zwischen Menschen zu vertiefen und die „Chemie" oder Resonanz zwischen zwei Personen zu erfassen. Die Aura einer Person kann auf subtile Weise Informationen über die Verbindung, das Vertrauen, die Kommunikation und das gemeinsame Wachstum in einer Beziehung offenbaren. Durch das Lesen der Aura können persönliche und zwischenmenschliche Dynamiken besser verstanden und harmonisiert werden.

Aura-Reading ist daher für mich KEIN Mittel der Kontaktaufnahme mit dem Jenseits, sondern einfach eine Methode der Selbstreflexion, Selbsterkenntnis und spirituellen Entwicklung. Es ermöglicht, wenn überhaupt, nur eine tiefere Verbindung zum eigenen

Energiefeld und zur spirituellen Realität und hilft dabei, verborgene Potenziale zu entdecken, emotionale Blockaden zu lösen und die eigene Lebensreise bewusst zu gestalten.

10. Kartenlegen

Das Kartenlegen ist eine weitere faszinierende Methode der Kontaktaufnahme und wird auch von Laien sehr oft praktiziert. Dabei werden spezielle Karten mit symbolischen Bildern verwendet, um Informationen und Botschaften aus der spirituellen Welt zu erhalten.

Ich selbst kann dazu nur wenig sagen, denn ich praktiziere kein Kartenlegen. Allerdings bin ich auch hier davon überzeugt, dass, sollte man tatsächlich Kontakt zur Jenseitigen Welt aufbauen wollen, eine medial veranlagte Person anwesend sein muss, um Signale aus der Geistigen Welt zu empfangen. Auch wenn es über die Karten wäre. Ich erkläre daher hier nur das Prozedere des Kartenlegens, ohne selbst Erfahrungen damit zu haben. Jeder kann sich dann selbst und kritisch (daher der Begriff selbstkritisch ;-) seine Meinung bilden.

Beim Kartenlegen legt das Medium oder der Wahrsager die Karten in einem bestimmten Muster aus und interpretiert die Bedeutung der einzelnen Karten sowie deren Position zueinander. Die verschiedenen Kartensets, wie zum Beispiel Tarot- oder Engelkarten, enthalten eine Vielzahl von Symbolen und Motiven, die auf unterschiedliche Lebensbereiche und spirituelle Themen hindeuten können. Das Medium nutzt seine Intuition und spirituellen Fähigkeiten, um die Botschaften der Karten zu entschlüsseln und dem Fragenden dabei zu helfen, Klarheit und Orientierung zu gewinnen.

Beim Kartenlegen können sowohl vergangene Ereignisse reflektiert als auch gegenwärtige Situationen beleuchtet und mögliche zukünftige Entwicklungen aufgezeigt werden. Die Karten dienen dabei als Werkzeug, um verborgene Zusammenhänge und Potenziale aufzudecken und dem Fragenden dabei zu helfen, bestimmte Entscheidungen zu treffen oder Probleme zu bewältigen.

Das Kartenlegen kann eine sehr persönliche und spirituelle Erfahrung sein, die es dem Medium (und auch den Beobachtern) ermöglicht, tiefgreifende Einblicke in die individuelle Lebenssituation des Fragenden zu gewinnen.

Leider wird diese Art der Medialität sehr inflationär genutzt und es ist daher sehr schwer, die Spreu vom Weizen zu trennen.

Nichtsdestotrotz ist das Kartenlegen seit Jahrhunderten eine vielseitige und beliebte Methode der Zukunftsdeutung, aber auch der Kontaktaufnahme mit dem Jenseits, die Menschen dabei unterstützt, spirituelle Erkenntnisse zu gewinnen, sich selbst besser zu verstehen und auf ihrem spirituellen Weg voranzuschreiten. Mit Hilfe der Karten können verborgene Wahrheiten ans Licht gebracht und spirituelle Zusammenhänge aufgedeckt werden, um eine tiefere Verbindung mit der spirituellen Welt zu erreichen. Aber nur, wenn die Karten von „Wissenden" genutzt werden.

Hier sind einige der wichtigsten Karten und ihre Bedeutungen bei Jenseitskontakten:

Tarotkarten: Das Tarotdeck besteht aus 78 Karten, die aufgeteilt sind in die 22 großen Arkana und die 56 kleinen Arkana. Die Tarotkarten enthalten eine Vielzahl von Symbolen und Bildern, die auf tiefgründige spirituelle Themen, Lebensprozesse, Persönlichkeits-merkmale und Schicksalswege hinweisen. Beim Kartenlegen mit Tarotkarten können verschiedene Karten wie der Hierophant, die Liebenden, der Tod oder der Eremit wichtige Botschaften und Hinweise aus der Geistigen Welt übermitteln.

Engelkarten: Engelkarten enthalten liebevolle und unter-stützende Botschaften von Engeln, Geistführern und himmlischen Wesen. Die Karten sind oft mit Engelsymbolen, Segenswünschen und positiven Affirmationen versehen, die Trost, Inspiration und spiritu-elle Führung bieten. Beim Legen von Engelkarten können Botschaften wie Liebe, Vergebung, Schutz, Segen oder Heilung aus der Geistigen Welt übermittelt werden.

Lenormandkarten: Die Lenormandkarten sind Teil eines Kartendecks, das aus 36 Karten besteht und einfache, klare Symbole und Motive enthält. Die Lenormandkarten werden oft für spezifische Fragen, präzise Antworten und konkrete Situationen genutzt. Jede Karte hat eine spezifische Bedeutung, die auf bestimmte Lebensbereiche, Personen oder Ereignisse hinweisen kann.

Orakelkarten: Orakelkarten sind vielseitige Kartensets mit verschiedenen Themen und Motiven, die für allgemeine Lebensfragen, Inspiration oder spirituelle Botschaften verwendet werden. Die Karten enthalten oft weise Sprüche, Symbole oder Bilder, die dazu dienen, dem Fragenden Orientierung, Klarheit oder Ermutigung auf seinem Weg zu bieten.

Zigeunerkarten: Zigeunerkarten sind ein traditionelles Kartendeck mit 36 Karten, das für spirituelle Beratung, Zukunftsdeutung und Lebenshilfe genutzt wird. Die Karten enthalten Symbole und Motive, die auf persönliche Anliegen, Beziehungen, Karriere, Gesundheit und spirituelle Entwicklung hinweisen können. Beim Kartenlegen mit Zigeunerkarten können Botschaften wie Veränderung, Glück, Herausforderung oder Erfolg übermittelt werden.

Kartenlegen ist eine Kunst

Die Interpretation und Deutung der verschiedenen Karten ist eine eigene Kunst, die Intuition, Sensibilität und spirituelle Fähigkeiten erfordert.

Beim Kartenlegen im Rahmen von Jenseitskontakten dienen die Karten als Werkzeug, um verborgene Informationen, spirituelle Botschaften und Hinweise aus der Geistigen Welt zu empfangen und zu interpretieren. Jede Karte hat eine individuelle Bedeutung und kann dem Medium dabei helfen, dem Fragenden Klarheit, Erkenntnisse und Orientierung zu bieten. Es ist wichtig, die Karten mit Respekt, Achtsamkeit und Integrität zu nutzen, um eine authentische und bedeutungsvolle spirituelle Erfahrung zu gewährleisten.

Abschließend zu diesem Kapitel

Alles in allem bietet die Vielfalt der Jenseitskontakte jedem die Möglichkeit, auf seine eigene Weise mit der Geistigen Welt in Verbindung zu treten und spirituelles Wachstum zu erfahren.

Kapitel 8:
Gesundheit und Medialität – der Weg zu einem ganzheitlichen Heilungsansatz

Es gibt viele Berichte über ganzheitliche Behandlungsansätze, die durch die Verbindung zwischen Körper, Geist und Medialität eine unmittelbare Wirkung auf unseren Körper, unseren Geist und unser allgemeines Wohlbefinden haben. Durch die Öffnung für spirituelle Ebenen und den Einsatz von Medialität können Blockaden gelöst, Traumata aufgelöst und die Selbstheilungskräfte aktiviert werden.

Es ist eigentlich ganz logisch!

Denken wir an das Trauma durch den Tod einer geliebten Person. Das ganze Leben verändert sich schlagartig. Viele Probleme prasseln auf uns ein und wir sind am Rande der Verzweiflung. Wenn wir dann einen Jenseitskontakt zu dem oder der Verstorbenen herstellen und diese uns ihr Wohlbefinden aus der jenseitigen Welt mitteilt, sind viele meiner Klienten schlagartig beruhigter und verlassen die Sitzung mit neu entstandenem Lebensmut.

Wohlgemerkt, ich bin keine Ärztin und verstehe mich auch nicht als Therapeutin, Heilerin oder Ähnliches. Jedoch habe ich mich ja selbst nach dem tragischen und auch für mich traumatischen Tod meines Vaters deutlich entspannter und, ja, „aufgebauter" gefühlt, nachdem es die ersten Jenseitssignale von ihm gab.

Ich bemerke nach vielen meiner Sitzungen, dass Menschen, die vorher komplett gebrochen zu den Terminen kommen, danach wieder Lebensmut fassen und wirklich auch optisch neue Energie ausstrahlen und Spannkraft durch ihren Körper strömt. Sie gehen nicht mehr mit gesenktem Kopf durch die Welt, sondern erhobenen Hauptes und haben wieder Lebenswillen gefasst.

Durch Nutzung der Medialität erhalten wir nicht nur ein neues Verständnis von Gesundheit, sondern auch die Möglichkeit, unsere körperliche und seelische Balance wiederherzustellen. Mit medialer Anleitung können wir lernen, wie wir in Einklang mit unserer inneren Mitte kommen und unsere eigene Gesundheit stärken.

Allein schon das Bewusstsein – ich bin nicht alleine auf der Welt, es passt jemand „dort drüben" auf mich auf – bringt einen ganzheitlichen Heilungsansatz in Gang. Ich habe immer wieder Klienten und Klientinnen, die mich Wochen nach einer Sitzung kontaktieren und mir berichten, wie sie wieder Lebensmut gefasst haben, Appetit bekommen haben und auch wieder unter Menschen gegangen sind, oder sich auf neue Partnerschaften eingelassen haben, weil aus dem Jenseits klare Signale gekommen sind, sein Leben weiterzuleben, so gut, frei und positiv wie möglich. Es ist kaum zu glauben, wieviel solche Aussagen oder Signale bewirken können.

Kleine Story ...

Eine meiner Klientinnen war eine 82-jährige Frau, die nach dem Tod ihres knapp 90-jährigen Mannes nicht mehr leben wollte. Sie war total abgemagert, hatte eine blasse Hautfarbe und die tiefen dunklen Ringe unter ihren Augen zeugten von langen Nächten ohne Schlaf. Sie hat mir auch nach den ersten Begrüßungssätzen freimütig gestanden, dass sie am liebsten Tabletten nehmen würde, um bei ihrem Mann zu sein. Nur ihre Kinder (auch bereits alle über 50) würden sie noch daran hindern.

Schon die ersten Signale von ihrem Mann aus dem Jenseits waren voll von Liebe und Zuneigung und seiner inständigen Bitte, doch auch weiterhin das Leben zu genießen. Ich erhielt auch eine deutliche und eindeutige Botschaft vom Ehemann, sich nicht gegen eine Freundschaft mit einem anderen Mann zu verschließen. Es war unglaublich. Nach dem Gespräch hatte die Frau sofort ein rosiges Gesicht und sie lächelte.

Nach einigen Wochen schrieb mir eine Tochter dieser Frau, wie froh nun alle Geschwister (trotz extremer anfänglicher Skepsis) über den Besuch bei mir wären, weil man sofort nach dem Besuch bei der Mutter eine enorme Verbesserung der allgemeinen, aber vor allem ihrer geistigen Gesundheit feststellen konnte. Und, die Mutter hätte einen sehr netten Herrn im Seniorenclub kennengelernt, mit dem sie wunderschöne Ausflüge und Kaffeenachmittage verbringen würde. Schöner kann eine Rückmeldung auf eine Sitzung mit und bei mir kaum sein! Ich hatte beim Lesen des Mails Tränen in den Augen vor Freude!

Medialität und ihr Einfluss auf die Gesundheit

Durch die Öffnung des Geistes und das Zulassen von spirituellen Impulsen können Blockaden und Traumata aufgelöst und die Selbstheilungskräfte aktiviert werden.

Das ermöglicht einen erweiterten Blick darauf, wie Krankheiten entstehen. Denn in der Medizin ist schon lange klar, wie groß die Auswirkungen von Sorgen und Ängsten auf Körper und Psyche sind. Auch wenn es nicht sofort ein dramatisches Ereignis wie der Tod eines Menschen sein muss, ist es doch so, dass in der heutigen komplexen Lebenswelt viele Menschen unter ständigem Druck stehen, was nicht nur die mentale Gesundheit, sondern auch das körperliche Wohlbefinden erheblich beeinträchtigen kann.

Zwei Redewendungen, die häufig verwendet werden und tief in unserem kollektiven Bewusstsein verankert sind, verdeutlichen diese Problematik auf eindringliche Weise: „Das macht mich krank" und „Die Sorgen bringen mich um".

Diese Aussprüche stellen nicht nur emotionale Reaktionen dar, sondern spiegeln auch die tiefgreifenden Auswirkungen wider, die Sorgen und Ängste tatsächlich auf den menschlichen Körper und die Psyche haben können. Jeder kennt es von sich selbst, wenn man durch Stress, Sorgen oder schlechte Nachrichten Zustände bekommt – Übelkeit, Verspannung, Magenkrämpfe, Kopfschmerzen, Nackenschmerzen, bis hin zu Depressionen. Der Geist sagt dem Körper: Es geht dir nicht gut, mach was.

„Das macht mich krank" – Psychosomatische Verbindungen

Der Spruch „Das macht mich krank" beschreibt eine Erfahrung, die viele Menschen aus ihrem Alltag kennen. Die Idee, dass Emotionen und Gedanken direkten Einfluss auf die körperliche Gesundheit haben, ist seit langem Gegenstand wissenschaftlicher Untersuchungen. Psychosomatische Medizin beschäftigt sich genau mit diesem Bereich, indem sie die Wechselwirkungen zwischen psychischen und physischen Prozessen untersucht.

Psychosomatische Reaktionen können in verschiedenen Formen auftreten. Wenn Sorgen und Ängste überhandnehmen, können sie zu einer Vielzahl von körperlichen Symptomen führen, darunter:

Kopfschmerzen: Stress kann zu Verspannungen in den Muskeln des Nackens und Kopfes führen, was häufig Kopfschmerzen verursacht.

Verdauungsstörungen: Bei emotionalem Stress können sich Magenbeschwerden, Übelkeit oder sogar chronische Erkrankungen wie das Reizdarmsyndrom entwickeln. Die „Bauchhirnforschung" zeigt, dass der Magen-Darm-Trakt stark mit unserem emotionalen Zustand verknüpft ist.

Herz-Kreislauf-Probleme: Anhaltende Sorgen können den Blutdruck erhöhen und das Risiko für Herzerkrankungen steigern. Stresshormone wie Adrenalin und Cortisol erhöhen die Herzfrequenz und belasten das Herz-Kreislauf-System.

Immunsystem: Chronischer Stress und emotionale Belastungen können die Immunabwehr schwächen, wodurch eine Person anfälliger für Krankheiten wird. Studien zeigen, dass Menschen unter chronischem Stress eine höhere Rate an Erkältungen und anderen Infektionen haben.

„Die Sorgen bringen mich um" – Existenzielle Auswirkungen

Der zweite Spruch, „Die Sorge bringt mich um", spricht die existenziellen Ängste an, die Menschen quälen können. Egal ob Job, Geld oder andere Sorgen. Diese Ängste können sich nicht nur auf das tägliche Leben, sondern letztlich auch auf die psychische und körperliche Gesundheit auswirken. Eine nicht zu unterschätzende Dimension ist die der Angststörung, die weit verbreitet ist und unterschiedliche Formen annehmen kann, wie soziale Angststörung, generalisierte Angststörung oder Panikattacken.

Wenn Sorgen überhandnehmen und sich in den Vordergrund drängen, kann dies zu schwerwiegenden psychischen Erkrankungen führen:

Depression: Anhaltende Sorgen können die Stimmung erheblich beeinflussen und zu Gefühlen der Traurigkeit und Hoffnungslosigkeit führen. Diese emotionale Erschöpfung hat nicht nur Auswirkungen auf das mentale Wohlbefinden, sondern ist auch mit physischen Symptomen wie Schlafstörungen, Appetitlosigkeit und verminderter Energie verbunden.

Angststörungen: Menschen, die unter ständigen Sorgen leiden, entwickeln häufig Angststörungen. Diese gehen einher mit panikartigen Attacken, übermäßiger Nervosität und einer ständigen emotionalen Überregung. Die Reaktion des Körpers auf Stress kann sich in einer erhöhten Ausschüttung von Cortisol äußern, was langfristig ernsthafte Gesundheitsprobleme zur Folge haben kann.

Verhaltensänderungen: Sorgen und emotionale Belastungen können auch zu ungesunden Bewältigungsmechanismen führen, wie z. B. Überessen, Alkohol- oder Drogenmissbrauch. Diese Verhaltensweisen sind oft eine Reaktion auf emotionale Not, führen jedoch häufig zu weiteren gesundheitlichen Problemen, die die Situation verkomplizieren.

Wie kann Medialität helfen?

Im Kontext der Medialität und des geistigen Heilens verstehen wir, dass die Verbindung zwischen Körper und Geist nicht nur eine theoretische Überlegung ist, sondern eine grundlegende Realität darstellt. Hier kann Medialität helfen, da oft betont wird, dass Heilung auch eine emotionale und spirituelle Komponente umfasst.

Mediale Ansätze und Signale aus dem Jenseits können daher helfen, emotionale Blockaden zu identifizieren und diese aufzulösen, wodurch nicht nur das psychische Wohlbefinden gefördert wird, sondern auch der Körper zurück zu seiner natürlichen Balance finden kann. Klienten können durch Jenseitsbegegnungen negative Gedankenmuster durchbrechen, weil die Verstorbenen ihnen vielleicht ihre Taten während ihrer Lebenszeit verzeihen oder man einfach Signale bekommt, dass es ihnen auch in der Geistigen Welt gut geht.

Indem wir uns der komplexen Beziehung zwischen unserem emotionalen Wohlbefinden und unserer physischen Gesundheit bewusst werden, können wir sowohl Präventionsmaßnahmen ergreifen als auch bewusste Schritte in Richtung Heilung gehen. Auch unterstützt durch Methoden wie Medialität und spirituelle Maßnahmen.

Medialität ist nicht zuletzt das, was uns Erdenmenschen mit einem größeren, universellen Bewusstsein verbindet. Es ist die Fähigkeit, Informationen über das Materielle hinaus zu empfangen – Informationen, die oft in Form von Empfindungen, Bildern oder intuitiven Gedanken zu uns kommen. In diesem Kontext wird Gesundheit nicht nur als Abwesenheit von Krankheit betrachtet, sondern als ein dynamischer Zustand des Gleichgewichts, in dem Körper, Geist und Seele harmonisch zusammenwirken.

Auch die verschiedenen Techniken, mit der Medialität „in Gang gebracht" werden kann (Meditation, innere Fokussierung, Entspannung, etc.), bringen uns oftmals schon einen Schritt näher zur energetischen Heilung. Vor allem aber sind es tatsächlich die Traumata auflösenden Begegnungen mit Verstorbenen, die meist sehr rasch zu körperlichen und geistigen Verbesserungen führen. Signale können helfen, wenn deren Weggehen eine Leere hinterlässt, wenn man nur wissen will, ob es ihnen „in der Geistigen Welt gut geht", oder wenn man mit den Gegangenen noch „eine Rechnung offen hat", oder ihnen „noch eine Frage stellen wollte". Diese Kontakte und Signale aus dem Jenseits helfen, Ängste zu erkennen und durch die Antworten werden dann meist unmittelbar Blockaden aufgelöst, die sich im Diesseits sowohl auf der physischen als auch auf der emotionalen Ebene manifestiert hatten.

Durch aktive Kommunikation mit der spirituellen Welt sowie der eigenen inneren Weisheit wird nicht nur ein tieferes Verständnis für die zugrundeliegenden Ursachen von Leiden erlangt, sondern auch eine Verbindung zum eigenen höheren Selbst, die den Heilungsprozess beschleunigen kann.

Aktivierung der Selbstheilungskräfte

Im Zentrum jeder Heilung steht die Selbstheilungskraft, die in jedem von uns angelegt ist. Medialität unterstützt diesen Prozess, indem sie uns ermutigt, uns unserer inneren Stärke und unserer Fähigkeit zur Heilung bewusst zu werden.

Traditionelle Heilmethoden fokussieren meist auf die Behandlung der Symptome einer Erkrankung und sind dabei hocheffektiv. Allerdings bleiben oftmals die medialen Ansätze und die einem Übel zugrunde liegenden energetischen und emotionalen Ungleichgewichte unbeachtet. Krankheiten werden daher in der Ganzheitsmedizin als Ausdruck einer gesamten Disharmonie betrachtet, und die Heilung erfolgt nicht nur durch Therapie des Körpers, sondern auch durch Wiedererlangung des inneren Gleichgewichtes.

Noch einmal – ich identifiziere weder Blockaden bei meinen Klienten, noch aktiviere ich deren Selbstheilungskräfte. Es passiert einfach bei den Sitzungen von selbst – oder auch nicht. Schon das Anerkennen und auch Erleben einer Jenseitswelt kann Blockaden auflösen, was dann eben oft zu schnellen Verbesserungen des Wohlbefindens führt. Viele Menschen berichten, dass sie sich nach einer Sitzung nicht nur körperlich besser fühlen, sondern auch emotional erleichtert und spirituell bereichert sind.

Heilung auf mehreren Ebenen

Bei Stress, Angstzuständen oder Depressionen, zum Beispiel, kann der Zugang zu medialen Informationen, Signalen oder Kontakten helfen, die tiefen Ursachen der Beschwerden zu verstehen und zu konfrontieren. Oft öffnen sich in diesen Sitzungen neue Perspektiven, die den Klienten dazu ermutigen, alte Glaubenssätze abzulegen und Platz für neue, förderliche Überzeugungen zu schaffen.

Das wohlige Gefühl, von einer höheren Quelle verstanden und begleitet zu werden, kann eine tiefgreifende therapeutische Wirkung haben. Dieses Gefühl von Zugehörigkeit und Unterstützung kann gerade in Krisensituationen Stabilität bieten, die es dem Einzelnen erleichtert, mit seinen Herausforderungen umzugehen. Durch die Hilfe eines Mediums wird die Verbindung zur spirituellen Welt gestärkt, was den Heilungsprozess maßgeblich unterstützen kann.

Eigenverantwortung und persönliche Transformation

Ein zentrales Element im Prozess des medialen Heilens ist die Eigenverantwortung. Die Klienten werden nicht in eine passive Rolle gedrängt, sondern ermutigt, aktiv an ihrem Heilungsprozess mitzuwirken. Dies führt oft zu einer kraftvollen Transformation, in der die Menschen ihr Leben selbstbestimmter und gesünder gestalten können. Sie lernen, Entscheidungen zu treffen, die mit ihrem inneren Selbst in Einklang stehen, was sich positiv auf ihre Gesundheit auswirkt.

Heilung ist nicht nur ein Ziel, sondern ein lebenslanger Prozess. Der Weg zur Gesundheit beinhaltet oft auch das Erlernen von Techniken zur Stressbewältigung, zur emotionalen Regulierung und der spirituellen Praxis. Die Rückverbindung zu sich selbst und die Auseinandersetzung mit dem eigenen inneren Wesen können zu einem ganz neuen Lebensgefühl führen, in dem körperliche Beschwerden und seelische Belastungen oft an Bedeutung verlieren.

Medialität in der Gesunderhaltung

Medialität konnte laut Literatur schon bei einer Vielzahl von Zuständen und Herausforderungen eingesetzt werden. Speziell die englische Spiritualistenbewegung hält viel von medialem Heilen.

Zu den Wirkungsbereichen in der Gesundheitserhaltung gehören:

Körperliche Erkrankungen: Ob chronische Schmerzen, autoimmune Störungen oder andere körperliche Beschwerden – medial unterstützte Heilung kann helfen, die Symptome zu lindern und die Lebensqualität zu verbessern.

Seelische Verletzungen: Bei den Folgen von Trauer, Verlust oder emotionalem Trauma bieten medial gestützte Sitzungen die Möglichkeit, heilende Gespräche zu führen und den emotionalen Schmerz zu verarbeiten.

Stressbewältigung: Der hektische Lebensstil vieler Menschen führt oft zu chronischem Stress. Hier können mediale Praktiken wie Meditation und energetische Heilungen dazu beitragen, innere Ruhe zu finden und Stress abzubauen.

Befindlichkeitsstörungen: Viele Menschen klagen über ein allgemeines Unwohlsein ohne spezifische Diagnose. Medialität kann hier Klarheit bringen und mögliche Ursachen aufdecken, was zur Verbesserung des Wohlbefindens beiträgt.

Es kann also festgestellt werden:

Die Verbindung zwischen Gesundheit und Medialität bietet einen wertvollen Ansatz, die Selbstheilungskräfte jedes Einzelnen zu aktivieren und die Eigenverantwortung zu stärken. In einer Welt, in der die physische Gesundheit oft im Vordergrund steht, lade ich alle ein, unseren Blick zu weiten und die spirituelle Dimension unseres Seins zu erforschen. Indem wir die ganzheitlichen Aspekte unseres Lebens anerkennen und in den Heilungsprozess einbeziehen, können wir nicht nur unser körperliches Wohlbefinden verbessern, sondern auch unser emotionales und spirituelles Wachstum fördern.

Medialität ist somit nicht nur eine Methode, die zu Heilung beiträgt, sondern ein Weg zu einem erfüllten, gesunden Leben im Einklang mit uns selbst und dem Universum.

Der ganzheitliche Ansatz des medialen Heilens ermöglicht es allen Menschen, in ihrer persönlichen Transformation aktiv zu werden und heilende Kontakte zu Verstorbenen und zur jenseitigen Welt zu suchen.

Die Eigenverantwortung spielt dabei eine entscheidende Rolle, denn nur wenn man bereit ist, loszulassen, zu vergeben, oder Vergebung auch anzunehmen, sich also aktiv am Heilungsprozess zu beteiligen, kann wahre Transformation erst stattfinden.

Kapitel 9:
Fragebogen zur Überprüfung der eigenen medialen Fähigkeiten

Ich habe lange gesucht und gegrübelt, bis ich diesen Fragebogen entworfen habe. Denn es ist gar nicht so einfach die eigenen Signale richtig zu deuten, wenn es um die faszinierende Fähigkeit der Medialität oder des Spiritualismus oder der Esoterik geht. Einerseits kann es mit einer tiefergehenden spirituellen Erfahrung einhergehen, oder auch nur mit sehr kleinen, kaum merkbaren Begebenheiten, die auf die eigene Verbindung zu einer anderen Existenzebene hinweist.

Viele Menschen glauben (und auch ich bin überzeugt davon), dass jeder von uns ein gewisses Maß an medialer Begabung besitzt, die bei sich entdeckt, erforscht und schließlich weiterentwickelt werden kann. In diesem Kapitel präsentiere ich einige Fragen, die auf Medialität und die spannenden Facetten von Jenseitskontakten hindeuten. Dieser Fragebogen kann Ihnen dabei helfen, Ihre eigenen medialen Fähigkeiten zu bewerten und zu erkennen.

Was gilt als Medialität?

Medialität bezieht sich auf die Fähigkeit, Informationen oder Eindrücke zu empfangen, die nicht durch die fünf klassischen physischen Sinne des Menschen wahrgenommen werden.

Die 5 klassischen Sinne des Menschen sind:

Sehen: Die visuelle Wahrnehmung erfolgt durch die Augen.
Hören: Die auditive Wahrnehmung erfolgt durch die Ohren.
Riechen: Die olfaktorische Wahrnehmung erfolgt durch die Nase.

Schmecken: Die gustatorische Wahrnehmung erfolgt durch die Zunge.

Tasten: Die taktile Wahrnehmung erfolgt über unsere Haut (übrigens das größte Organ des Menschen).

Der „6. Sinn" des Menschen

Der „sechste Sinn" wird oft als Propriozeption (ganz ehrlich, diesen Ausdruck habe ich auch noch nie gehört, man lernt bei so einem Buchprojekt immer was Neues dazu) oder Tiefensensibilität bezeichnet. Dieser Sinn ermöglicht es uns, die Position und Bewegung unseres Körpers im Raum wahrzunehmen, ohne dabei auf visuelle Hinweise angewiesen zu sein. Diese Wahrnehmung erfolgt durch spezielle Rezeptoren in Muskeln, Gelenken und Sehnen.

Ein einfaches Beispiel: Wenn Sie mit geschlossenen Augen Ihren Arm heben, wissen Sie trotzdem, wo sich Ihr Arm befindet. Das liegt an der Propriozeption, die durch spezielle Rezeptoren in Muskeln, Gelenken und Sehnen ermöglicht wird.

Manchmal wird der sechste Sinn auch als Gleichgewichtssinn bezeichnet, der im Innenohr verankert ist und uns hilft, unser Gleichgewicht zu halten.

Haben Sie schon einmal bemerkt, wie Ihr Körper sich automatisch anpasst, um das Gleichgewicht zu halten, wenn Sie auf einem Bein stehen? Das ist ein gutes Beispiel für die Arbeit des sechsten Sinns.

Der Begriff „sechster Sinn" wird aber meist in einem anderen Kontext verwendet. Der Volksmund verbindet mit dem sechsten Sinn viel eher übersinnliche oder außersinnliche Wahrnehmungen. In populären Medien und im Zusammenhang mit spirituellen Kontexten wird der sechste Sinn oft als eine Art übernatürliche Fähigkeit beschrieben, die über die normalen fünf Sinne hinausgeht. Dies kann Dinge wie Intuition, Telepathie oder das Wahrnehmen von Geistern umfassen. Wissenschaftlich gesehen gibt es jedoch (noch immer) keine Beweise für solche übersinnlichen Fähigkeiten.

Während die Propriozeption eine gut dokumentierte und erforschte körperliche Fähigkeit ist, bleiben übersinnliche Wahrnehmungen im Bereich des Spekulativen und werden nur von „Glaubenden" ernst genommen, oder von solchen Menschen, die außersinnliche Erfahrungen bereits am eigenen Leib „erfahren" haben. Und davon gibt es – Millionen und Abermillionen.

Diese Erfahrungen können sich in einer Vielzahl von Formen manifestieren, wie zum Beispiel Hellsehen, Hellhören, Hellfühlen oder in intuitiven Einsichten, die aus einer tieferen Quelle stammen.

Menschen, die als medial begabt gelten, berichten oft von Erfahrungen, bei denen sie glauben, mit dem Jenseits in Kontakt zu treten, Botschaften von Verstorbenen zu empfangen oder sogar zukünftige Ereignisse oder Entwicklungen zu spüren, bevor diese tatsächlich eintreten.

Diese besonderen Fähigkeiten eröffnen eine Reichhaltigkeit an Erfahrungen, die über das Übliche hinausgehen. Medial begabte Menschen sind häufig auch sehr empathisch und haben ein feines Gespür für die energetischen Schwingungen ihrer Umgebung. Manche können die Emotionen anderer Menschen spüren, selbst wenn diese ihre Gefühle nicht offenbaren wollen, und andere wiederum erleben, wie ihre inneren Visionen lebendig werden.

Dies kann nicht nur für die Betroffenen selbst, sondern auch für die Menschen in ihrem Umfeld eine tiefgreifende und transformative Wirkung haben – wie wir medial Begabten ja ohnehin wissen und wie jene, die dieses Buch lesen, wahrscheinlich auch bereit sind zu akzeptieren, sollten sie noch nicht selbst so eine spirituelle oder mediale Erfahrung gemacht haben.

Selbsttest: Bin ich medial begabt?

Um selbst zu erkunden, ob man möglicherweise auch über mediale Fähigkeiten verfügt, können Sie den folgenden Fragebogen ausfüllen. Es ist wichtig, darauf hinzuweisen, dass dieser Test nicht wissenschaftlich validiert ist und lediglich als Orientierungshilfe dient. Je nach Ihren Antworten können Sie ein besseres Verständnis dafür entwickeln, wie und ob Ihre Sensitivität zu einer medialen Begabung führen könnte.

Fragebogen:

1. Hatten Sie jemals das Gefühl, eine Nachricht oder ein Zeichen von jemandem erhalten zu haben, der verstorben ist?

    O **JA**   O **NEIN**   O **MANCHMAL**

2. Erleben Sie manchmal ein starkes Bauchgefühl, oder eine Vorahnung, die sich später als richtig herausstellt?

    O **JA**   O **NEIN**   O **MANCHMAL**

3. Hören Sie gelegentlich Namen oder Worte in Ihrem Kopf, die relevant oder bedeutungsvoll erscheinen, ohne dass jemand in der Nähe ist?

O JA   O NEIN   O MANCHMAL

4. Sehen Sie manchmal Schatten oder Umrisse von Figuren, ohne dass eine erkennbare Quelle vorhanden ist?

O JA   O NEIN   O MANCHMAL

5. Fühlen Sie sich manchmal von bestimmten Orten oder Gegenständen stark angezogen oder abgestoßen, ohne ersichtlichen Grund?

O JA   O NEIN   O MANCHMAL

6. Haben Sie wiederkehrende Träume, die sich präzise oder symbolisch auf zukünftige Ereignisse beziehen?

O JA   O NEIN   O MANCHMAL

7. Haben Sie wiederkehrende Träume, die sich präzise oder symbolisch auf Verstorbene Personen beziehen?

O JA   O NEIN   O MANCHMAL

8. Spüren Sie die Anwesenheit von „etwas" oder Jemandem, auch wenn Sie es oder ihn nicht sehen?

O JA   O NEIN   O MANCHMAL

9. Spüren Sie die Emotionen anderer Menschen, auch wenn diese ihre Gefühle nicht offen zeigen?

O JA   O NEIN   O MANCHMAL

10. Erhalten Sie intuitive Eindrücke über Menschen oder Situationen, die sich später als zutreffend erweisen?

O JA   O NEIN   O MANCHMAL

11. Haben Sie eine natürliche Fähigkeit, mit Tieren zu kommunizieren oder deren Verhalten zu verstehen?

O JA   O NEIN   O MANCHMAL

12. Fühlen Sie sich zu historischen oder mystischen Themen hingezogen?

O **JA**   O **NEIN**   O **MANCHMAL**

13. Haben Sie Empfindungen und Assoziationen, wenn es um „Gerüche" oder „Geräusche" geht?

O **JA**   O **NEIN**   O **MANCHMAL**

14. Machen sich manchmal Ihr Bleistift oder Ihre Finger auf der Computertastatur „selbständig" oder schreiben bzw. zeichnen Sie etwas, das Sie nicht einordnen können?

O **JA**   O **NEIN**   O **MANCHMAL**

Interpretation Ihrer Antworten

Sollten Sie viele dieser Fragen mit „Ja" beantwortet haben, könnte dies ein Hinweis darauf sein, dass Sie über unentdeckte oder ungenutzte mediale Fähigkeiten verfügen. Es ist jedoch wichtig zu beachten, dass Medialität ein komplexes Phänomen ist, das sich auf völlig unterschiedliche Weise und in unterschiedlichen Intensitäten manifestieren kann. Eine hohe Anzahl von „Ja"-Antworten bedeutet nicht zwangsläufig, dass Sie medial begabt sind, sondern kann auch einfach ein Anstoß sein, sich weiter mit diesem faszinierenden Thema auseinanderzusetzen und Ihre eigene Sensitivität zu erforschen.

Weiterführende Schritte

Wenn Sie Ihre mediale Begabung weiter erforschen möchten, gibt es verschiedene Wege, dies zu tun. Meditation spielt dabei eine Schlüsselrolle. Sie kann nicht nur helfen, den Geist zu beruhigen und sich innerlich auf neue Eindrücke einzustellen, sondern auch Ihre Sensibilität und Wahrnehmung zu schärfen. Achtsamkeitstraining kann unterstützen, bewusster mit den eigenen Gedanken und Empfindungen umzugehen, was wiederum wichtig ist, um die feinen energetischen Unterschiede in Ihrer Umgebung wahrzunehmen. Am Ende dieses Kapitels finden Sie eine Anleitung zu „Sitting in the Power", eine einfach durchzuführende Kurzmeditation, die wirkungsvoll und für jeden machbar ist.

Zusätzlich kann der Austausch mit Gleichgesinnten in einer unterstützenden Gemeinschaft sehr hilfreich sein. Workshops oder Kurse, die von erfahrenen Medien angeboten werden, bieten oft die Möglichkeit, praktische Übungen zu erlernen und die eigenen Fähigkeiten unter Anleitung zu entwickeln. Solche Veranstaltungsformate sind nicht nur lehrreich, sondern auch eine Quelle der Inspiration und Motivation, da man sich mit anderen Menschen, die ähnliche Erfahrungen gesammelt haben, in einem geschützten Raum austauschen kann.

Rituale und einfache Übungen zur Intuition können ebenfalls dabei helfen, Ihre medialen Fähigkeiten zu trainieren. Beispielsweise kann das Führen eines Tagebuchs über Ihre Träume oder intuitiven Eingebungen Ihnen helfen, Muster zu erkennen und die Tiefe Ihrer Wahrnehmungen besser zu begreifen.

Das Verständnis und die Entwicklung der eigenen Medialität ist eine persönliche Reise, die Geduld, Offenheit und Selbstreflexion erfordert. Diese Reise kann zwar herausfordernd sein, bietet jedoch auch die Möglichkeit, tiefere Einsichten in die Natur des Lebens, des Todes, der Liebe und der zwischenmenschlichen Verbindungen zu erlangen.

Dieses Kapitel soll somit nicht nur als ein Einstiegspunkt dienen, sondern auch als wertvolle Gelegenheit, mehr über sich selbst zu erfahren und die möglichen Wege der spirituellen Entfaltung zu erkunden. Jeder Schritt auf diesem Weg bringt Sie näher zu dem Verständnis, dass wir alle miteinander verbunden sind und auf unterschiedliche Weisen kommunizieren können – auch über die scheinbaren Grenzen von Raum und Zeit hinweg.

Selbsttest: Entdecken Sie Ihre medialen Fähigkeiten

Um Sie zur Erforschung Ihrer medialen Fähigkeiten anzuregen, habe ich eine Auswahl an Fragen und kurzen Tests erstellt. Die Fragen wurden so formuliert, dass sie verschiedene Aspekte der Medialität abdecken: Ihre Intuition, Empathie, Sensitivität gegenüber Energien und Ihre Fähigkeit zur Analyse von Informationen. Fühlen Sie sich frei, die Fragen ehrlich zu beantworten und zu reflektieren.

Fragebogen 1: Intuitive Wahrnehmung

1. Fühlen Sie häufig, dass Sie die Stimmung eines Raumes erfassen können, sobald Sie eintreten?

   O **JA**   O **NEIN**   O **MANCHMAL**

2. Haben Sie schon einmal das Gefühl gehabt, dass etwas Wichtiges bevorsteht, ohne eine klare Erklärung dafür zu haben?

   O **JA**   O **NEIN**   O **MANCHMAL**

3. Empfinden Sie oft eine unerklärliche Verbindung zu bestimmten Orten oder Menschen?

O JA   O NEIN   O MANCHMAL

4. Spüren Sie regelmäßig eine innere Stimme, die Sie zu bestimmten Entscheidungen oder Handlungen leitet?

O JA   O NEIN   O MANCHMAL

5. Haben Sie schon einmal Informationen über eine Person erhalten, die Sie nicht kannten, und später hat sich herausgestellt, dass sie zutreffend waren?

O JA   O NEIN   O MANCHMAL

Fragebogen 2: Empathische Dimension

1. Fühlen Sie sich oft emotional erschöpft nach einem Treffen mit anderen Menschen?

O JA   O NEIN   O MANCHMAL

2. Können Sie die Traurigkeit oder Freude anderer Menschen spüren, selbst wenn diese es nicht aussprechen?

O JA   O NEIN   O MANCHMAL

3. Haben Sie den Drang, anderen zu helfen oder sie zu trösten, wenn Sie ihre Emotionen wahrnehmen?

O JA   O NEIN   O MANCHMAL

4. Fällt es Ihnen schwer, sich von den Emotionen anderer abzugrenzen?

O JA   O NEIN   O MANCHMAL

5. Glauben Sie, dass Sie die Fähigkeit haben, die Gedanken oder Motivationen anderer Menschen intuitiv zu erfassen?

O JA   O NEIN   O MANCHMAL

Fragebogen 3: Energie und Wahrnehmung

1. Können Sie die energetischen Schwingungen von Orten oder Objekten spüren, wenn Sie in deren Nähe sind?

   O **JA**   O **NEIN**   O **MANCHMAL**

2. Haben Sie schon einmal die Präsenz einer anderen Energie oder Präsenz wahrgenommen, ohne dass diese sichtbar war?

   O **JA**   O **NEIN**   O **MANCHMAL**

3. Fühlen Sie sich regelmäßig zu Menschen oder Tieren hingezogen, die eine besondere Energie ausstrahlen?

   O **JA**   O **NEIN**   O **MANCHMAL**

4. Erleben Sie häufig Vorahnungen oder ein intuitives Wissen über zukünftige Ereignisse?

   O **JA**   O **NEIN**   O **MANCHMAL**

5. Erhalten Sie manchmal Bilder oder Visionen in Ihren Gedanken, die für Sie von Bedeutung sind?

   O **JA**   O **NEIN**   O **MANCHMAL**

Fragebogen 4: Kritisches Denken und Medialität

1. Können Sie zwischen Ihren eigenen Gedanken und intuitiven Eingebungen unterscheiden?

   O **JA**   O **NEIN**   O **MANCHMAL**

2. Fällt es Ihnen leicht, Informationen kritisch zu hinterfragen, die Ihnen über Ihre medialen Fähigkeiten mitgeteilt werden?

   O **JA**   O **NEIN**   O **MANCHMAL**

3. Neigen Sie dazu, spontane Eingebungen zu dokumentieren, um deren Präzision und Validität zu überprüfen?

   O **JA**   O **NEIN**   O **MANCHMAL**

4. Glauben Sie, dass einige Ihrer intuitiven Einsichten unbewusste Denkmuster reflektieren können?

O **JA**   O **NEIN**   O **MANCHMAL**

5. Sind Sie offen dafür, Ihre Fähigkeiten zu testen und durch andere Perspektiven zu erweitern?

O **JA**   O **NEIN**   O **MANCHMAL**

Auswertung Ihrer Antworten

Zählen Sie Ihre „Ja"-, „Manchmal"- und „Nein"-Antworten in jedem Fragebogen. Je mehr „Ja"-Antworten Sie haben, desto ausgeprägter scheinen Ihre medialen Fähigkeiten zu sein, während „Manchmal" anzeigt, dass Sie sich auf dem Weg Richtung Medialität befinden, jedoch noch Raum für Wachstum besteht. Eine Vielzahl von „Nein"-Antworten könnte bedeuten, dass Sie Ihre Sensitivität oder Intuition noch weiter entdecken und entwickeln müssen.

Verwenden Sie diese Fragebögen als Ausgangspunkt für eine tiefere Reflexion über sich selbst und Ihre Fähigkeiten. Sie können Ihre Antworten in einem Journal festhalten und Fortschritte im Laufe der Zeit dokumentieren. Medialität ist ein dynamischer Prozess, der sich mit der Zeit entwickeln und vertiefen kann. Nutzen Sie diese Werkzeuge, um Ihre Reise der Selbstentdeckung weiter zu fördern.

Praktische Anleitung zu „Sitting in the Power"

„Sitting in the Power" könnte man mit „Sitzen in der eigenen Kraft" übersetzen. Es ist eine Art Kurzmeditation, in der Stille mit sich selbst und der Geistigen Welt. Dies bedeutet, dass man mehrmals in der Woche für 10-60 Minuten in seiner eigenen Power verharrt. Es dient dazu, die Geistige Welt und sein eigenes „Datensystem" kennenzulernen, zur eigenen medialen Weiterentwicklung. Dies hilft, sich zu öffnen und die eigene Intuition zu schärfen.

Der Schwerpunkt dieser Technik liegt darin, in der Stille Botschaften von Geistführern und Verstorbenen zu empfangen, wodurch sich natürliche Trance-Zustände entwickeln und die Verbindung zur Geistigen Welt vertieft wird. Während des Sitzens öffnen sich die Praktizierenden für Energien aus der spirituellen Dimension und ermöglichen somit auch Aspekte wie geistige Heilung.

„Sitting in the Power" lädt dazu ein, den hektischen Alltag hinter sich zu lassen, die Gedanken zur Ruhe kommen zu lassen und ganz im Moment anzukommen. Diese Praxis kann sowohl allein als auch in Gruppen durchgeführt werden und führt oft zu tiefgreifenden spirituellen Erfahrungen und einem Gefühl der inneren Transformation. Tauchen wir nun tiefer in die Methodik und die Prinzipien des „Sitting in the Power" ein und entdecken, wie diese Praxis zu einer kraftvollen Unterstützung bei der Entwicklung Ihrer medialen Fähigkeiten werden kann.

7 Tipps für „Sitting in the Power"

1. **Vorbereitung und Raum schaffen:**
   Bevor die Meditation beginnt, ist es wichtig, einen ruhigen, ungestörten Raum zu schaffen. Dies kann durch das Dimmen von Lichtern, das Anzünden von Kerzen oder das Verwenden von ätherischen Ölen erfolgen, um eine angenehme und einladende Atmosphäre zu schaffen.

2. **Körperliche Entspannung:**
   Zu Beginn der Sitzung sollte der Praktizierende den Körper entspannen und alle Anspannungen abbauen. Dies kann  durch bewusstes Atmen, sanfte Dehnübungen oder einfache Körperwahrnehmung geschehen. Ein entspannter Körper erleichtert das Eintauchen in die Meditation und das Öffnen für die eigene Energie. Und gleich ein Nein zur sogenannten Lotusstellung, die immer mit Meditationspraktiken in Verbindung gebracht wird. Das kann, aber muss nicht sein. Ich finde, jeder sollte seine Lieblings-Power-Position für die Entspannung finden.

3. **Eintauchen in die eigene Energie:**
   „Sitting in the Power" konzentriert sich darauf, die eigene Energiefrequenz zu spüren und zu erhöhen. Der Praktizierende kann dazu visualisieren, wie Licht oder Energie durch den Körper strömt. Diese Energiewahrnehmung wird als ein essenzieller Bestandteil angesehen, um den Zugang zu den eigenen medialen Fähigkeiten zu fördern.

4. **Fokussierung und Verbindung:**
   Mit dem Eintauchen in die eigene Energie kann der Praktizierende beginnen, die Energie zu steigern und sich mit der universellen Energie zu verbinden. Dies geschieht oft durch das Fokussieren auf das Herzchakra oder andere Energiezentren im Körper. Visualisierungen, wie das Ausbreiten der eigenen Energie in einem Lichtball, können helfen, die Sinne zu schärfen und die intuitive Wahrnehmung zu fördern.

5. **In Stille sein:**
   Nach der Phase des Aktivierens der Energie folgt die Stille. In dieser Phase wird der Praktizierende eingeladen, einfach zu sein, dem Fluss eigener Gedanken und Empfindungen nachzugeben und offen für Eindrücke oder Botschaften aus der höheren Dimension zu werden. Hier ist es wichtig, sich nicht unter Druck zu setzen, sondern Geduld zu haben und einfach zu beobachten, was zu einem kommt.

6. **Abschluss und Integration:**
   Zum Ende der Meditation sollte der Praktizierende Zeit dafür einplanen, sich wieder mit der physischen Umgebung zu verbinden. Dies kann durch sanftes Bewegen des Körpers und tiefes Atmen geschehen. Es ist auch wichtig, die Erfahrungen und Erkenntnisse während der Meditation zu reflektieren und gegebenenfalls in einem Journal festzuhalten, um die eigene mediale Entwicklung zu fördern.

7. **Regelmäßige Übung und Wiederholungen:**
   Die fortlaufende Praxis von „Sitting in the Power" ist entscheidend für die Entwicklung der medialen Fähigkeiten. Durch regelmäßiges Üben wird nicht nur die eigene Wahrnehmung geschärft, sondern auch das Vertrauen in die eigene Intuition gestärkt.

Diese Tipps bieten eine strukturierte Herangehensweise zur Meditation, die den Praktizierenden hilft, ihre Medialität zu erforschen und zu vertiefen. Sie fördert innere Ruhe, Selbstbewusstsein und eine tiefere Verbindung zu den spirituellen Ebenen. Indem Sie, lieber Leser, liebe Leserin, die Prinzipien von „Sitting in the Power" in Ihre eigene Meditationspraxis integrieren, können Sie Ihre intuitiven Fähigkeiten weiterentwickeln und ein erfüllteres spirituelles Leben führen.

Ein Sofa oder ein gemütlicher Sessel sind ideale Power-Orte

Epilog:
Aufbruch in eine neue Ära der Medialität

In den letzten Jahren habe ich eine bemerkenswerte Entwicklung im Bereich der Medialität beobachtet. Es ist wie ein sanfter, aber beständiger Strom, der immer mehr Menschen mit sich reißt. Die Neugier auf das, was nach dem Leben kommt, wächst und gedeiht, und ich bin begeistert das miterleben zu dürfen. Die Skepsis und Missachtung der Vergangenheit bröckeln, und das Thema Jenseitskontakte wird offener und verständnisvoller betrachtet. Für viele ist es auch kein Tabu und kein Schreckgespenst mehr, Kontakte ins Jenseits zu suchen, sondern ein Bereich voller Möglichkeiten und faszinierender Erfahrungen, die sich eröffnen.

Social-Media ebnet den Weg

Mit jedem Tag bereichern neue Gesichter und Personen die Welt der Medialität. Auf Plattformen wie YouTube finden wir zahlreiche Videos, in denen Mutige ihre Erlebnisse teilen:

- Geschichten von Begegnungen mit dem Unbekannten
- Geschichten von Verbindungen zur Geistigen Welt
- Geschichten von Trost durch Begegnung mit Verstorbenen
- Geschichten von der Auflösung seelischer Blockaden und Ängste
- Geschichten von herzzerreißenden Vergebungen und ewigen Liebesschwüren
- und vieles mehr

Selbst die Wissenschaft hat begonnen, sich intensiver mit dem Thema auseinanderzusetzen. So arbeiten beispielsweise in den USA Medien eng mit dem FBI zusammen, um ungelöste Rätsel zu klären. Es ist ein Schritt in eine neue Richtung, ein Weg, der früher als unerhört galt, aber jetzt wie ein zarter, aber unaufhaltsamer Wind durch die Gesellschaft weht. Die Bewegung, die vor 200 Jahren ihren Anfang in England nahm, nimmt wieder an Fahrt auf und ist beinahe in der Mitte der Bevölkerung angekommen.

Das Leben nach dem Leben

Ich bin mir sicher, dass diese Entwicklung in den kommenden Jahren weitergehen wird. Immer mehr Menschen verschiedenen Alters und aus unterschiedlichen gesellschaftlichen, religiösen oder ganz einfach real geistigen Hintergründen, wenden sich den Fragen des Lebens und des Lebens nach dem Leben zu. Es ist, als hätten wir den ersten Schritt auf einer unerschlossenen Reise gemacht. Diese Wanderung der Neugier wird nicht enden, weil viele von uns tief in ihrem Inneren etwas spüren – eine Sehnsucht nach Erklärungen, nach Verbindungen zu den Gegangenen und nach Verständnis für all diese Sehnsüchte.

Meine Mission

Für mich ist es deshalb von größter Bedeutung, dass ich anderen Menschen die Werkzeuge an die Hand gebe, um ihre eigenen Hellsinne zu entdecken und zu trainieren. Ich sehe es daher als meine Mission, durch meine Workshops vor Ort in Kärnten oder online über Zoom möglichst viele Menschen zu erreichen, um sie in die Geheimnisse und Wunder der Medialität einzuführen. Sie einzuführen, weil ich der festen Überzeugung bin, dass die Beschäftigung mit dem – Leben nach dem Leben – auch für unsere Zukunft nur Positives bewirken kann. Denn gerade die Gegangenen haben einen sehr klaren Blick auf unsere Existenz und das, was im Leben wichtig ist. Sei es, weil sie etwas selbst in ihrem eigenen Leben verpasst haben, oder weil sie die negativen Auswirkungen ihres Tuns als Lebende nun bereuen und uns vielleicht sogar vor solchen Irrwegen bewahren wollen. Ich möchte mit meinen Sitzungen, Workshops und Seminaren einen Raum schaffen, in dem jeder die Möglichkeit hat, zu wachsen und zu lernen.

Ich bilde keine Medien, keine Spiritisten aus!!

Meiner Meinung nach ist die Geistige Welt selbst der beste Ausbildner. Wir Menschen müssen uns nur bewusst auf die zu Beginn sehr „zarten" Signale einlassen und uns von anderen erfahrenen Medien anleiten lassen, diese Signale auch als Realität wahrzunehmen. Ich gebe daher anderen Menschen nur „geistige Werkzeuge" mit, die sie beim Betreten der Jenseitigen Welt nutzen können, um sich dort zurechtzufinden.

Nur durch Übung, viel Zeit und Hingabe ist eine Weiterentwicklung in diesem Bereich möglich.

Nur das eigene Selbstvertrauen, auch unglaubliche Gegebenheiten und Vorgänge als wahr anzunehmen und zu lernen den eigenen Verstand zurückzustellen, ermöglicht die jederzeitige Kontaktaufnahme mit der Geistigen Welt und den Gegangenen.

<u>Ich lehre nur, selbst zu erkennen,</u>
<u>woher die Informationen kommen:</u>

Bin ich es selbst (mein Wunschdenken und meine eigene Fantasie), die/der mich in die Irre führen will?
Oder ist es tatsächlich eine Botschaft aus der Geistigen Welt?

Ich sehe die Aufgabe meiner Seminare und Workshops darin, den Teilnehmerinnen und Teilnehmern zu zeigen, wie der Kontakt zur Geistigen Welt hergestellt werden kann. Dafür stelle ich in meinen Kursen sozusagen das passende „Werkzeug" zur Verfügung.

Die wichtige „Kontaktaufnahme"
schaffen meine Teilnehmerinnen und Teilnehmer
aus sich selbst heraus!

Darum sind auch die von mir angebotenen Übungsworkshops so wichtig, um Routine und Sicherheit zu bekommen und um sich nicht selbst an der Nase herumzuführen.

Die Essenz jeder Jenseitskontakt-Sitzung und jedes Workshops sollte „Erkenntnis" sein. Dies sollte immer im Vordergrund stehen – sowohl für die Menschen, die Kontakt zu ihren Lieben suchen, als auch für die Medien, die diese Verbindung herstellen.

Ich möchte weiterhin Projekte und Initiativen ausbauen, die Menschen dazu ermutigen, ihre Hellsinne zu aktivieren, und ich strebe danach, noch mehr Menschen zu erreichen.

Und wo sehe ich meine Zukunft?

Was mich besonders antreibt, ist der Gedanke, dass diese Reise niemals allein gegangen wird. Gemeinschaft, Liebe, Respekt und Wertschätzung sollen das Fundament meiner Arbeit bilden. Es gibt eine Kraft in der Verbindung mit anderen, ob im persönlichen Austausch oder in der virtuellen Welt. Gemeinsam werden wir wachsen, lernen und uns gegenseitig unterstützen.

In diesem Sinne blicke ich voller Zuversicht in die Zukunft. Ich bin bereit, meinen Teil dazu beizutragen, dass die Welt der Medialität für jeden zugänglich wird. Lassen Sie uns zusammen diese aufregende Reise antreten, durch die wir erkennen, dass das Leben, das wir kennen, nur der Anfang ist. Ich lade Sie ein, mir auf diesem Weg zu folgen, und hoffe, dass wir gemeinsam die Pforten zur Geistigen Welt weit öffnen können.

Mein Credo:

Ich glaube fest daran, dass
jeder von uns die Fähigkeit hat,
mit der Geistigen Welt zu kommunizieren,
von ihr zu lernen und
für sein eigenes Leben zu profitieren.
Es ist aber wichtig,
dass wir uns nicht allein fühlen,
bei dieser Entdeckungsreise.

Die Erfahrungen von Millionen
medial begabter Menschen zeigen uns ganz klar:

Wir sind nicht verrückt,
wir sind keine Phantasten,
sondern
wir sind Pioniere
auf der Suche nach der Wahrheit!

Mein Ziel ist es Menschen zu zeigen,
dass jeder seine Hellsinne jederzeit nutzen kann!

Jedoch bitte immer mit
Liebe, Respekt und Wertschätzung!

Desirée

Lichtvolle Grüße:
Ihre Desirée

PS: Bitte scheuen Sie sich nicht mich zu kontaktieren, für Fragen zu meinen Workshops und auch privaten Sitzungen stehe ich Ihnen gerne zur Verfügung. info@desiree-reiter.at

Meine medialen Dienste:

Gruppen-Kurse (online über Zoom):
- Anfänger
- Fortgeschrittene

Einzel-Kurse (Online):
- Anfänger
- Fortgeschrittene

Jenseitskontakte (Online-Offline):

Aura-Reading

Offline-Workshops:
vor Ort in Kärnten

**Anmeldung persönlich
per WhatsApp:**

Desirée Reiter

**0043/677 64838425
www.desiree-reiter.at**

www.desiree-reiter.at

270